新疆师范大学中巴经济走廊及南亚经济研究中

U0571325

主编：陈 军

副主编：李志翠 奥布力.塔力普 蔡玉洁

经济管理类专业
《统计学》实验教程

基于Excel/SPSS/Stata操作与应用

Practical Course of Statistics for Economics and Management Majors

经济管理出版社
ECONOMY & MANAGEMENT PUBLISHING HOUSE

图书在版编目（CIP）数据

经济管理类专业《统计学》实验教程：基于 Excel/SPSS/Stata 操作与应用/陈军编著 . —北京：经济管理出版社，2019.3（2023.12重印）

ISBN 978 - 7 - 5096 - 6409 - 4

Ⅰ. ①经…　Ⅱ. ①陈…　Ⅲ. ①统计学—教材　Ⅳ. ①C8

中国版本图书馆 CIP 数据核字（2019）第 031652 号

组稿编辑：杨国强
责任编辑：杨国强
责任印制：黄章平
责任校对：赵天宇

出版发行：经济管理出版社
　　　　　（北京市海淀区北蜂窝 8 号中雅大厦 A 座 11 层　100038）
网　　址：www. E - mp. com. cn
电　　话：（010）51915602
印　　刷：北京晨旭印刷厂
经　　销：新华书店
开　　本：720mm × 1000mm/16
印　　张：18.5
字　　数：353 千字
版　　次：2019 年 5 月第 1 版　　2023 年 12 月第 3 次印刷
书　　号：ISBN 978 - 7 - 5096 - 6409 - 4
定　　价：49.00 元

前　言

从我国目前的经济发展战略及当前的社会、经济等现实情况看，我国亟须培养经管类创新性应用型人才。信息化时代的到来，对经济管理人才的信息处理能力提出了更高的要求。近年来，各高校相继加强了《统计学》课程的实验（实操）环节。

在借鉴已出版统计学及相关实操教材的基础上，按照经济管理类创新性应用型人才培养模式改革，"从理论到实践，从知识到能力，最终实现综合素质全面提升"的总体要求，认真思考"统计学"的理论教学需求，系统分析"统计学"不同版本的教材的特点，实训教程模块及所依托理论教材的选定非常关键。初步考虑，笔者决定选用贾俊平、何晓群、金勇进教授主编的《统计学》（中国人民大学出版社，第六版）作为理论教材。以此教材为主线，拟定了多个教学模块和不同的教学计划，并编写了本实验教程。

统计学课程的理论教学是实验教学的基础和前提，因此必须对实验教学内容进行合理的设计与安排，使之与理论教学进度协调一致。按照管理专业统计学课程教学大纲的要求，该课程教学的内容基本上可以分为以下几个部分：数据的整理与展示、描述性统计分析、抽样分布、推断统计、方差分析、回归分析、时间序列等。因此，统计学实验教学内容相应设计如下。

模块一：数据的收集、预处理、整理及展示。对应本教程第一章、第二章。

模块二：数据的概括性度量。对应本教程第三章。

模块三：抽样、参数估计和假设检验。对应本教程第五章、第六章、第七章。

模块四：方差分析。对应本教程第八章。

模块五：相关分析及线性回归。对应本教程第九章、第十章、第十一章。

模块六：时间序列分析和预测。对应本教程第十二章。

另外，结合多数高校《统计学》课程的教学实际，对于概率与概率分布部分也分配了学时。为此，本实验教程也设置了相应内容，即第四章。

本实验教程适合总学时 54～72 的课程安排（包括理论及实验环节），教程按实验环节 18 学时编写。总学时数少的使用单位，可根据实际情况灵活选用。根据本书编写者的教学实践，在具备教学条件的情况下（多媒体教室＋实验机房），理论教学和实验环节可交叉进行，不必将两个教学环节完全分开。本实验教程各章节设计学时如下：第一章（2 学时）；第二章（2 学时）；第三章（1 学时）；第四章（1 学时）；第五章（2 学时）；第六章（1 学时）；第七章（2 学时）；第八章（1 学时）；第九章（1 学时）；第十章（1 学时）；第十一章（2 学时）；第十二章（2 学时）。

本书涉及 Excel 2010/SPSS 18.0/Stata 14 三种常用软件。Excel 为 Office 所属模块，处理数据不需专业统计软件，但其功能强大，一般数据处理功能都能完成，同时多数操作相对简单，界面友好；SPSS 为目前使用最广泛的统计软件，有相当代表性，相对其他专业统计软件，使用较为简单，方便初学者使用。Stata 是近年来兴起的一款短小精悍、功能强大的统计计量软件，相对于功能强大但体量也较大的 SAS，其操作灵活、简单易学，现在已被广大使用者接受和重视。三种软件各具特点，同时列出同一数据的不同软件处理过程，以满足不同应用环境及受众的需求。

本教程在编写过程中，参阅了许多国内统计学理论教材和实操（实验）书籍（在文中及参考文献部分标注），深感受益颇多，在此一并向专家作者致以诚挚的敬意，如有疏漏，敬请谅解。为了紧密配合理论教学，部分实验案例选用贾俊平、何晓群、金勇进教授主编的《统计学》（中国人民大学出版社，第六版）的例题数据或课后习题，部分实验涉及的相关理论参考了吴培乐主编的《经济管理类数据分析实验教程》。本教程实验案例原始数据，读者可自行到出版社网站免费下载。

本书主编为新疆师范大学商学院陈军，副主编为新疆师范大学商学院李志翠、奥布力·塔力普、蔡玉洁。新疆师范大学商学院高拼拼同学为本书部分章节做了很多辅助工作。

由于编者水平有限，书中难免会有错误和纰漏，敬请广大读者批评指正，可发至电子信箱 1075249260@ qq. com，以便本书能够及时修正和完善。

编者

2018 年 4 月

目　录

第一章　数据文件建立及预处理（2学时）

第一节　实验目的

（1）建立 Excel/SPSS/Stata 数据文件，是利用软件进行经济管理数据分析的基本前提。通过本实验使学生熟悉并掌握 SPSS/Stata 数据文件创建的基本内容和操作方法，并能根据收集的数据建立符合要求的数据文件。另外，掌握 Excel/SPSS 文件数据格式互存，利用 Excel 表将数据导入 Stata。

（2）抽取样本。

（3）统计数据的排序、筛选与数据透视表。了解对原始数据进行预处理的意义，掌握利用 Excel 对数据进行筛选、排序和按需要进行数据透视表。

第二节　相关知识

一、SPSS 数据文件的特点

由于 Excel 数据文件建立知识，学生已在计算机等级考试中学过，此处不再介绍。SPSS 数据文件包括多于一行的数据，也包括变量的其他定义信息，如变量名、变量格式、变量标签等。用户所看到的数据文件是 SPSS 数据编辑窗口的二维表格，横行表示一个观测，纵列表示一个变量。

打开数据文件后，为防止原始数据被删除或者修改，可以将文件设为只读属性。即在数据编辑窗口选择"文件"菜单中的"将文件标记为只读文件"子菜单。

打开数据文件后，可以建立缓存数据文件。目的有二：一是防止别人打开不同的数据源更新数据；二是对于数据量非常大的数据文件，缓存数据后滚动数据将变得更快。建立方法为在"文件"菜单选择"缓存数据（H）…"子菜单项。

二、SPSS 数据的录入与变量定义

如果不定义，SPSS 会根据用户输入的数据特征进行自动定义。常用属性如下：

变量名：如不定义而只是输入数据，则 SPSS "变量视图"给出的默认变量名为 VAR00001、VAR00002 等。双击变量名可进行修改，编辑完成后，按回车键或者单击所在单元格外的任何地方，使修改生效。注意：用户定义变量名不能与 SPSS 的保留字相同，如 ALL、AND、BY、GE、GT、LE、LT、NE、NOT、OR、TO、WITH 等。

变量类型：SPSS 主要包括 3 种类型，分别是数值型、字符型和日期型，根据不同的显示方式，数值型又被细分为 6 种，为了便于统计计算，通常尽可能将变量类型定义为数值型的。

度量标准：在 SPSS 中，按照对事物描述的精确程度，可以将变量分为 3 种度量标准，即度量（Scale）、名义（Nominal）、序号（Ordinal），因为不同的变量度量标准适用不同的统计模型，因此正确定义一个变量的度量标准很重要。

度量（Scale）变量：通常也称为连续变量，表示变量的值通常是连续的、无界限的，如员工收入、企业销售额等。名义（Nominal）变量：通常也称为无序分类变量，表示变量的值是离散的，相对有限个数的，通常变量值的个数不超过 10 个，但值之间没有顺序关系的，如性别。序号（Ordinal）变量：通常也称为有序分类变量，表示变量的值是离散的，相对有限个数的，但值之间是有顺序关系、等级差别的，例如对某个餐厅的满意度，就可以用序号来表示，1、2 和 3 分别代表满意、一般和不满意。

三、SPSS 数据文件的编辑与管理

查看文件和变量信息：在数据编辑窗口，依次单击"文件→显示数据文件信息→工作文件"，系统自动将当前文件的相关信息输出到 SPSS 结果输出窗口中。查看外部文件类似，路径为依次单击"文件→显示数据文件信息→外部文件"。

插入变量与删除变量、数据的剪切、复制和粘贴方法与 Excel 近似，此处不做赘述。

四、Stata 变量的命名

变量名可达 32 个字符。字符可选用 A ~ Z、a ~ z、0 ~ 9 配合下划线"_"，不能以数字开头区分大小写。注意，Stata 自身的系统保留变量不能做变量名，主要包括：_ all、_ b、_ coef、_ cons、_ n、_ N、_ pi、_ pred、_ rc、_ se、_ skip、byte、double、float、if、in、int、long、using、with 等。

五、Stata 数据类型包括字符型数据和数值型数据

如果某一变量输入的第一个值是数字，那么 Stata 就默认该列为数值型变量，只能输入数值。同理，如果某一变量输入的第一个值是非数值字符，那么 Stata 就默认该列为字符型变量，字符型变量显示的颜色为红色。

六、随机抽样适用于纯随机抽样、分类抽样、整群抽样和阶段抽样

本实验选取纯随机抽样。在理论和实证统计学中，正态分布运用得十分广泛，因此知道怎样从正态主体中抽取随机样本十分重要。

七、数据预处理主要包括数据审核、筛选、排序和数据透视表

数据筛选包括两方面内容：一是将某些不符合要求的数据或有明显错误的数据予以剔除；二是将某些符合特定条件的资料筛选出来。数据透视表是一种交互式的统计报表，利用数据透视表可以对数据表的重要信息按使用者的习惯或分析需要进行汇总和作图，形成一个符合要求的交叉表（列联表）。

第三节　实验内容

一、建立数据文件

例 1 - 1： 在企业人力资源管理中，职工薪酬管理是一个重要的内容。表 1 - 1 是 8 名企业职工情况的模拟资料。要求建立该资料数据文件。

（一）SPSS 实验步骤

Step1：定义变量。在数据编辑窗口的下方单击"变量视图"按钮，进入变量视图窗口。在"名称"区域输入"年龄"，再在"类型"区域单击右侧的省略号按钮，选择宽度为 3，小数位为 0。"度量标准"选"度量"，其他选项为默

认。"婚姻状况"变量需标注"值标签",在"值"区域单击右侧的省略号按钮,用"1.00"表示"已婚",用"2.00"表示"未婚",如图 1-1 所示。设置完毕,单击"确定"按钮退出。

表 1-1　企业职工情况模拟资料

职工序号	性别	婚姻状况	年龄（岁）	基本工资（元）
1	男	已婚	30	2100
2	女	已婚	28	2250
3	女	已婚	35	2900
4	女	已婚	40	3005
5	男	已婚	44	3100
6	女	未婚	21	1980
7	男	已婚	50	3600
8	女	未婚	19	1900

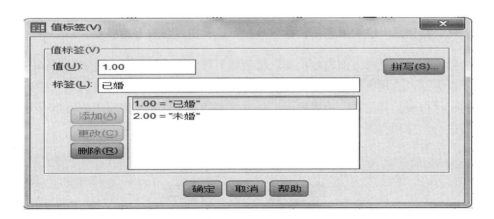

图 1-1　值标签对话框

Step2:录入数据。定义好 SPSS 数据结构后,单击数据编辑窗口的"数据视图"按钮,进入数据编辑状态,并在此录入每个变量的所有观测值。得到"变量视图"和"数据视图"如图 1-2 和图 1-3 所示。

Step3:在"文件"菜单中,选择"保存"子菜单,注意后缀名为".sav"。

（二）Stata 实验步骤

Step1:输入原始数据。打开 Stata 软件,单击快捷键 Data Editor（Edit）,弹出 Stata 的数据编辑器（类似 Excel 空白表格）,也可通过菜单命令 Window/Data

Editor，还可直接输入 edit 命令。执行命令后，会出现如图 1 – 4 所示的数据编辑器界面。

图 1 – 2　实验数据变量定义结果

图 1 – 3　实验资料建立的 SPSS 数据文件

图 1 – 4　数据编辑器界面

此时，可以录入数据。为处理数据方便，第一列"性别"变量值为"1"代表男性，"0"代表女性；第二列"婚姻状况"变量值为"1"代表已婚，"0"代表未婚。如图1-5所示。

| | Data Editor (Edit) - [Untitled] |
| File | Edit | View | Data | Tools |

var4[8] | 1900

	var1	var2	var3	var4
1	1	1	30	2100
2	0	1	28	2250
3	0	1	35	2900
4	0	1	40	3005
5	1	1	44	3100
6	0	0	21	1980
7	1	1	50	3600
8	0	0	19	1900

图1-5 数据编辑器界面（录入数据后）

Step2：用rename命令定义变量名。该命令格式为：rename old_ varname new_ varname

命令中，old_ varname是原变量名，new_ varname为新变量名。此例我们在"command"区域依次输入如下命令：

. rename var1 gender；回车

. rename var2 married；回车

. rename var3 age；回车

. rename var4 salary；回车后，再次单击快捷键 Data Editor（Edit），也可通过菜单命令 Window/Data Editor，出现如图1-6所示的数据编辑器界面。

| | Data Editor (Edit) - [Untitled] |
| File | Edit | View | Data | Tools |

salary[8] | 1900

	gender	married	age	salary
1	1	1	30	2100
2	0	1	28	2250
3	0	1	35	2900
4	0	1	40	3005
5	1	1	44	3100
6	0	0	21	1980
7	1	1	50	3600
8	0	0	19	1900

图1-6 数据编辑器界面（定义变量名后）

Step3：添加标签。命令 label data ［"label"］用于添加数据集标签，"label"为添加的数据说明。label variable varname ［"label"］用于添加变量的标签，"label"为添加的变量说明。本例中，依次键入如图 1－7 所示的命令：

. label variable gender "性别"

. label variable married "婚姻状况"

. label variable age "年龄"

. label variable salary "工资"

执行命令后，在 Stata 界面右上角"Label"栏有如图 1－7 所示的内容：

图 1－7　Label 栏

Step4：查看数据录入后，数据集的总体描述。输入如下命令：

describe

回车后输出结果如图 1－8 所示。

. describe

Contains data

obs：	8			salary data
vars：	4			
size：	128			

variable name	storage type	display format	value label	variable label
gender	float	%9.0g		性别
married	float	%9.0g		婚姻状况
age	float	%9.0g		年龄
salary	float	%9.0g		工资

Sorted by：

图 1－8　输出结果

输出显示每个变量的名称、存储方式、显示格式、变量标签及变量值标签。

Step5：保存数据文件。最简单方式为直接单击快捷键"save"，给文件命名并存储至指定工作目录。

二、SPSS 数据文件与 Excel 数据之间的转换

（一）将 Excel 数据文件打开并转存为 SPSS 数据文件

实验步骤

Step1：依次执行"文件""打开""数据"命令，弹出"打开数据"对话框，然后在"文件类型"的列表框中选择"Excel（＊．xls，＊．xlsx＊，＊xlsm)"，在"文件名"列表框中选择 Excel 数据文件，界面如图1－9所示。

图1－9 SPSS 打开数据对话框

Step2：单击"打开"按钮，弹出如图1－10所示对话框。

Step3：单击"确定"按钮，完成数据导入。

（二）将 SPSS 数据文件打开并转存为 Excel 数据文件

实验步骤

Step：执行"文件""另存为"命令。弹出"将数据存为"对话框，回答要保存的数据文件名，然后在"保存类型"的列表框中选择"Excel2007"，单击"保存"按钮，便完成了将 SPSS 转换为 Excel 软件包格式的数据文件。如图1－11所示。

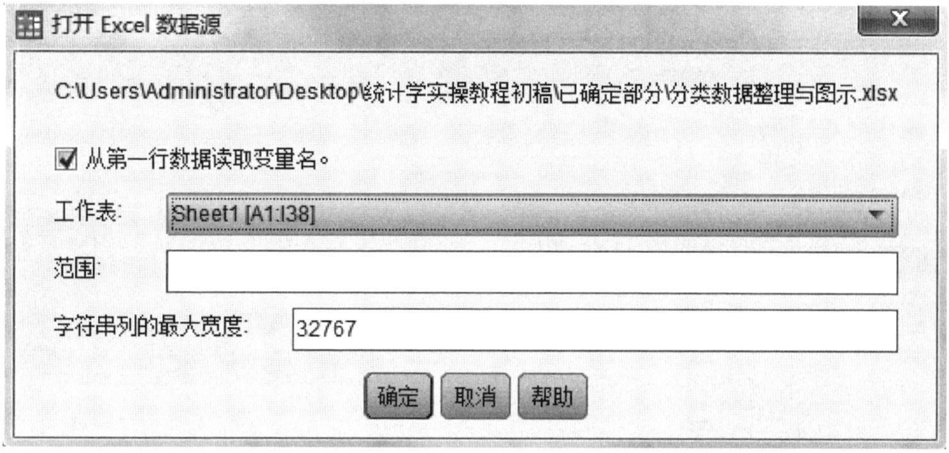

图 1 - 10　打开 Excel 数据源对话框

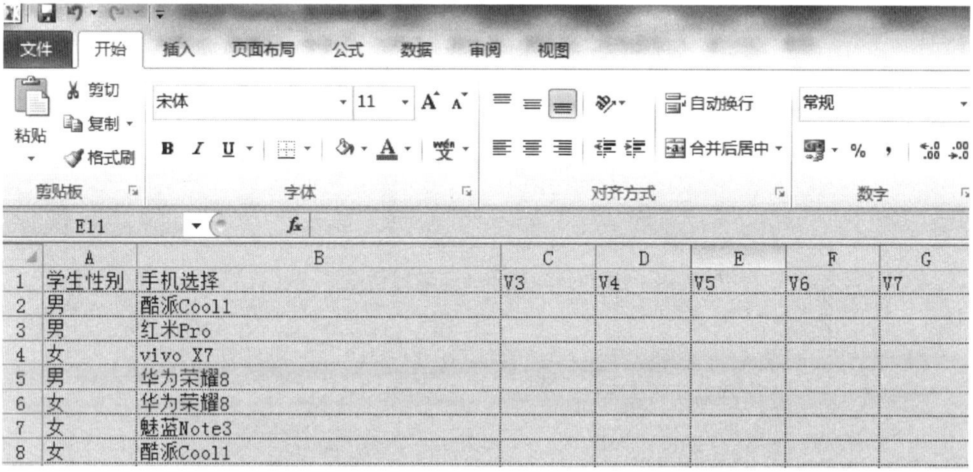

图 1 - 11　Excel 数据存为对话框

三、Excel【数据分析】工具调用

Step1：单击左上角"文件"按钮，再单击"选项"，选择"Excel 选项"，如图 1 - 12 所示。

Step2：单击"转到"，选中"分析工具库 - VBA"，最后单击"确定"，系统提示安装。流程后，在"数据"项可看到"数据分析"，如图 1 - 13 所示。

经济管理类专业《统计学》实验教程

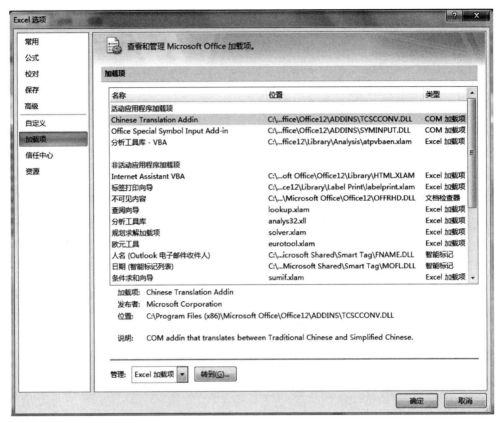

图 1 - 12　Excel 选项对话框

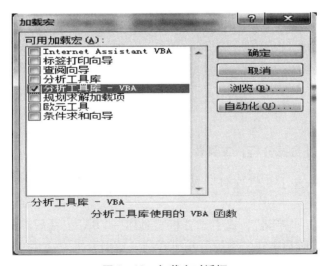

图 1 - 13　加载宏对话框

四、Excel 数据导入 Stata 及 Stata 数据集打开

由于多数原始数据格式为 Excel 格式，所以我们需要将 Excel 格式的数据导入 Stata，以便进行分析。

Step1：打开 Stata 软件，单击快捷键 Data Editor（Edit），弹出 Stata 的数据编辑器（类似 Excel 空白表格），如图 1 - 14 和图 1 - 15 所示。

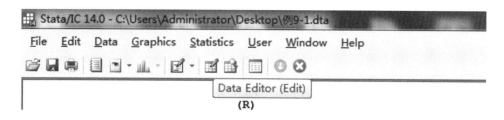

图 1 - 14　Data Editor（Edit）图标

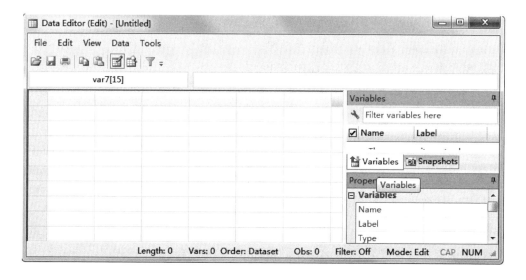

图 1 - 15　Stata 的数据编辑器

Step2：用 Excel 打开"例 1 - 1. xls"，因为 Stata 变量名为英文，需将 Excel 中变量为中文名的改为英文（标签可用中文），且一般为小写。之后，复制变量名及数据粘贴到 Data Editor 中。此时，会弹出一个对话框，提示你"第一行是数据还是变量名"，此例第一行为变量名，故单击"Variable names"。如图 1 - 16 所示。

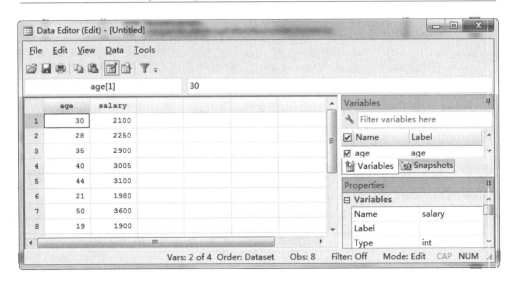

图 1 – 16　生成的 Stata 数据

Step3：关闭用 Data Editor 后，在 Stata 主界面的右上方的变量窗口出现两个变量，分别是 age 和 salary。单击快捷键"save"图标（或"File"→"save"），将数据存为 Stata 格式，文件名后缀为 dta。

Step4：如果要关闭一个数据集，打开另外一个数据集，可调用如下命令（在下方"command"区域输入），数据将被清空。

clear

Step5：如果要打开一个新的数据集，最便捷的方式就是单击快捷键"open"图标（或"File"→"open"），直接查找要打开的 dta 文件。

五、抽取样本实验操作

例 1 – 2：学校教务处教学检查组检查学生的考试试卷，检查组拟对总体进行抽样调查，对该校某班 50 名学生随机抽取 20 名学生作为调查样本，并且对 50 名学生按照学号编号进行随机抽样。

操作步骤

Step1：启动 Excel，建立学生学号的数据集，如图 1 – 17 所示。

注：对于学号首位为零或学号位数不足，需要对输入数据格式进行设置。选中输入数据单元格，单击鼠标右键，选择"设置单元格格式"；再选择"数字标签"，在"分类"列表框中选择"自定义"选项，在对话框右侧的"类型"栏中输入"00000000000"，表示当数字未满 11 位数时，将在前面自动补零。如图 1 – 18 所示。

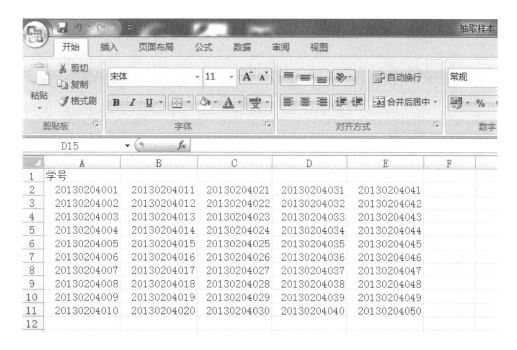

图 1-17 建立学号数据库

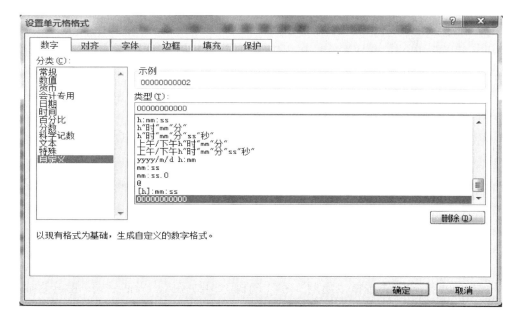

图 1-18 设置单元格格式

Step2：依次选择"数据→数据分析→抽样"，单击"确定"。如图1-19和图1-20所示。

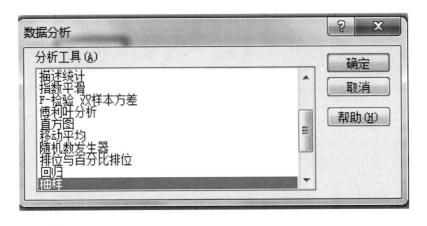

图1-19 数据分析对话框

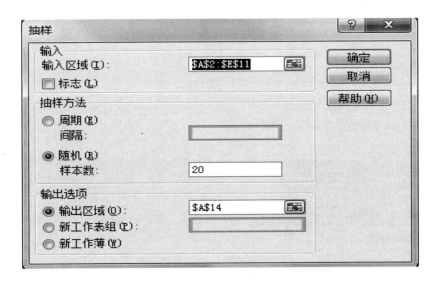

图1-20 抽样对话框

在"输入区域（I）"栏中输入学生学号所在的区域，在"抽样方法"栏中，可根据实际情况分为选择"周期"和"随机"两种模式。周期模式，即等距抽样，需要求得周期间隔（总体单位数除以抽取的样本单位数）。随机抽样适用于纯随机抽样、分类抽样、整群抽样和阶段抽样。若选取纯随机抽样，要在"样本数"框中输入抽取的样本单位数。这里，选取随机抽样，输入 20。

Step3：单击"确定"按钮，抽样结果如图 1 - 21 所示。

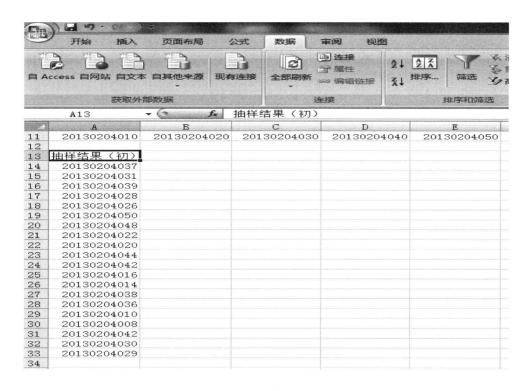

图 1 - 21　抽样结果

＊由于学号有可能被重复抽取，可以使用"筛选"功能对抽样结果进行筛选。

Step4：依次选择"数据→筛选→高级筛选"，勾选"选择不重复的记录（R）"，如图 1 - 22 所示。

Step5：单击"确定"，即得到不重复抽样结果，如图 1 - 23 所示。

六、数据筛选

数据预处理主要包括数据筛选、数据排序和数据透视表。首先介绍数据筛选。

图 1 – 22　筛选抽样结果

	A	B	C	D	E	F
10	20130204009	20130204019	20130204029	20130204039	20130204049	
11	20130204010	20130204020	20130204030	20130204040	20130204050	
12						
13	抽样结果（初）	不重复的抽样结果				
14	20130204001	20130204001				
15	20130204006	20130204006				
16	20130204019	20130204019				
17	20130204017	20130204017				
18	20130204041	20130204041				
19	20130204040	20130204040				
20	20130204038	20130204038				
21	20130204012	20130204012				
22	20130204010	20130204010				
23	20130204044	20130204044				
24	20130204032	20130204032				
25	20130204031	20130204031				
26	20130204004	20130204004				
27	20130204003	20130204003				
28	20130204026	20130204026				
29	20130204025	20130204025				
30	20130204009	20130204009				
31	20130204047	20130204047				
32	20130204045	20130204045				
33	20130204019					
34						

图 1 – 23　不重复抽样结果

例 1 – 3：某公司彩电销售记录情况，要求按条件进行筛选，如图 1 – 24 所示。

销售单号	品牌	客户属性	数量	销售总价	销售人员
20160706001	长虹	单位	10	39990	王
20160706002	TCL	个人	1	4999	李
20160706003	长虹	单位	6	35994	李
20160706004	TCL	单位	4	15996	李
20160706005	长虹	个人	1	3999	李
20160706006	TCL	个人	2	9998	王
20160706007	长虹	单位	8	31992	赵
20160706008	TCL	个人	1	4999	赵
20160706009	长虹	单位	3	11997	赵
20160706010	TCL	单位	6	35994	王
20160706011	长虹	个人	1	3999	王
20160706012	TCL	个人	2	7998	王
20160706013	TCL	个人	2	7998	李

图 1 - 24　某公司彩电销售记录

实验步骤

Step1：单击"数据"，选择任意列标题所在单元格，单击"筛选"，如图 1 - 25 所示。

图 1 - 25　数据图示

如若筛选品牌为"长虹"，客户属性为"单位"，则在相应列标题单元格右侧的下拉箭头，用鼠标单击，复选框选择"长虹""单位"。如图 1 – 26 所示。

销售单号	品牌	客户属性	数量	销售总价	销售人员
20160706001	长虹	单位	10	39990	王
20160706003	长虹	单位	6	35994	李
20160706007	长虹	单位	8	31992	赵
20160706009	长虹	单位	3	11997	赵
20160706013	长虹	单位	5	24995	孙
20160706017	长虹	单位	5	24995	王
20160706019	长虹	单位	9	44991	李
20160706021	长虹	单位	12	59988	王
20160706023	长虹	单位	5	24995	孙

图 1 – 26　资料筛选结果

注：若将筛选出的结果单独列出，则可选择"高级筛选"选项。

　　Step2：单击任一数据区单元格，单击"筛选"，选择"高级"，出现"高级筛选"对话框。如图 1 – 27 所示。

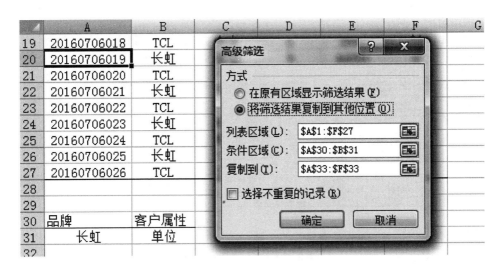

图 1 – 27　高级筛选对话框

　　选择"将筛选结果复制到其他位置（O）"，列表区域、条件区域如图 1 – 27

所示，选择结果显示区域（一般和原数据区最左列对齐）。单击"确定"，显示结果如图1-28所示。

25	20160706024	TCL	单位	7	41993	王
26	20160706025	长虹	个人	1	3999	赵
27	20160706026	TCL	个人	2	7998	李
28						
29						
30	品牌	客户属性				
31	长虹	单位				
32						
33	销售单号	品牌	客户属性	数量	销售总价	销售人员
34	20160706001	长虹	单位	10	39990	王
35	20160706003	长虹	单位	6	35994	李
36	20160706007	长虹	单位	8	31992	赵
37	20160706009	长虹	单位	3	11997	赵
38	20160706013	长虹	单位	5	24995	孙
39	20160706017	长虹	单位	5	24995	王
40	20160706019	长虹	单位	9	44991	李
41	20160706021	长虹	单位	12	59988	王
42	20160706023	长虹	单位	5	24995	孙
43						

图 1-28 高级筛选结果

七、数据排序

例题同例3-5。

实验步骤

Step：在所在数据列单元格，单击鼠标右键，选择"排序"，根据需要选择"升序（S）"或"降序（O）"即可。以"销售总价"的降序为例。如图1-29和图1-30所示。

图 1-29 数据排序选择过程

	A	B	C	D	E	F
1	销售单号	品牌	客户属性	数量	销售总价	销售人员
2	20160706021	长虹	单位	12	59988	王
3	20160706019	长虹	单位	9	44991	李
4	20160706024	TCL	单位	7	41993	王
5	20160706001	长虹	单位	10	39990	王
6	20160706003	长虹	单位	6	35994	李
7	20160706010	TCL	单位	6	35994	王
8	20160706007	长虹	单位	8	31992	赵
9	20160706014	TCL	单位	7	27993	孙
10	20160706013	长虹	单位	5	24995	孙
11	20160706017	长虹	单位	5	24995	王

图 1-30 数据排序结果

八、数据透视表

例 1-4：在某大学随机抽取 30 名学生，调查其性别、家庭所在地区、平均月生活费、月平均衣物支出和买衣物首选因素等，数据如图 1-31 所示。试建立一个数据透视表，在表的行变量中给出性别和买衣物首选因素，在列变量中给出学生的家庭所在地，对平均月生活费和月平均衣物支出进行交叉汇总。〔例题数据取自贾俊平《统计学》（第六版）例 3.2〕

	A	B	C	D	E	F
1	编号	性别	家庭所在地区	平均月生活费(元)	月平均衣物支出(元)	买衣物首选因素
2	1	男	大型城市	800	200	价格
3	2	女	中小城市	600	180	款式
4	3	男	大型城市	1000	300	品牌
5	4	男	中小城市	400	40	价格
6	5	女	中小城市	500	150	款式
7	6	女	乡镇地区	800	80	品牌
8	7	男	中小城市	600	180	品牌
9	8	女	乡镇地区	400	120	价格
10	9	男	中小城市	1000	300	款式
11	10	女	大型城市	600	180	款式

图 1-31 随机抽取 30 名学生的调查数据

实验步骤

Step1：单击"插入"，选择"数据透视表"。如图 1-32 所示。

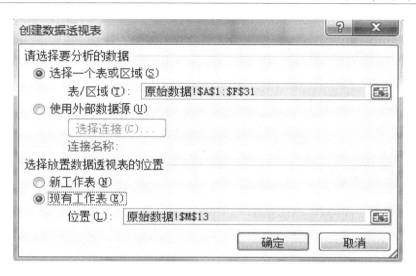

图 1 – 32　创建数据透视表对话框

Step2：在出现的对话框中，选取原始数据区域输入，本例的数据源区域为 "$A $1：$F $31"，数据透视表位置根据需要选取，这里选取默认，单击"确定"。

出现如图 1 – 33 的对话框：

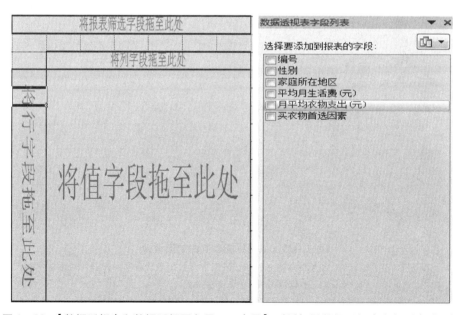

图 1 – 33　【数据透视表和数据透视图向导——布局】对话框及数据透视表字段列表对话框

Step3：单击"将行字段拖至此处"区域，在右侧"数据透视表字段列表"复选框区域选取"性别""买衣物首选因素"，分别拖至"将行字段拖至此处"区域，出现如图1-34的界面。（也可在复选框直接选取）

性别 ▼	买衣物首选因素 ▼	
⊟男	价格	
	款式	
	品牌	
男 汇总		
⊟女	价格	
	款式	
	品牌	
女 汇总		
总计		

图1-34　根据需要建立【数据透视表和数据透视图向导——布局】对话框

Step4：同样步骤，将"家庭所在地区"拖至"将列字段拖至此处"，将"平均月生活费""月平均衣物支出"拖至"数据"区域，生成如图1-35所示的数据透视图表。

性别 ▼	买衣物首选因素 ▼	数据	家庭所在地区 ▼ 大型城市	乡镇地区	中小城市	总计
⊟男	价格	求和项:月平均衣物支出(元)	230	180	40	450
		求和项:平均月生活费(元)	1100	1800	400	3300
	款式	求和项:月平均衣物支出(元)	150		800	950
		求和项:平均月生活费(元)	500		3000	3500
	品牌	求和项:月平均衣物支出(元)	300	240	480	1020
		求和项:平均月生活费(元)	1000	800	1600	3400
男 求和项:月平均衣物支出(元)			680	420	1320	2420
男 求和项:平均月生活费(元)			2600	2600	5000	10200
⊟女	价格	求和项:月平均衣物支出(元)	230	120	465	815
		求和项:平均月生活费(元)	700	400	2600	3700
	款式	求和项:月平均衣物支出(元)	600		330	930
		求和项:平均月生活费(元)	2100		1100	3200
	品牌	求和项:月平均衣物支出(元)	50	80		130
		求和项:平均月生活费(元)	500	800		1300
女 求和项:月平均衣物支出(元)			880	200	795	1875
女 求和项:平均月生活费(元)			3300	1200	3700	8200
求和项:月平均衣物支出(元)汇总			1560	620	2115	4295
求和项:平均月生活费(元)汇总			5900	3800	8700	18400

图1-35　根据需要建立的数据透视

注：如果要改变分析，建立不同的数据透视表，只需将"数据透视表字段列表"对话框中的"行""列"或"数据区域"中的变量选入，即可得到所需数据透视表。

第四节　问题思考

（1）建立 SPSS 数据文件最重要的步骤是什么？

（2）SPSS 中定义数值型变量和字符型变量的方法是否相同？各有什么侧重点？

（3）想了解 2017 年新疆师范大学新入学大一新生的数学水平，通过随机抽样的方式选择 500 名大一新生进行调查，请通过 Excel 加载宏系统的抽样工具对样本进行抽样。

（4）比较 SPSS 和 Stata 在数据分类、变量名定义的区别。

（5）根据师范大学大学生恋爱观的调查问卷，大学生每月零花钱数额为多少，花费的来源及去向是怎样的？对这些问卷或者你感兴趣的问题进行模拟统计调查，尝试设计一份调查问卷，进行问卷调查并回收调查结果，对调查结果进行编码录入。

第二章 数据的整理与图表展示（2 学时）

第一节 实验目的

（1）了解对数据进行整理的意义；掌握利用 Excel/SPSS 对品质数据、数值型数据进行整理。

（2）掌握分类和顺序数据的显示方法。

（3）掌握数值型数据的整理与图示。

（4）掌握截面数据和面板数据的整理与图示。

（5）合理使用图表。

第二节 相关知识

一、数据整理的基本概念

数据经过预处理后，可根据需要进一步做分类或分组。对品质数据主要做分类处理，对数值型数据则主要是做分组整理。品质数据包括分类数据和顺序数据，它们在整理和图形展示上方法大致相同，但也有微小差异。

频数（Frequency）是落在某一特定类别或组中的数据个数。把各个类别及落在其中的相应频数全部列出，并用表格形式表现出来，称为频数分布（Frequency Distribution）。

由两个或两个以上变量交叉分类的频数分布表也称为列联表（Contingency Table）。

数值型数据表现为数字，在整理时通常是进行分组。资料经整理分组后，计算出各组数据中出现的频数，就形成了一张频数分布表。数据分组的方法有单变量分组和组距分组两种。采用组距分组时，需要遵循"不重不漏"原则。数据分组的主要目的是观察数据的分布特征。

二、品质数据的整理与图示

分类数据本身就是对事物的一种分类，因此，在整理时首先列出所分的类别，然后计算出每一类别的频数、频率或比例、比率等，即可形成一张频数分布表，最后根据需要选择适当的图形进行展示。用 Excel 生成定性频数分布表有几种途径，其中最简单的办法就是使用数据透视表进行计数和汇总。

分类数据的整理与图示：包括条形图、帕累托图、饼图等。如果有两个总体或两个样本的分类相同且问题可比，还可绘制环形图。

顺序数据的整理与图示：累积频数是将各有序类别或组的频数逐级累加起来得到的频数。

累计频率或累积百分比是将各有序类别或组的百分比逐级累加起来，它也有向上累积和向下累积两种方法。

复合表是按两个或两个以上的变量层叠分组所形成的统计表，如果不指定分析（汇总）变量，则生成复合频数分布表；若指定分析（汇总）变量，则生成复合分析表。交叉表按两个或两个以上的变量交叉分组所形成的统计表，它与复合分析表的共同特点是都需要根据两个或两个以上的分类变量对总体进行分组计算相关统计量。

三、数值型数据的整理与图示

数值型数据还有以下一些图示方法，这些方法并不适用于分类数据和顺序数据。

分组数据——直方图。直方图（Histogram）是用于展示分组数据分布的一种图形，它是用矩形的宽度和高度（即面积）来表示频数分布的。

未分组数据——茎叶图和箱型图。茎叶图（Stem – leaf Display）是反映原始数据分布的图形。它是由茎和叶两部分构成，其图形是由数字组成的。通过茎叶图可以看出数据的分布形状及数据的离散状况。绘制茎叶图的关键是设计好树茎。

时间序列数据——线图。如果数值型数据是在不同时间上取得的，即时间数列数据，则可以绘制线图。线图（Line Plot）主要用于反映现象随时间变化的特征。

多变量数据的图示：散点图（Scatter Diagram）是用二维坐标展示两个变量之间关系的一种图形。气泡图（Bubble Chart）可用于展示三个变量之间的关系。它与散点图类似，绘制时将一个变量放在横轴，另一个变量放在纵轴，而第三个变量则用气泡的大小来表示。雷达图（Rader Chart）是显示多个变量的常用图示方法，也称"蜘蛛图"。

第三节　实验内容

一、品质数据的整理与展示

（一）分类数据的整理与图示

例 2-1： 据网站销售统计 2016 年上半年最受大学生欢迎的前几位国产品牌手机及价位如表 2-1 所示。

表 2-1　2016 年上半年前几位国产品牌手机售价

魅蓝 Note3	799 元（标准版）
酷派 Cool1	1099 元（标准版）
360 手机 N4S	1199 元（标准版）
红米 Pro	1499 元
联想 ZUK Z2 里约版	1499 元
华为荣耀 8	1999 元（运营商版）
vivo X7	2498 元

一家调查公司随机对 50 名新疆师范大学大一新生的购买意愿进行了记录。记录情况如表 2-2 所示。

表 2-2　大一新生手机品牌选择调查

学生性别	手机选择	学生性别	手机选择	学生性别	手机选择
男	酷派 Cool1	男	魅蓝 Note3	女	华为荣耀 8
男	红米 Pro	女	酷派 Cool1	女	vivo X7

续表

学生性别	手机选择	学生性别	手机选择	学生性别	手机选择
女	vivo X7	女	360 手机 N4S	女	红米 Pro
男	华为荣耀 8	男	红米 Pro	男	红米 Pro
女	华为荣耀 9	女	联想 ZUK Z2 里约版	女	vivo X7
女	魅蓝 Note3	女	华为荣耀 8	男	华为荣耀 8
女	酷派 Cool1	女	vivo X7	女	华为荣耀 9
男	魅蓝 Note3	男	红米 Pro	男	魅蓝 Note3
女	酷派 Cool1	女	联想 ZUK Z2 里约版	男	酷派 Cool1
男	360 手机 N4S	男	华为荣耀 8	女	魅蓝 Note3
男	红米 Pro	男	vivo X7	男	酷派 Cool1
女	联想 ZUK Z2 里约版	女	酷派 Cool1	女	vivo X7
男	华为荣耀 8	男	红米 Pro	女	华为荣耀 8
女	vivo X7	女	vivo X7	女	华为荣耀 9
男	红米 Pro	男	华为荣耀 8	女	魅蓝 Note3
女	联想 ZUK Z2 里约版	女	华为荣耀 9	女	酷派 Cool1
男	华为荣耀 8	男	魅蓝 Note3	—	—

要求：（1）不分性别，只按品牌生成数据透视表和主要图示。

（2）考虑性别、品牌两个因素生成数据透视表和主要图示。

（3）分别使用 Excel 和 SPSS 软件。

（二）第一种情形操作（不分性别）：

Excel 操作步骤

Step1：先将数据源区的数据排成两列，即"学生性别"一列，"手机选择"一列。

Step2：建立"数据透视表"。依次单击"插入"→"数据透视表"，在"创建数据透视表"窗口界面，选取"手机选择"列作为"表/区域"内容，单击"确定"。所见视窗如图 2－1 所示。

Step3：将屏幕右侧"数据透视表字段列表"视窗，将"手机选择"拖入"行标签"和"Σ 数值"区域，如图 2－2 和图 2－3 所示。

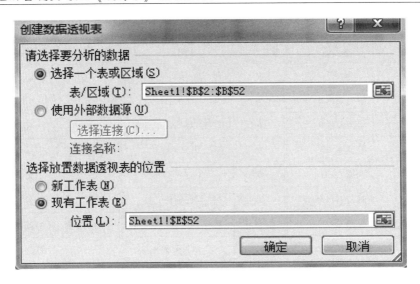

图 2 - 1   创建数据透视表对话框

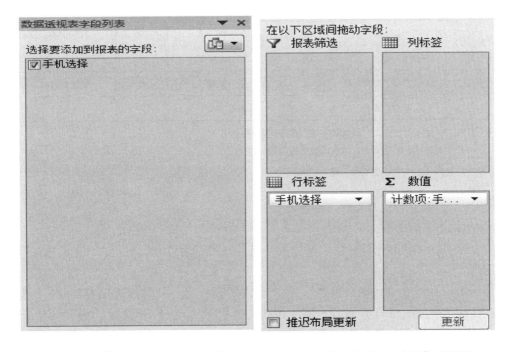

图 2 - 2   数据透视表字段列表及【数据透视表和数据透视图向导——布局】对话框

行标签	计数项:手机选择
360手机N4S	2
vivo X7	8
红米Pro	8
华为荣耀8	13
酷派Cool1	8
联想ZUK Z2里约版	4
魅蓝Note3	7
总计	50

图 2-3 数据透视表

Step4：选中数据透视图区域，单击"插入"→"柱形图"，选取相应图样，如图 2-4 和图 2-5 所示。

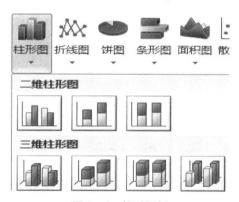

图 2-4 柱形图例

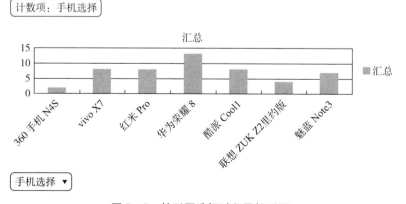

图 2-5 柱形图选择过程及柱形图

同理，得到其他图形。

图 2 - 6 为"饼图"。

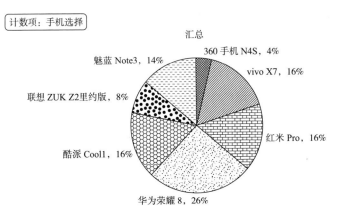

计数项：手机选择

汇总

魅蓝 Note3，14%
360 手机 N4S，4%
vivo X7，16%
联想 ZUK Z2里约版，8%
红米 Pro，16%
酷派 Cool1，16%
华为荣耀 8，26%

图 2 - 6　饼图

为了图示的效果，可充分利用下面的功能。以"饼图"为例。如图 2 - 7 ~ 图 2 - 9 所示。

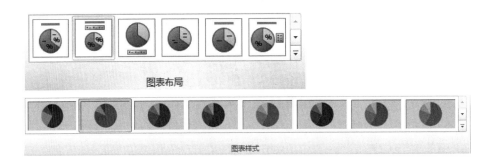

图表布局

图表样式

图 2 - 7　饼图图表布局及图表样式

（三）第二种情形操作：（考虑性别、品牌）

1. Excel 操作步骤

Step1：先将数据源区的数据排成两列，即"学生性别"一列，"手机选择"一列。

Step2：建立"数据透视表"。依次单击"插入"→"数据透视表"，在"创建数据透视表"窗口界面，选取"学生性别"→"手机选择"列作为"表/区域"内容，单击"确定"。

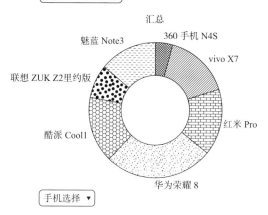

图 2 - 8　环形图

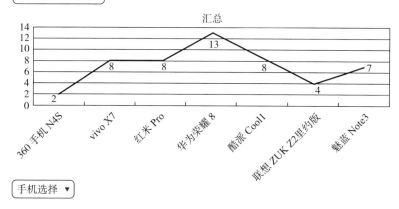

图 2 - 9　折线图

Step3：将屏幕右侧"数据透视表字段列表"视窗，将"手机选择"拖入"行标签"，"学生性别"拖入"列标签"，"手机选择"拖入"Σ 数值"区域，如图 2 - 10 和图 2 - 11 所示。

Step4：选中数据透视图区域，单击"插入"→"柱形图"，选取相应图样，如图 2 - 12 所示。

同理，得到其他图形，如图 2 - 13 和图 2 - 14 所示。

2. SPSS 操作步骤

Step1：选择"分析"→"描述统计"→"频率"，进入主对话框。将"学生性别"和"手机选择"导入变量区域，如图 2 - 15 所示。

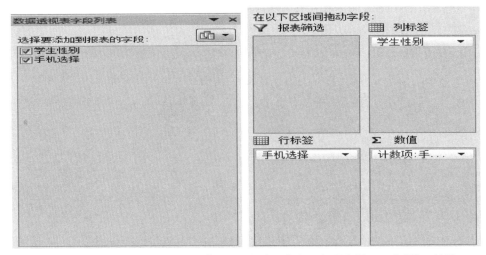

图2-10 数据透视表字段列表及【数据透视表和数据透视图向导——布局】对话框

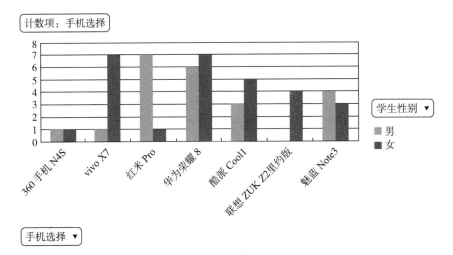

图2-11 数据透视

图2-12 柱形图

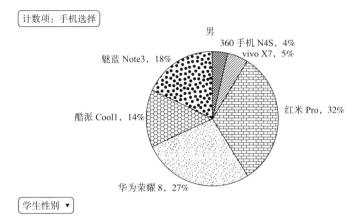

图 2-13　饼图

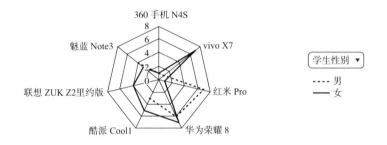

图 2-14　雷达图

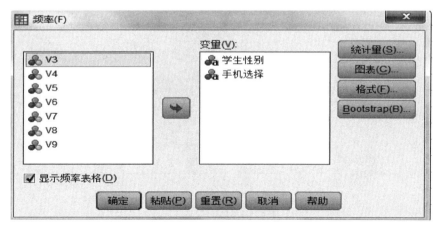

图 2-15　频率对话框

Step2：单击"确定"，如表2-3所示。

表2-3 频率表结果

		频率	百分比	有效百分比	累积百分比
有效	360手机N4S	2	4.0	4.0	4.0
	vivo X7	8	16.0	16.0	20.0
	红米Pro	8	16.0	16.0	36.0
	华为荣耀8	13	26.0	26.0	62.0
	酷派Cool1	8	16.0	16.0	78.0
	联想ZUK Z2里约版	4	8.0	8.0	86.0
	魅蓝Note3	7	14.0	14.0	100.0
	合计	50	100.0	100.0	

注：单击"频率"对话框的"图表"按钮，可根据需要选取"条形图""饼图""直方图"，然后"确定"即可。如图2-16和图2-17所示。

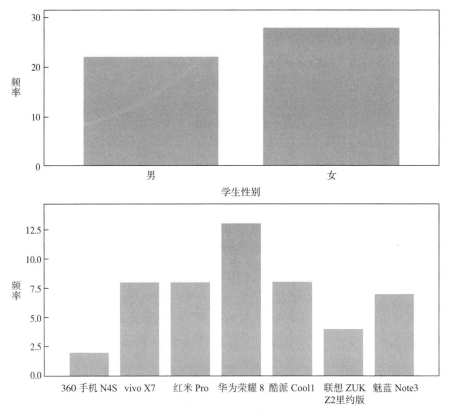

图2-16 学生性别以及手机选择的条形图

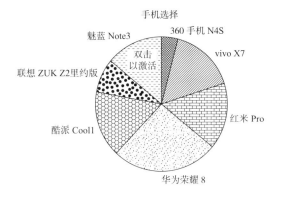

图 2 - 17　饼图

（1）交叉频数分布表的制作。选择"分析"→"描述统计"→"交叉表"，进入主对话框。然后，单击"确定"，如表 2 - 4 所示。

表 2 - 4　交叉频率分布

			学生性别		合计
			男	女	
手机选择	360 手机 N4S	计数	1	1	2
		手机选择中的占比	50.0%	50.0%	100.0%
		学生性别中的占比	4.5%	3.6%	8.3%
		总数的占比	2.0%	2.0%	4.0%
	vivo X7	计数	1	7	8
		手机选择中的占比	12.5%	87.5%	100.0%
		学生性别中的占比	4.5%	25.0%	29.5%
		总数的占比	2.0%	14.0%	16.0%
	红米 Pro	计数	7	1	8
		手机选择中的占比	87.5%	12.5%	100.0%
		学生性别中的占比	31.8%	3.6%	35.4%
		总数的占比	14.0%	2.0%	16.0%
	华为荣耀 8	计数	6	7	13
		手机选择中的占比	46.2%	53.8%	100.0%
		学生性别中的占比	27.3%	25.0%	52.3%
		总数的占比	12.0%	14.0%	26.0%

续表

| | | | 学生性别 | | 合计 |
			男	女	
手机选择	酷派 Cool1	计数	3	5	8
		手机选择中的占比	37.5%	62.5%	100.0%
		学生性别中的占比	13.6%	17.9%	32.5%
		总数的占比	6.0%	10.0%	16.0%
	联想 ZUK Z2 里约版	计数	0	4	4
		手机选择中的占比	0.0%	100.0%	100.0%
		学生性别中的占比	0.0%	14.3%	14.3%
		总数的占比	0.0%	8.0%	8.0%
	魅蓝 Note3	计数	4	3	7
		手机选择中的占比	57.1%	42.9%	100.0%
		学生性别中的占比	18.2%	10.7%	28.9%
		总数的占比	8.0%	6.0%	14.0%
合计		计数	22	28	50
		手机选择中的占比	44.0%	56.0%	100.0%
		学生性别中的占比	100.0%	100.0%	100.0%
		总数的占比	44.0%	56.0%	100.0%

（2）复式条形图制作。将"手机选择"和"学生性别"分别导入"行"域、"列"域，变量区域。选中"显示复式条形图"，单击"确定"。如图2-18和图2-19所示。

统计表格的 SPSS 制作

例2-2：根据数据文件 data2-1 中的性别、职务、基本工资三个变量编制复合分组的职工基本工资描述统计量分析表。（数据文件选自吴培乐主编《经济管理数据分析实验教程》）

Step1：打开数据文件 data2-1，依次选择"分析（A）"→"表（T）"→"设定表（C）"，进入如图2-20所示对话框。和对话框同时打开的是提示用户定义分类变量属性的对话框。如已事先定义过，单击"确定"即可。

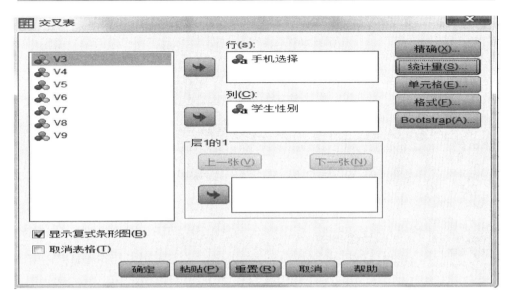

图 2 – 18　交叉表对话框

条形图

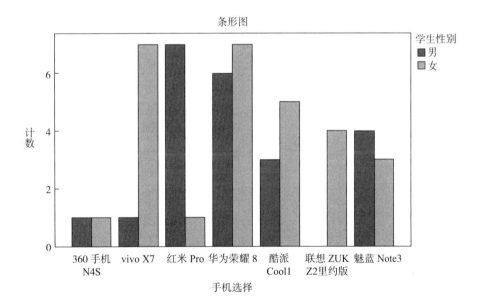

图 2 – 19　复式条形图

Step2：按顺序将"职务""性别"变量拖入绘表区的"行（W）"变量区，将"基本工资"变量拖入绘表区的"列（O）"变量区，设置结果如图 2 – 21 所示。

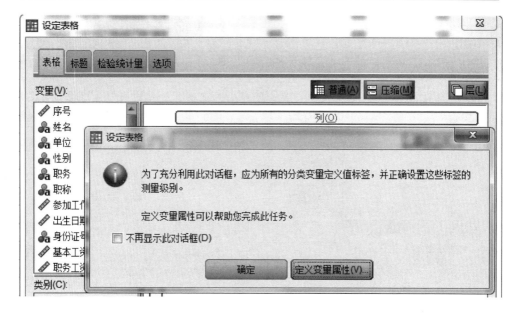

图 2-20　设定表格主对话框

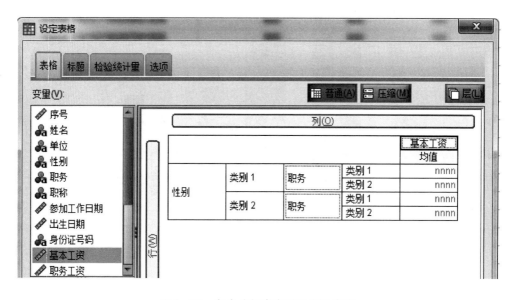

图 2-21　复合分析表变量设置示意图

在绘表区选中"基本工资"变量所在单元格,并单击"N%摘要统计量(S)",将"计数""最小值""最大值""均值""标准差""方差"等选入"显示（D）"统计量框；单击"应用选择"，返回主对话框。

　　Step3：单击"确定"，系统输出结果如表 2 - 5 所示。

表 2 - 5　职工基本工资情况表（复合分组）

				基本工资						
				均值	方差	标准差	中值	极大值	极小值	计数
性别	男	职务	副经理	759	3409	58	800	850	700	11
			经理	833	3333	58	800	900	800	3
			职员	743	3950	63	700	900	650	98
	女	职务	副经理	700	—	—	700	700	700	1
			职员	769	4815	69	800	900	650	26

　　例 2 - 3：根据数据文件 data2 - 1 中的性别、职务、基本工资 3 个变量编制交叉分组的职工基本工资描述统计量分析表。（选自吴培乐主编《经济管理数据分析实验教程》）

　　Step1：同例 2 - 2。

　　Step2：按顺序将"职务"变量拖入绘表区的"行（W）"变量区，按顺序将"基本工资"和"性别"变量拖入绘表区的"列（O）"变量区，设置结果如图 2 - 22 所示。

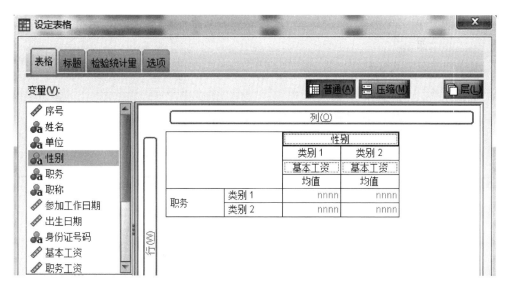

图 2 - 22　交叉分析表变量设置示意图

Step3：在绘表区选中"基本工资"变量所在单元格，并单击"N%摘要统计量（S）"，将"计数""最小值""最大值""均值""标准差""方差"等选入"显示（D）"统计量框；单击"应用选择"，返回主对话框。

Step4：单击"确定"，系统输出结果如表2-6所示。

表2-6　职工基本工资情况表（交叉分组）

		性别								
		男					女			
		基本工资					基本工资			
		均值	极大值	中值	极小值	标准差	均值	极大值	中值	极小值	标准差
职务	副经理	759	850	800	700	58	700	700	700	700	—
	经理	833	900	800	800	58	—	—	—	—	—
	职员	743	900	700	650	63	769	900	800	650	69

（四）顺序数据的整理与图示

分类数据的频数分布表和图示方法，也适用于对顺序数据的整理与显示。对于顺序数据，除了可使用上面的整理和显示技术，还可以计算累积频数和累积频率（百分比）。

例2-4：甲乙两班各有40名学生，期末统计学考试成绩如表2-7所示。

表2-7　期末统计学考试成绩

考试成绩	人数	
	甲班	乙班
优	3	6
良	6	15
中	18	9
及格	9	8
不及格	4	2

要求：（1）画出两个班成绩的对比柱形图和环形图。

（2）比较两个班考试成绩分布的特点。

（3）画出雷达图，比较两个班成绩分布是否相似。

1. Excel 操作步骤

Step：选中数据源区域，单击"插入"→"柱形图"，如图2-23和图2-24所示。

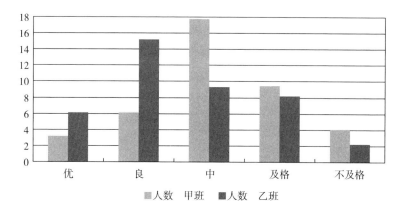

图 2 - 23 柱形图

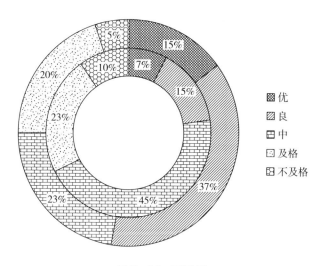

图 2 - 24 环形图

环形图显示，乙班的平均成绩比甲班的要好，如图 2 - 25 所示。

从雷达图的形状可以看出，两个班的成绩没有相似性。

例 2 - 5：以"统计分析案例"中的 X15 的数据显示学生做笔记的习惯[①]，生成各变量值的频数占总频数的百分比的三种图形：

（1）简单条形图。

（2）不同性别的复式条形图。

（3）不同性别的堆积面积图。

---

① 此案例选取杜智敏、樊文强编著《SPSS 在社会调查中的应用》中的"统计分析案例"。

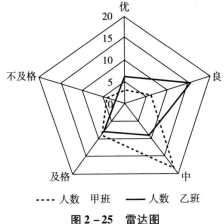

---- 人数 甲班   —— 人数 乙班

图 2 - 25 雷达图

2. SPSS 操作步骤

Step：依次执行"图形""旧对话框""条形图"命令，出现"条形图"对话框，如图 2 - 26 所示。

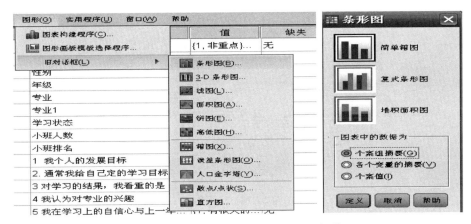

图 2 - 26 条形图选择过程及条形图对话框

对话框显示可提供三种条形图：简单箱图（简单条形图）、复式条形图、堆积面积图。在"图表中的数据为"栏中，有三种统计量的描述模式：

（1）个案组摘要：条形图以某个分类轴变量作为分组标准创建。

（2）各个变量的摘要：条形图反映若干个变量或同一变量的各种参数的情况。

（3）个案值：条形图反映某变量的所有个案的取值情况。

1）"个案组摘要"模式下的条形图。

简单条形图步骤：将源变量栏中的"15 我做笔记的习惯是［X15］"移入

"类别轴"，在"条的表征"选择"个案数的%"。单击"标题"按钮，输入"记笔记的习惯"，单击"继续"，返回主对话框。由于对缺失值的处理采用系统默认方式，"选项"按钮不用单击，直接"确定"。生成条形图如图 2－27 所示。

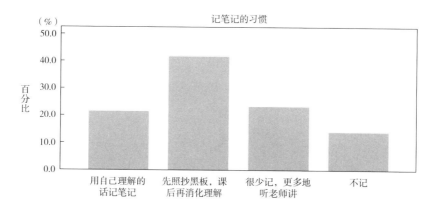

图 2－27　条形图

复式条形图步骤：将源变量栏中的"15 我做笔记的习惯是［X15］"移入"类别轴"，在"条的表征"选择"个案数的%"。将"性别"变量导入"定义聚类"框内。单击"标题"按钮，输入"男生和女生对记笔记的习惯"，单击"继续"，返回主对话框。由于对缺失值的处理采用系统默认方式，"选项"按钮不用单击，直接"确定"。生成复式条形图如图 2－28 所示。

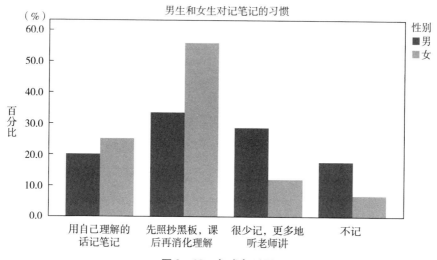

图 2－28　复式条形图

堆积面积图步骤：选"堆积面积图"，将源变量栏中的"15 我做笔记的习惯是［X15］"移入"类别轴"，在"条的表征"选择"个案数的%"。将"性别"变量导入"定义聚类"框内。单击"标题"按钮，输入"男生和女生对记笔记的习惯"，单击"继续"，返回主对话框。由于对缺失值的处理采用系统默认方式，"选项"按钮不用单击，直接"确定"。生成堆积面积图如图2-29所示。

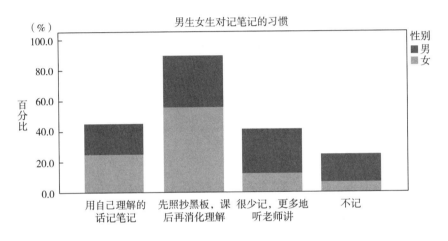

图 2 - 29　堆积面积图

2）"个案值"模式下的条形图。

例 2 - 6：

表 2 - 8　我国电影片产量

年份	电影厂	故事片	美术片	科教片	纪录片	变量
1962	16	34	17	94	133	
1975	15	27	11	214	313	
1985	20	127	45	357	419	
1995	30	146	37	40	111	
2003	31	140	2	53	6	

以纪录片在不同年份的数目绘制条形图。

简单条形图步骤：依次导入或单击图2-30选项，单击"确定"。

复式条形图步骤：依次导入或单击图2-31选项，单击"确定"。

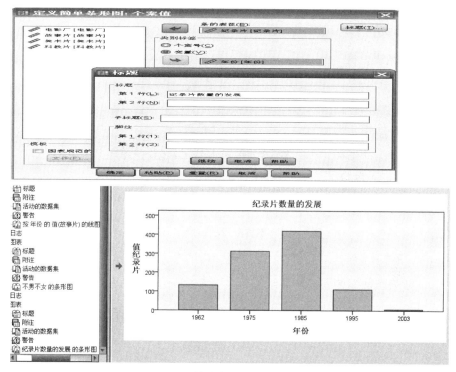

图 2 – 30　简单条形图的操作与输出

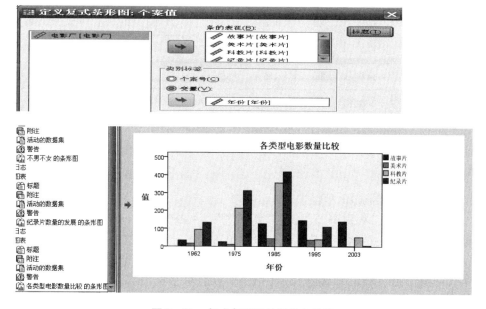

图 2 – 31　复式条形图的操作与输出

堆栈条形图步骤：依次导入或单击图 2 - 32 选项，单击"确定"。

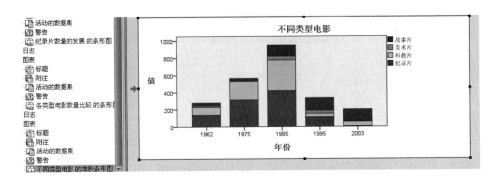

图 2 - 32 堆栈条形图的操作与输出

二、数值型数据的整理与展示

例 2 - 7：现有某上市公司所属 40 个企业 2015 年产值计划完成百分比资料如表 2 - 9 所示：

表 2 - 9 资料

97	113	120	103	115	108	108	114	129	92
123	117	107	115	158	110	127	105	138	95
119	105	125	119	146	137	118	117	100	127
112	107	142	88	126	136	87	124	103	104

要求：（1）编制分布数列；

（2）向上累计频率；

（3）次数分布直方图。

Excel 实验步骤

Step1：将数据输入一列。

Step2：选择"数据分析"→"直方图"→"确定"。和上例有区别的是"接收区域（B）"的输入。该区域包含一组可用来计算频数的边界值。如省略此处的接收区域，Excel 将在数据组的最小值和最大值之间创建一组平滑分布的接收区间。本例中，组间距选取 10。如图 2 - 33 所示。

67	完成百分比	接收区域
68	97	90
69	123	100
70	119	110
71	112	120
72	113	130
73	117	140
74	105	150
75	107	160
76	120	

图 2 - 33　接受区域数据输入

Step3：单击"确定"，就得到结果，如图 2 - 34 所示。

接收区域	频率	累积 %	接收区域	频率	累积 %
90	2	5.00%	120	11	27.50%
100	4	15.00%	110	10	52.50%
110	10	40.00%	130	7	70.00%
120	11	67.50%	100	4	80.00%
130	7	85.00%	140	3	87.50%
140	3	92.50%	90	2	92.50%
150	2	97.50%	150	2	97.50%
160	1	100.00%	160	1	100.00%
其他	0	100.00%	其他	0	100.00%

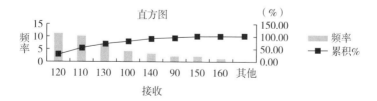

图 2 - 34　直方图的操作与输出

例2-8：A、B 两地区人均消费支出情况如表2-10所示。

表2-10　A、B 两地区人均消费支出情况

	A 地区	B 地区
500 元以下	100	120
501～1000 元	120	130
1001～3000 元	130	145
3001～5000 元	150	160
5001～8000 元	115	135
8000 元以上	90	115

要求制作主要图表。

1. 柱形图

操作步骤：选择数据区域，单击"插入"，选择"柱形图"，以二维柱形图为例，单击"二维柱形图"按钮，出现图2-35所示的柱形图。

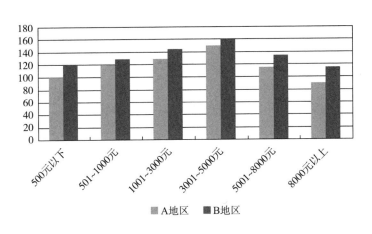

图2-35　柱形图

2. 环形图

操作步骤：选择数据区域，单击"插入"，选择"其他图表"，选择"环形图"按钮，出现如图2-36所示的环形图。

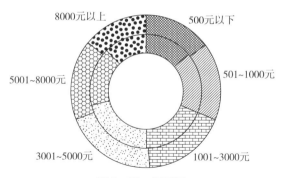

图 2 - 36 环形图

3. 折线图

操作步骤：选择数据区域，单击"插入"，选择"折线图"，出现如图 2 - 37 所示的折线图。

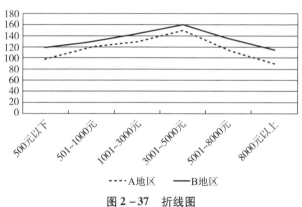

图 2 - 37 折线图

4. 雷达图

操作步骤：选择数据区域，单击"插入"，选择"雷达图"，出现如图 2 - 38 所示的雷达图。

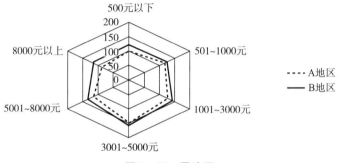

图 2 - 38 雷达图

三、截面数据的整理与展示

例 2 - 9：表 2 - 11 为 2001 年全国各地区农村居民家庭人均纯收入及消费支出的相关数据。

表 2 - 11　2001 年全国各地区农村居民家庭人均纯收入及消费支出的相关数据

地区	人均消费支出	从事农业经营的收入	其他收入
北京	3552.1	579.1	4446.4
天津	2050.9	1314.6	2633.1
河北	1429.8	928.8	1674.8
山西	1221.6	609.8	1346.2
内蒙古	1554.6	1492.8	480.5
辽宁	1786.3	1254.3	1303.6
吉林	1661.7	1634.6	547.6
黑龙江	1604.5	1684.1	596.2
上海	4753.2	652.5	5218.4
江苏	2374.7	1177.6	2607.2

操作步骤基本同上，柱形图如图 2 - 39 所示。

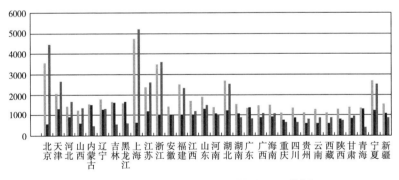

图 2 - 39　柱形图

＊＊＊时间序列数据的整理与展示（内容见面板数据的整理与展示）

四、面板数据的整理与展示

例 2 - 10：表 2 - 12 为国家 2005～2014 年三次产业产值构成比数据。

表 2 - 12　　国家 2005 ~ 2014 年三次产业产值构成比数据

指标	2014 年	2013 年	2012 年	2011 年	2010 年	2009 年	2008 年	2007 年	2006 年	2005 年
三次产业构成：第一产业增加值（%）	9.1	9.3	9.4	9.4	9.5	9.8	10.3	10.3	10.6	11.6
三次产业构成：第二产业增加值（%）	43.1	44.0	45.3	46.4	46.4	45.9	46.9	46.9	47.6	47.0
三次产业构成：第三产业增加值（%）	47.8	46.7	45.3	44.2	44.1	44.3	42.8	42.9	41.8	41.3

资料来源：国家统计局。

操作步骤：单击"插入"，选取相应图表。

第一产业增加值%的"线形图"：（时间序列数据的图示应用），如图 2 - 40 和图 2 - 41 所示。

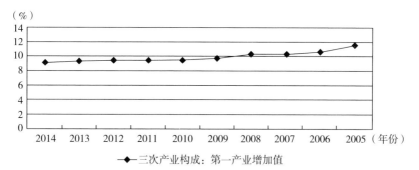

图 2 - 40　第一产业增加值%的"线形图"

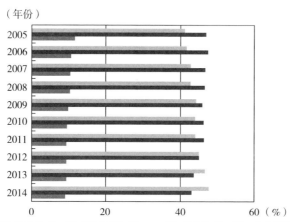

图 2 - 41　第一、二、三产业增加值占比的"条形图"

第四节 问题思考

（1）数据的预处理包括哪些内容？

（2）分类数据和顺序数据的整理与展示方法各有哪些？

（3）数值型数据的分组方法有哪些？简述组距分组的步骤。

（4）直方图和条形图有何区别？

（5）绘制线图应注意哪些问题？

（6）饼图和环形图有什么不同？

（7）茎叶图和直方图相比有什么优点？它们的应用场合是什么？

（8）交叉分析表的行列能否设置两个或两个以上的分类变量？如果设置多个分类变量，表格会发生什么变化？

第三章 数据的概括性度量（1 学时）

第一节 实验目的

（1）了解描述统计的基本特征。

（2）能够熟练应用 Excel 软件计算算数平均数、众数、中位数等几种趋势指标。

（3）能够熟练应用 Excel 软件计算全距、标准差、方差等离散程度。

（4）熟悉 Excel 软件中的部分函数，掌握 Excel 软件中"数据分析"工具的"描述统计"命令，掌握 SPSS 软件的"统计量"功能。

（5）能够熟练应用 Stata 软件进行描述性统计分析。

第二节 相关知识

利用图表展示数据，可以对数据分布的形状和特征有一个大致的了解，但要全面把握数据分布的特征，还需要找到反映数据分布特征的代表值。数据分布的特征可以从三个方面进行测度和描述：一是分布的集中程度，反映各数据向其中心值的趋势；二是分布的离散程度，反映各数据远离中心值的趋势；三是分布的形状，反映数据分布的偏态和峰值。这三个方面分别反映了数据分布特征的不同侧面。

一、集中趋势指标

集中趋势是指一组数据向某一中心值靠拢的倾向，它反映一组数据的代表值或中心值。常见的集中趋势指标主要包括算数平均数、众数和中位数，也称平均指标。三者之中，算数平均数在实际问题中使用最多。

数值型数据——平均数：平均数也称均值（Mean），它是一组数据相加后除以数据的个数得到的结果。根据所掌握数据的不同，平均数有简单平均数、加权平均数和几何平均数。

定义：n 个观测值 $y_1, y_2, \cdots, y_n$ 集合的算数平均数是观测值的平均值。

$$\bar{y} = \frac{\sum y_i}{n}$$

一般用 $\bar{y}$ 表示样本均值（即 n 个观测值样本的平均值），用希腊字母 μ 表示总体均值。

分类数据——众数（Mode）：众数是一组数据中出现次数最多的变量值，用 M_0 表示。众数主要用于测度分类数据的集中趋势，当然也适用于作为顺序数据以及数值型数据集中趋势的测度值。

定义：n 个观测值 y_1，y_2，$\cdots$，y_n 集合的众数是以最大频率数出现的 y 值。

顺序数据——中位数和分位数：在一组数据中，可以找出处在某个位置上的数据，这些位置上的数据就是相应的分位数，其中包括中位数、四分位数、百分位数等。

定义：n 个观测值 y_1，y_2，$\cdots$，y_n 集合的中位数是测量值按升序（或降序）排列后位于中间的那个数，即这样一个位置上的 y 值，使得在相对频率直方图中一半的面积位于它的左边，一半的面积位于它的右边。

由于数据中非常大或非常小的观测值对均值计算较为敏感，因此均值将移向偏度的方向。例如，对于公司新进员工工资数据集，少数员工的高起薪水平将对均值产生比中位数更大的影响。而中位数不受极端值影响，能更好描述数据分布的"中心"。

二、离散程度指标

离散程度也称为变异程度，它是数据分布的另一个重要特征，反映的是各个数据远离其中心值的程度。变异指标值越大，数据间的差异性就越大，数据分布越分散，集中趋势测度值的代表性就越小；变异指标值越小，数据间的差异性就越小，数据分布越集中，集中趋势测度值的代表性就越好。描述离散程度的指标主要有全距、极差、平均差、标准差、方差和离散系数。

定义：极差等于一个数据集合中最大观测值和最小观测值的差。

定义：n 个观测值 y_1，y_2，$\cdots$，y_n 集合的样本方差定义为：

$$s^2 = \frac{\sum\limits_{i=1}^{n}(y_i - \overline{y})^2}{n-1}$$

对一个有 n 个观测值的有限总体，总体方差定义为：

$$\sigma^2 = \frac{\sum\limits_{i=1}^{n}(y_i - \mu)^2}{n-1}$$

定义：n 个观测值 $y_1, y_2, \cdots, y_n$ 集合的样本标准差等于方差的平方根：

总体的标准差等于 $\sigma = \sqrt{\sigma^2}$

切比雪夫法则是一个有用的经验法则。适用于任何一个数据集，也不要求数据的分布情况，主要内容如下：①可能有较少的观测值落在平均值的 1 个标准差范围内；②至少有 3/4 的观测值落在平均值的 2 个标准差范围内；③至少有 8/9 的观测值落在平均值的 3 个标准差范围内；④对于任意大于 1 的数 k，至少有 $1-(1/k^2)$ 的观测值落在平均值的 k 个标准差范围内。

三、相对位置的度量

观测值相对位置的两个度量是百分位数和 Z 值。用 99 个数值或 99 个点，将按大小顺序排列的观测值划分为 100 个等分，则这 99 个数值或 99 个点就称为百分位数，分别以 $P1$，$P2$，$\cdots$，$P99$ 代表第 1 个，第 2 个，$\cdots$，第 99 个百分位数。第 j 个百分位数 $j=1$，2，$\cdots$，100。

百分位通常用第几百分位来表示，如第五百分位，它表示在所有测量数据中，测量值的累计频次达 5%。以身高为例，身高分布的第五百分位表示有 5% 的人的身高小于此测量值，95% 的身高大于此测量值。百分位数则是对应于百分位的实际数值。中位数是第 50 百分位数。第 25 百分位数又称第一个四分位数（First Quartile），用 $Q1$ 表示；第 50 百分位数又称第二个四分位数（Second Quartile），用 $Q2$ 表示；第 75 百分位数又称第三个四分位数（Third Quartile），用 $Q3$ 表示。若求得第 p 百分位数为小数，可完整为整数。

分位数是用于衡量数据的位置的量度，但它所衡量的，不一定是中心位置。百分位数提供了有关各数据项如何在最小值与最大值之间分布的信息。

定义：数据集的第 p 百分位数是这样一个值，它使得至少有 $p\%$ 的数据项小于或等于这个值（位于左边），且至少有 $(100-p)\%$ 的数据项大于或等于这个值（位于右边）。

百分位数应用广泛。例如，假设某个考生在入学考试中的语文部分的原始分数为 54 分。相对于参加同一考试的其他学生来说，他的成绩如何并不容易知道。但是如果原始分数 54 分恰好对应的是第 70 百分位数，我们就能知道大约 70% 的学生的考分比他低，而约30%的学生考分比他高。

Z 值是相对位置的另一度量。假定两个水平类似的班级都上《统计学》课程，安排两个老师分别给这两个班授课。由于两位任课老师的评分标准不一致，两个班成绩的均值和标准差不一样：第一个班均值和标准差分别为 78.54 和 9.43；而第二个班均值和标准差分别为 70.19 和 7.00。那么得分为 90 分的第一个班的学生是否比得分 82 的第二个班的学生成绩更好？这种情形可用比较 Z 值的方法解决，即比较标准化后的数据。

定义：把样本原始数据观测值和该样本均值之差除以该样本的标准差得到的度量称为标准得分（standard score），又称 Z – score。即某观测值的标准得分公式为

$$Z_i = \frac{x_i - \bar{x}}{s}$$

得分为 90 分的第一个班学生的标准得分为 1.22，而得分为 82 分的第二个班学生的标准得分为 1.69。可见，得分为 82 分的第二个班学生相对更优些。

四、综合描述统计

对于统计数据的一些常用统计量，如平均数、标准差等，Excel 软件提供了一种更加简单的方法——"描述统计"功能。该功能可以同时计算出平均数、标准误差、中位数、众数、样本标准差、方差、峰度、极差等十几个常用统计量来描述数据的分布规律。

第三节　实验内容

一、集中趋势指标

例 3 – 1：测得 50 株某植物株高数据如表 3 – 1 所示。

表 3 – 1　50 株某植物株高数据（厘米）

30.1	33.3	30.8	32.1	32.1	31.4	32.3	31.4	32.7	31.5
30.8	31.3	30.4	32.5	31.4	32.4	32.7	32.3	31.4	31.6
31.6	31	32.5	31.8	30.8	31	31.2	31.5	31.8	30.6
31.7	32	30.3	30.5	32.8	29.8	30.7	31.7	31.9	32.3
32.1	32.4	31.3	30.5	31.9	31.1	31.7	30.7	33	31.4

要求：（1）计算众数、中位数和算数平均数；

（2）根据分组数据计算算数平均数。

思路：分为两种情形，即未分组和分组。

Excel 操作步骤

1. 未分组操作步骤

Step1：设置输出区域：B8、B9、B10，在左侧栏输入相应指标名称："众数""中位数"和"算数平均数"，如图 3-1 所示。

	A	B	C	D	E
1	30.1	33.3	30.8	32.1	32.1
2	30.8	31.3	30.4	32.5	31.4
3	31.6	31	32.5	31.8	30.8
4	31.7	32	30.3	30.5	32.8
5	32.1	32.4	31.3	30.5	31.9
6					
7	未分组数据				
8	众数				
9	中位数				
10	算数平均数				
11					

图 3-1 数据输出区域指标输入

Step2：选中单元格 B8，单击"公式"→"插入函数"，在"选择类别"下拉菜单选择"统计"。"选择函数"选择"MODE. SNGL"，单击"确定"。在"函数参数"窗口选中数据区域，单击"确定"。如图 3-2 所示。

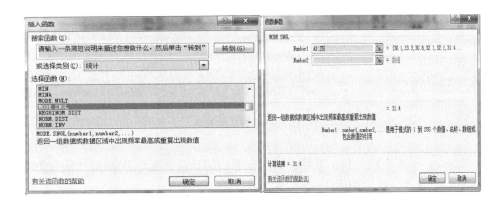

图 3-2 插入函数对话框和选择函数对话框

Step3：选中单元格 B9，单击"公式"→"插入函数"，在"选择类别"下拉菜单选择"统计"。"选择函数"选择"MEDIAN"，单击"确定"。在"函数参数"窗口选中数据区域，单击"确定"，得到中位数。

Step4：选中单元格 B10，单击"公式"→"插入函数"，在"选择类别"下拉菜单选择"统计"。"选择函数"选择"AVERAGE"，单击"确定"。在"函数参数"窗口选中数据区域，单击"确定"，得到算数平均数，如图 3 - 3 所示。

	A	B	C	D	E	F	G	H	I	J
1	30.1	33.3	30.8	32.1	32.1	31.4	32.3	31.4	32.7	31.5
2	30.8	31.3	30.4	32.5	31.4	32.4	32.7	32.2	31.4	31.6
3	31.6	31	32.5	31.8	30.8	31	31.2	31.5	31.8	30.6
4	31.7	32	30.3	30.5	32.8	29.8	30.7	31.7	31.9	32.3
5	32.1	32.4	31.3	30.5	31.9	31.1	31.7	30.7	33	31.4
6										
7	未分组数据									
8	众数	31.4								
9	中位数	31.55								
10	算数平均数	31.56								

图 3 - 3　位分组数据输出结果

2. 分组操作步骤

分组数及组距、上下限。

（1）将数据源数据变成一列，方法如下：

Step1：新建一个 Excel 表格文件，将原始数据域粘贴过来。选中单元格 A6，输入"＝"，单击 B1 单元格，按回车键。利用填充柄功能，单击 A6 单元格，按住鼠标左键往右拖至 J6 单元格。如图 3 - 4 所示。

	A	B	C	D	E	F	G	H	I	J
1	30.1	33.3	30.8	32.1	32.1	31.4	32.3	31.4	32.7	31.5
2	30.8	31.3	30.4	32.5	31.4	32.4	32.7	32.2	31.4	31.6
3	31.6	31	32.5	31.8	30.8	31	31.2	31.5	31.8	30.6
4	31.7	32	30.3	30.5	32.8	29.8	30.7	31.7	31.9	32.3
5	32.1	32.4	31.3	30.5	31.9	31.1	31.7	30.7	33	31.4
6	33.3	30.8	32.1	32.1	31.4	32.3	31.4	32.7	31.5	0

图 3 - 4　数据输入

Step2：对新生成的行，继续使用填充柄功能，向下拖至第 50 行（因为 50 株植物），截取部分显示如图 3 - 5 所示。

Step3：将 A1 列数据复制粘贴回原始表格，本列中粘贴至 M 列（"粘贴选项"选择"值"）。单击列内单元格，右击"排序"，选择"升序"，得到由小到大的一列数据。数据右侧建立"接受区域"（即确定组数及每组上限）。选取"数据"，单击"数据分析"，在弹出窗口中选择"直方图"，选取相应区域。如图 3 - 6 和图 3 - 7 所示。

	A	B	C	D	E	F	G	H	I	J
1	30.1	33.3	30.8	32.1	32.1	31.4	32.3	31.4	32.7	31.5
2	30.8	31.3	30.4	32.5	31.4	32.4	32.7	32.2	31.4	31.6
3	31.6	31	32.5	31.8	30.8	31	31.2	31.5	31.8	30.6
4	31.7	32	30.3	30.5	32.8	29.8	30.7	31.7	31.9	32.3
5	32.1	32.4	31.3	30.5	31.9	31.1	31.7	30.7	33	31.4
6	33.3	30.8	30.8	31	31.4	32.3	31.4	32.7	31.5	0
7	31.3	30.4	30.4	32.5	32.4	32.7	32.2	31.4	31.6	0
8	31	32.5	31.8	30.8	31	31.2	31.5	31.8	30.6	0
9	32	30.3	30.5	32.8	29.8	30.7	31.7	31.9	32.3	0
10	32.4	31.3	30.5	31.9	31.1	31.7	30.7	33	31.4	0
11	30.8	32.1	31.3	31.4	31.4	32.7	31.5	0	0	0
12	30.4	32.5	31.8	32.4	31.2	31.5	31.8	30.6	0	0
13	32.5	30.3	30.8	31	31.2	31.5	31.8	30.6	0	0
14	30.3	30.5	32.8	29.8	30.7	31.7	31.9	31.4	0	0
15	31.3	30.5	31.9	31.1	31.7	30.7	33	31.4	0	0

图3-5 使用填充柄数据输入

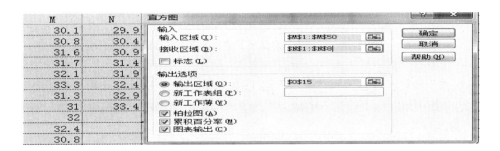

图3-6 直方图对话框

M	N	O	P	Q	R	S	T
30.1	29.9	接收	频率	累积 %	接收	频率	累积 %
30.8	30.4	29.9	1	2.00%	31.4	11	22.00%
31.6	30.9	30.4	3	8.00%	31.9	11	44.00%
31.7	31.4	30.9	8	24.00%	32.4	9	62.00%
32.1	31.9	31.4	11	46.00%	30.9	8	78.00%
33.3	32.4	31.9	11	68.00%	32.9	5	88.00%
31.3	32.9	32.9	5	96.00%	33.4	2	98.00%
31	33.4	33.4	2	100.00%	29.9	1	100.00%
32		其他	0	100.00%	其他	0	100.00%
32.4							
30.8							

图3-7 输出结果

（2）根据分组情形下算数平均数的算法，设计输出域及指标名称，如图3-8所示。

	A	B	C	D	E
1	30.1	33.3	30.8	32.1	32.1
2	30.8	31.3	30.4	32.5	31.4
3	31.6	31	32.5	31.8	30.8
4	31.7	32	30.3	30.5	32.8
5	32.1	32.4	31.3	30.5	31.9
6					
7	分组数据				
8	分组	频数fi	组中值Mi	Mi*fi	
9	29.5-29.9				
10	30.0-30.4				
11	30.5-30.9				
12	31.0-31.4				
13	31.5-31.9				
14	32.0-32.4				
15	32.5-32.9				
16	33.0-33.4				
17	合计				
18	算数平均数				

图 3 – 8   算数平均数算法下输出区域及指标设置

操作步骤：将直方图的"频率"结果复制至上表中 B9 ~ B16 单元格，计算填写各组组中值（组中值等于每组上下限之和除 2），在 D9 单元格输入" = B9 * C9"，按回车键。

利用填充柄功能，单击 D9 单元格，按住鼠标左键往下拖至 D16 单元格，如图 3 – 9 所示。

7	分组数据					7	分组数据			
8	分组	频数fi	组中值Mi	Mi*fi		8	分组	频数fi	组中值Mi	Mi*fi
9	29.5-29.9	1	29.7	29.7		9	29.5-29.9	1	29.7	29.7
10	30.0-30.4	3	30.2	90.6		10	30.0-30.4	3	30.2	90.6
11	30.5-30.9	8	30.7	245.6		11	30.5-30.9	8	30.7	245.6
12	31.0-31.4	11	31.2	343.2		12	31.0-31.4	11	31.2	343.2
13	31.5-31.9	11	31.7	348.7		13	31.5-31.9	11	31.7	348.7
14	32.0-32.4	9	32.2	289.8		14	32.0-32.4	9	32.2	289.8
15	32.5-32.9	5	32.7	163.5		15	32.5-32.9	5	32.7	163.5
16	33.0-33.4	2	33.2	66.4		16	33.0-33.4	2	33.2	66.4
17	合计					17	合计	50	251.6	1577.5
18	算数平均数					18	算数平均数			=D17/B17

图 3 – 9   合计公式输入

"合计"求法：单击"公式"，选取"自动求和"。在 D18 单元格输入" = D17/B17"，按回车键，如图 3 – 10 所示。

	A	B	C	D	E	F	G	H	I	J
1	30.1	33.3	30.8	32.1	32.1	31.4	32.3	31.4	32.7	31.5
2	30.8	31.3	30.4	32.5	31.4	32.4	32.7	32.2	31.4	31.6
3	31.6	31	32.5	31.8	30.8	31	31.2	31.5	31.8	30.6
4	31.7	32	30.3	30.5	32.8	29.8	30.7	31.7	31.9	32.3
5	32.1	32.4	31.3	30.5	31.9	31.1	31.7	30.7	33	31.4
6										
7	分组数据									
8	分组	频数fi	组中值Mi	Mi*fi						
9	29.5-29.9	1	29.7	29.7						
10	30.0-30.4	3	30.2	90.6						
11	30.5-30.9	8	30.7	245.6						
12	31.0-31.4	11	31.2	343.2						
13	31.5-31.9	11	31.7	348.7						
14	32.0-32.4	9	32.2	289.8						
15	32.5-32.9	5	32.7	163.5						
16	33.0-33.4	2	33.2	66.4						
17	合计	50	251.6	1577.5						
18	算数平均数			31.55						

图3-10 输出结果

结果分析：根据原始数据求得的算数平均数和根据分组数据求得的算数平均数的结果有一定的差异，但并不明显。从分布形状上看，基本对称，非常轻微的右偏。

二、离散趋势指标

例3-2：数据采用上例数据，分别计算方差和标准差。

1. 未分组操作步骤

Step1：设置输出区域：B8、B9，在左侧栏输入相应指标名称："方差""标准差"，如图3-11所示。

	A	B	C	D	E	F	G	H	I	J
1	30.1	33.3	30.8	32.1	32.1	31.4	32.3	31.4	32.7	31.5
2	30.8	31.3	30.4	32.5	31.4	32.4	32.7	32.2	31.4	31.6
3	31.6	31	32.5	31.8	30.8	31	31.2	31.5	31.8	30.6
4	31.7	32	30.3	30.5	32.8	29.8	30.7	31.7	31.9	32.3
5	32.1	32.4	31.3	30.5	31.9	31.1	31.7	30.7	33	31.4
6										
7	未分组数据									
8	方差									
9	标准差									

图3-11 数据指标名称输入

Step2：选中单元格B8，单击"公式"→"插入函数"，在"选择类别"下拉菜单选择"统计"。"选择函数"选择"var. S"（样本方差），单击"确定"。在"函数参数"窗口选中数据区域，单击"确定"。

Step3：选中单元格 B9，单击"公式"→"插入函数"，在"选择类别"下拉菜单选择"统计"。"选择函数"选择"STDEV. S"（样本标准差），单击"确定"。在"函数参数"窗口选中数据区域，单击"确定"。如图 3 – 12 所示。

	A	B	C	D	E	F	G	H	I	J
1	30.1	33.3	30.8	32.1	32.1	31.4	32.3	31.4	32.7	31.5
2	30.8	31.3	30.4	32.5	31.4	32.4	32.7	32.2	31.4	31.6
3	31.6	31	32.5	31.8	30.8	31	31.2	31.5	31.8	30.6
4	31.7	32	30.3	30.5	32.8	29.8	30.7	31.7	31.9	32.3
5	32.1	32.4	31.3	30.5	31.9	31.1	31.7	30.7	33	31.4
6										
7	未分组数据									
8	方差	0.636327								
9	标准差	0.797701								

图 3 – 12　输出结果

2. 分组操作步骤

Step1：在集中趋势例题的分组数据 Excel 结果表格中完善"接收区域"设置。如图 3 – 13 所示。

7	分组数据				
8	分组	频数fi	组中值Mi	Mi*fi	离差
9	29.5-29.9	1	29.7	29.7	
10	30.0-30.4	3	30.2	90.6	
11	30.5-30.9	8	30.7	245.6	
12	31.0-31.4	11	31.2	343.2	
13	31.5-31.9	11	31.7	348.7	
14	32.0-32.4	9	32.2	289.8	
15	32.5-32.9	5	32.7	163.5	
16	33.0-33.4	2	33.2	66.4	
17	合计	50		1577.5	
18	算数平均数			31.55	
19	方差				
20	标准差				

分组数据				
分组	频数fi	组中值Mi	Mi*fi	离差
29.5-29.9	1	29.7	29.7	=C9-D18
30.0-30.4	3	30.2	90.6	
30.5-30.9	8	30.7	245.6	
31.0-31.4	11	31.2	343.2	
31.5-31.9	11	31.7	348.7	
32.0-32.4	9	32.2	289.8	
32.5-32.9	5	32.7	163.5	
33.0-33.4	2	33.2	66.4	
合计	50		1577.5	
算数平均数			31.55	
方差				
标准差				

图 3 – 13　接受区域设置

Step2：计算各组离差。单击单元格 E9，输入" = C9 – D18"，然后按回车键得到结果" – 1.85"。再利用填充柄功能，求出其余各组的组中值与算数平均数的离差，如图 3 – 14 所示。

Step3：计算离差的平方。单击单元格 F9，输入" = E9 * E9"，然后按回车键得到结果"3.4225"。再利用填充柄功能，求出其余各组的离差的平方，如图 3 – 14 所示。

Step4：计算离差的平方与频数的乘积。单击单元格 G9，输入"= B9 * F9"，然后按回车键得到结果"3.4225"。再利用填充柄功能，求出其余各组的离差的平方与频数的乘积。

7	分组数据				
8	分组	频数fi	组中值Mi	Mi*fi	离差
9	29.5-29.9	1	29.7	29.7	-1.85
10	30.0-30.4	3	30.2	90.6	-1.35
11	30.5-30.9	8	30.7	245.6	-0.85
12	31.0-31.4	11	31.2	343.2	-0.35
13	31.5-31.9	11	31.7	348.7	0.15
14	32.0-32.4	9	32.2	289.8	0.65
15	32.5-32.9	5	32.7	163.5	1.15
16	33.0-33.4	2	33.2	66.4	1.65
17	合计	50		1577.5	
18	算数平均数			31.55	
19	方差				
20	标准差				

7	分组数据					
8	分组	频数fi	组中值Mi	Mi*fi	离差	离差平方
9	29.5-29.9	1	29.7	29.7	-1.85	3.4225
10	30.0-30.4	3	30.2	90.6	-1.35	1.8225
11	30.5-30.9	8	30.7	245.6	-0.85	0.7225
12	31.0-31.4	11	31.2	343.2	-0.35	0.1225
13	31.5-31.9	11	31.7	348.7	0.15	0.0225
14	32.0-32.4	9	32.2	289.8	0.65	0.4225
15	32.5-32.9	5	32.7	163.5	1.15	1.3225
16	33.0-33.4	2	33.2	66.4	1.65	2.7225
17	合计	50		1577.5		
18	算数平均数			31.55		
19	方差					
20	标准差					

图 3 – 14 各组离差设置

Step5：计算方差和标准差。单击单元格 G19，输入"= G17/（B17 – 1）"，按回车键。再单击单元格 G20，输入"= SQRT（G19）"，按回车键。结果如图3 – 15所示。

	A	B	C	D	E	F	G	H	I	J
1	30.1	33.3	30.8	32.1	32.1	31.4	32.3	31.4	32.7	31.5
2	30.8	31.3	30.4	32.5	31.4	32.4	32.7	32.2	31.4	31.6
3	31.6	31	32.5	31.8	30.8	31	31.2	31.5	31.8	30.6
4	31.7	32	30.3	30.5	32.8	29.8	30.7	31.7	31.9	32.3
5	32.1	32.4	31.3	30.5	31.9	31.1	31.7	30.7	33	31.4
6										
7	分组数据									
8	分组	频数fi	组中值Mi	Mi*fi	离差	离差平方	离差平方*fi			
9	29.5-29.9	1	29.7	29.7	-1.85	3.4225	3.4225			
10	30.0-30.4	3	30.2	90.6	-1.35	1.8225	5.4675			
11	30.5-30.9	8	30.7	245.6	-0.85	0.7225	5.78			
12	31.0-31.4	11	31.2	343.2	-0.35	0.1225	1.3475			
13	31.5-31.9	11	31.7	348.7	0.15	0.0225	0.2475			
14	32.0-32.4	9	32.2	289.8	0.65	0.4225	3.8025			
15	32.5-32.9	5	32.7	163.5	1.15	1.3225	6.6125			
16	33.0-33.4	2	33.2	66.4	1.65	2.7225	5.445			
17	合计	50		1577.5			32.125			
18	算数平均数			31.55						
19	方差						0.65561224			
20	标准差						0.80969886			

图 3 – 15 方差和标准差的计算

三、综合描述统计

前面利用函数和公式来计算相应的特征值以描述数据的集中趋势和离散趋势。对于统计数据的一些常用统计量，如平均数、标准差等，Excel 软件提供了一种更加简单的方法——"描述统计"功能。利用 Excel 可以同时计算出平均值、标准误差、中位数、众数、样本标准差、方差、峰度、极差等十几个常用统计量来描述数据的分布规律。

（一）Excel 操作步骤

Step1：将 50 个数据排成一列，单击"数据"→"数据分析"，在弹出的"数据分析"对话框中，选择"描述统计"，单击"确定"。

Step2：在弹出的"描述统计"对话框中，选择输入区域和输出区域。"分组方式"是指输入区域中的数据是否按行还是按列排列，本例中选择"逐列"单选框。如果输入区域的第一行中包含标志项（变量名），则选中"标志位于第一行（L）"复选框；如果输入区域无标志项，则不选，Excel 将在输出表中自动生成"列1""列2"等数据标志。本例无须选择"标志位于第一行（L）"复选框。

若选中"汇总统计（S）"复选框，则显示描述统计结果，否则不显示。"平均数置信度（N）"复选框，则表示以输入的变量数据为样本的特征值将以怎样的置信水平进行区间估计，默认值的置信水平为 95%。如果还想知道分析数据中排序为第 K 个最大值的变量值，可选最大值，即在序号框中输入 2，一般的默认值为 1，即最大值。此外也可在"第 K 小值"的选项框中做同样的选择，以得到第 K 个最小值的变量值。如图 3 – 16 所示。

描述统计	

列1	
平均	31.56
标准误差	0.112812
中位数	31.55
众数	31.4
标准差	0.797701
方差	0.636327
峰度	-0.51125
偏度	-0.03422
区域	3.5
最小值	29.8
最大值	33.3
求和	1578
观测数	50
最大(1)	33.3
最小(1)	29.8
置信度(95	0.226704

输入
输入区域(I)：$M$1:$M$50
分组方式：◉ 逐列(C)　○ 逐行(R)
□ 标志位于第一行(L)

输出选项
◉ 输出区域(O)：$R$38
○ 新工作表组(P)：
○ 新工作簿(W)
☑ 汇总统计(S)
☑ 平均数置信度(N)：95 %
☑ 第 K 大值(A)：1
☑ 第 K 小值(M)：1

确定　取消　帮助(H)

图 3 – 16　描述统计对话框及输出结果

Step3：完成上述步骤，单击"确定"按钮，各项描述统计值就会在输出区域中，如图 3 – 16 所示。

（二）SPSS 操作步骤

Step1：建立数据文件。将株高样本的 50 个数据列入"株高"变量。

Step2：选择"分析"→"描述统计"→"频率"，将"株高"导入"变量（V）"区域，如图 3 – 17 所示。

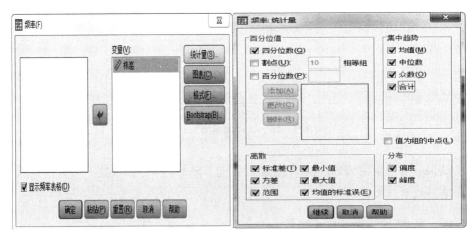

图 3 – 17　频率对话框及频率：统计量对话框

Step3：单击"统计量（S）"按钮，在弹出的对话框中，勾选欲计算的统计量。

Step4：单击"继续"和"确定"，即得到各描述统计量，如图 3 – 18 所示。

统计量

株高

N	有效	50
	缺失	0
均值		31.5600
均值的标准误		0.11281
中值		31.5500
众数		31.40
标准差		0.79770
方差		0.636

图 3 – 18　统计量结果

偏度		− 0. 034
偏度的标准误		0. 337
峰度		− 0. 511
峰度的标准误		0. 662
全距		3. 50
极小值		29. 80
极大值		33. 30
和		1578. 00
百分位数	25	30. 9500
	50	31. 5500
	75	32. 1250

图 3 − 18 统计量结果（续）

结果分析：运用 SPSS 计算描述统计量与 Excel 一样方便快捷，可直接计算出常用的描述统计量。

四、Stata 的数据概括性度量

例题同例 3 − 1。

Stata 操作步骤

Step1：将例 3 − 1Excel 数据导入 Stata。

Step2：在"command"区域输入如下命令：

describe

按回车键，执行结果如图 3 − 19 所示：

. describe

Contains data

obs:	50
vars:	1
size:	200

variable name	storage type	display format	value label	variable label
high	float	%8. 0g		

图 3 − 19 执行结果（一）

Describe 命令输出结果包括变量名、存储方式、显示格式、变量标签及变量值标签。

Step3：在"command"区域输入如下命令：

. codebook high

按回车键，执行结果如图 3 - 20 所示：

. codebook high

high

type：	numeric（float）		
range：	［29.8，33.3］	units：.1	
unique values：	28	missing.：0/50	
mean：	31.56		
std. dev：	0.797701		

percentiles：	10%	25%	50%	75%	90%
	30.5	31	31.55	32.1	32.6

图 3 - 20 执行结果（二）

Codebook 命令输出结果反映出 high 的描述性统计量。

Step4：在"command"区域输入如下命令：

. summarize high，detail

按回车键，执行结果如图 3 - 21 所示：

. summarize high，detail

		high		
	Percentiles	Smallest		
1%	29.8	29.8		
5%	30.3	30.1		
10%	30.5	30.3	Obs	50
25%	31	30.4	Sum of Wgt.	50
50%	31.55		Mean	31.56
		Largest	Std. Dev.	0.7977008
75%	32.1	32.7		
90%	32.6	32.8	Variance	0.6363266
95%	32.8	33	Skewness	- 0.0331895
99%	33.3	33.3	Kurtosis	2.420817

图 3 - 21 执行结果（三）

对于数据分析而言，使用 Summarize 命令进行数据核对是有必要的，尤其对于缺失值、无效值、极端值的探测都有实用性。Summarize 命令后如未加任何变量，则默认对数据中的所有变量进行描述统计。

上述结果最左边一列显示从 1% 到 99% 的分位数的取值，第二列显示最小和最大各 4 个数值，第三列是观测值数目、平均数、标准差、方差、偏度、峰度。标准正态分布的偏度和峰度分别是 0 和 3。本例的偏度为 0.0331895，基本无偏度；峰度为 2.420817，尖峰分布不明显。Summarize 命令中可使用 if 和 in 限定范围，也可使用 weight 添加权重。Summarize 命令标准格式如下：

Summarize［varlist］［if］［in］［weight］［, options］

Summarize 命令的选项及其含义可查阅 Stata 命令集。

Step5：在 "command" 区域输入如下命令：

. tabstat high, stat（count mean p50 sd skew kurt）

按回车键，执行结果如图 3 - 22 所示。

. tabstat high, stat（count mean p50 sd skew kurt）

variable	N	mean	p50	sd	skewness	kurtosis
high	50	31.56	31.55	0.7977008	− 0.0331895	2.420817

图 3 - 22 执行结果（四）

输出结果从左至右依次是观测值个数、平均数、中位数、标准差、偏度和峰度。Tabstat 命令与 Summarize 命令相似，但提供了更加灵活的统计量组合。如果不加 by（）选项，tabstat 命令可代替 Summarize 命令。tabsta 命令标准格式如下：

tabsta［varlist］［if］［in］［weight］［, options］

tabsta 命令的选项及其含义可查阅 Stata 命令集。

第四节 问题思考

（1）一组数据的分布特征可以从哪几个方面进行测度？

（2）简述众数、中位数和平均数的特点和应用场合。

（3）SPSS 还可以通过哪些途径计算描述性统计量？

（4）试比较 Excel 和 Stata 在描述性统计分析方面的区别。

第四章　数据的正态性检验及正态分布相关图表绘制（1学时）

第一节　实验目的

（1）绘制正态概率图并进行数据正态性的评估。

（2）用 Excel 计算正态分布概率值。

（3）用 Excel 绘制标准正态分布概率密度函数曲线。

（4）用 Excel 绘制标准正态分布概率表。

（5）用 Excel 绘制标准正态分布分位数表。

第二节　相关知识

正态分布也叫常态分布，在我们后面涉及的内容很多都需要数据呈正态分布。例如在进行方差分析之前，必须检验数据的正态性。很多统计检验要求数据满足正态分布，即便在回归分析中，也要求解释变量能很好地包含被解释变量的偏度和峰度，否则可能导致有限样本性质中的统计推断有误。

图 4-1 是正态分布曲线，中间隆起，对称向两边下降。

数据正态性检验的方法主要有两类：使用图形进行大致的判断以及使用统计检验。图形检验中常用的是直方图和正态分位数图。如果得到的数据直方图和钟形相差很大，则拒绝正态性分布，这是一种非常直观的方法，实用性强。

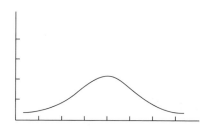

图 4 – 1　正态分布图

如果直方图基本呈现对称，可以考虑绘制正态分位数图。正态分位数图绘制步骤如下：

（1）将原始数据按数值由小到大进行排序。

（2）使用标准正态分布计算对应于正态曲线下的这些面积值的 Z 值，从最左边开始，向右依次为：1/2n，3/2n，5/2n，7/2n，依次类推。

（3）描绘点（x，y），其中每个 x 都是一个原始样本值，y 是根据步骤（2）中算出的对应 Z 值。

利用正态分位数图进行正态性检验的要点：如果这些点的位置不是接近于一条直线，或者呈某种对称图案，而不是一条直线图案，则认为数据不服从正态分布。

卡方检验属于统计检验，可以比图形更为准确地检验数据的分布。用于检验正态分布的卡方统计量源于基本卡方检验，进行正态分布的卡方检验实质上是根据表 4 – 1 中标注的区间找到落在该区间内的实际观测值个数和期望观测值个数，然后进行卡方检验。

表 4 – 1　卡方检验区间划分

区间（样本容量大于 220）	概率（样本容量大于 220）	区间（样本容量大于 220）	概率（样本容量大于 220）
$Z \leqslant -2$	0.0228	$Z \leqslant -1.5$	0.0228
$-2 < Z \leqslant -1$	0.1359	$-1.5 < Z \leqslant -0.5$	0.1359
$-1 < Z \leqslant 0$	0.3413	$-0.5 < Z \leqslant 0.5$	0.3413
$0 < Z \leqslant 1$	0.3413	$0.5 < Z \leqslant 1.5$	0.3413
$1 < Z \leqslant 2$	0.1359	$Z \geqslant 1.5$	0.1359
$Z > 2$	0.0228	—	—

资料来源：马慧慧. Stata 统计分析与应用［M］. 北京：电子工业出版社，2016.

正态性的其他统计检验，包括偏度—峰度检验（sktest）、D'Agostino 检验、Shapiro – Wilk 检验和 Shapiro – Francia 检验。应该注意，随着样本量的增大，所有的统计检验趋于拒绝原假设，而图形、偏度及峰度的数值分析可能更有利于研判数据正态性状况。同时，要结合你的数据分析对于总体正态性的要求，如果是进行方差分析就需要对数据分布提出满足正态性的条件，而回归分析时对于正态性检验的要求就没有那么重要。

上述几种统计检验适用情形比较如下：

（1）sktest 检验和 D'Agostino 检验通常能获得较好的效果，但 sktest 检验不够稳定，故 D'Agostino 检验更好一些。

（2）sktest 检验和 D'Agostino 检验适用于加总性的数据。

（3）Shapiro – Francia 检验不适用于加总性的数据，但是对于个体数据非常合适。

（4）不推荐使用 Shapiro – Wilk 检验。

利用 Excel 提供的统计函数"NORM. S. DIST"，可以生成标准正态分布概率表，即 P（Z≤x）。

利用 Excel 提供的统计函数"NORM. S. INV"，可以生成标准正态分布分位数表，该表是根据标准正态分布随机变量分布的累积概率的值计算的相应的临界值。如果有 P（Z≤x）＝p，则对于任意给定的 p（0≤p≤1），可以求出相应的 x。

第三节　实验内容

一、绘制正态概率图进行数据正态性的评估

（一）用 Excel 绘制正态概率图进行数据正态性的评估

例 4 – 1：一车间加工一批零件尺寸如下，请问零件尺寸是否呈正态分布。

实验步骤

Step1：将表格数据按照升序排成一列。

Step2：计算（j – 0.5）/100。

Step3：根据（j – 0.5）/100 = P（Z），求出正态分位数。单击 D2 单元格，选择"公式→插入函数"。在"插入函数"对话框，"选择类别"选取"统计"，

"选择函数"选择"NORM. S. INV"①，单击"确定"，如图 4-2 所示。

表 4-2　零件尺寸

25.39	25.36	25.34	25.42	25.45	25.38	25.39	25.42
25.47	25.35	25.41	25.43	25.44	25.48	25.45	25.43
25.46	25.4	25.51	25.45	25.4	25.39	25.41	25.36
25.38	25.31	25.56	25.43	25.4	25.38	25.37	25.44
25.33	25.46	25.4	25.49	25.34	25.42	25.5	25.37
25.35	25.32	25.45	25.4	25.27	25.43	25.54	25.39
25.45	25.43	25.4	25.43	25.44	25.41	25.53	25.37
25.38	25.24	25.44	25.4	25.36	25.42	25.39	25.46
25.38	25.35	25.31	25.34	25.4	25.36	25.41	25.32
25.38	25.42	25.4	25.33	25.37	25.41	25.49	25.35
25.47	25.34	25.3	25.39	25.36	25.46	25.29	25.4
25.37	25.33	25.4	25.35	25.41	25.37	25.47	25.39
25.42	25.47	25.38	25.39	—	—	—	—

	A	B	C	D
1	j	零件尺寸X（j）	(j-0.5)/100	Zi
2	1	25.24	0.005	-2.57583
3	2	25.27	0.01	-2.32635
4	3	25.29	0.02	-2.05375
5	4	25.3	0.03	-1.88079
6	5	25.31	0.04	-1.75069
7	6	25.31	0.05	-1.64485
8	7	25.32	0.06	-1.55477
9	8	25.32	0.07	-1.47579
10	9	25.33	0.08	-1.40507
11	10	25.33	0.09	-1.34076
12	11	25.33	0.1	-1.28155
13	12	25.34	0.11	-1.22653
14	13	25.34	0.12	-1.17499
15	14	25.34	0.13	-1.12639
16	15	25.34	0.14	-1.08032
17	16	25.35	0.15	-1.03643
18	17	25.35	0.16	-0.99446
19	18	25.35	0.17	-0.95417
20	19	25.35	0.18	-0.91537

图 4-2　正态分位数及标准正态分位数计算结果

① NORM. S. INV 函数计算标准正态累积分布的反函数。NORMSINV 函数的表达式为：NORMSINV（probability）。其中 probability 表示正态分布的概率值。在 Excel 2010 中使用 NORMSINV 函数时应该注意以下三点：如果参数为非数值型，则函数返回错误值"#VALUE!"；如果 probability < 0 或 probability > 1，则函数返回错误值"#NUM!"；当已经给定概率值时，NORMSINV 使用 NORMSDIST（z）= probability 求解数值 Z，因此 NORMSINV 的精度取决于 NORMSDIST 的精度。NORMSINV 使用了迭代技术，如果在搜索 100 次迭代之后没有收敛，则函数返回错误值"#N/A"。

Step4:，选择"数据→数据分析"，在"分析工具"中选择"回归"，单击"确定"，如图 4-3、图 4-4 所示。以 $Z(i)$ 为纵轴，$X(j)$ 为横轴，绘制标准正态概率图。其界面如图 4-5 所示。然后单击"确定"，得到标准正态概率图，如图 4-6 所示。其中，$X(j)$ 转化为其对应的百分比排位。可以看出，由 $[X(j)，Z(i)]$ 形成的点基本围绕在一条直线周围，可以说该组数据基本上服从正态分布。

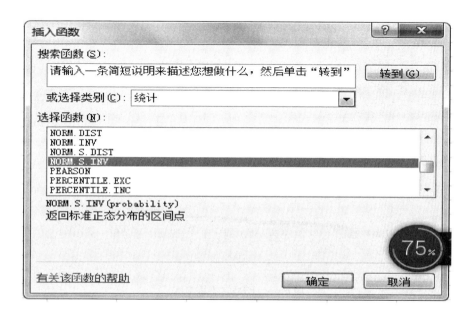

图 4-3 标准正态分位数计算界面

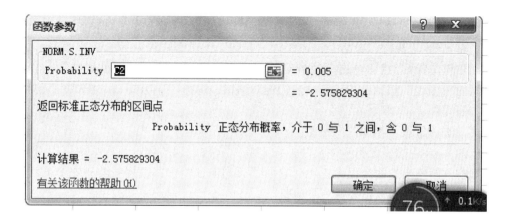

图 4-4 标准正态分位数计算界面

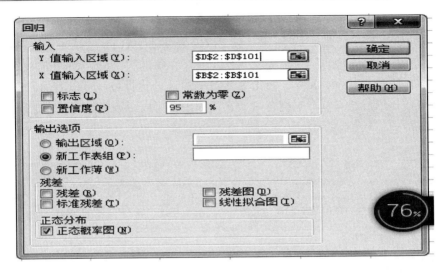

图 4 - 5 "回归"对话框

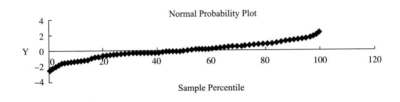

图 4 - 6 标准正态概率图

(二) 用 SPSS 绘制正态概率图进行数据正态性的评估

数据同上例 4 - 1。

实验步骤

在 SPSS 里执行"分析→描述统计→频数"（菜单见图 4 - 7, 英文版的可以找到相应位置），然后弹出下边的对话框，变量选择左边的"零件尺寸"，再点下面的"图表"按钮，弹出图中右边的对话框，选择"直方图"，并选中"包括正态曲线"。

单击"继续""确定"按钮。

图 4 - 8 中横坐标为零件尺寸，纵坐标为分数出现的频数。从图中可以看出根据直方图绘出的曲线很像正态分布曲线。如何证明这些数据符合正态分布呢？光看曲线还不够，还需要进一步检验。

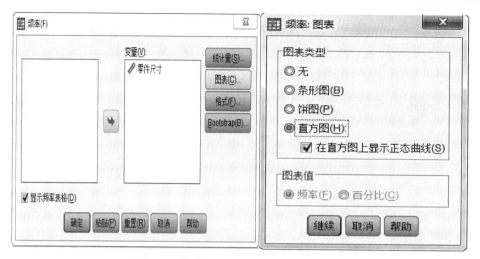

图4-7　频率对话框及频率：图表对话框

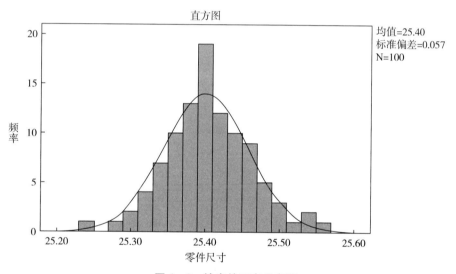

图4-8　输出的正态分布图

（1）检验方法一：看偏度系数和峰度系数。

Step1：在"频率"对话框，单击"统计量"按钮，选取如下复选框。单击"继续""确定"按钮，如图4-9所示。

Step2：从"统计量"结果中，看到"偏度"为0.113，"峰度"为0.505，均小于1，可认为近似于正态分布。

（2）检验方法二：单个样本K-S检验。

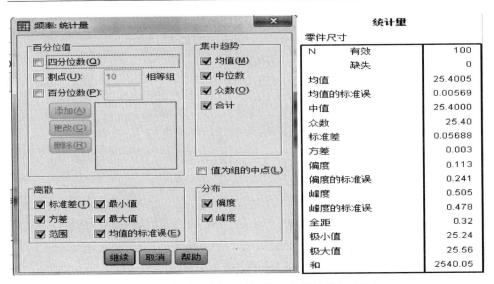

图 4-9 频率：统计量对话框及输出统计量结果

操作步骤：在 SPSS 里执行"分析→非参数检验→单个样本 K-S 检验"，弹出对话框，检验变量选择"零件尺寸"，检验分布选择"常规（正态分布）"，然后单击"确定"，如图 4-10 所示。

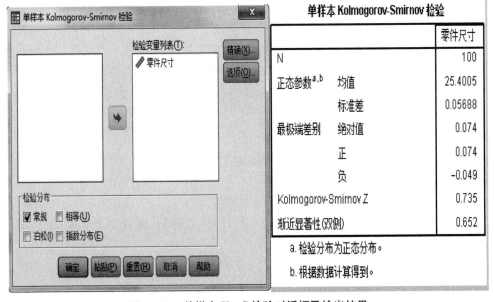

图 4-10 单样本 K-S 检验对话框及输出结果

从结果可以看出，K－S 检验中，Z 值为 0.735，P 值（sig 2 - tailed）＝ 0.652 ＞ 0.05，因此数据呈近似正态分布。

（3）检验方法三：Q－Q 图检验。

操作步骤：在 SPSS 里执行"分析→描述统计→Q－Q 图"，弹出对话框，如图 4 - 11 所示：

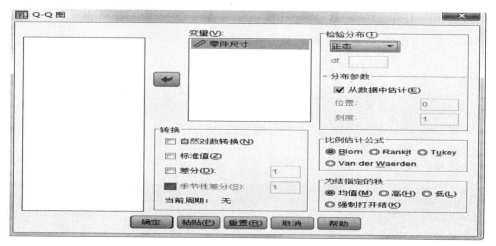

图 4 - 11　Q - Q 图检验对话框

变量选择"零件尺寸"，检验分布选择"正态"，其他选择默认，然后单击"确定"，最后可以得到 Q - Q 图检验结果，结果很多，我们只需要看最后一个图，如图 4 - 12 所示。

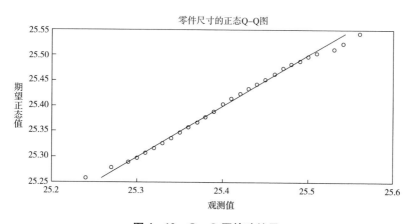

图 4 - 12　Q - Q 图检验结果

Q – Q Plot 中，各点近似围绕着直线，说明数据呈近似正态分布。

（三）用 Stata 进行数据正态性的评估

（1）检验方法一：分位正态图。

分位正态图的绘制命令格式如下：

Qnorm varname［if］［in］［，options］

该命令的大部分选项都是绘图命令所共有，独有选项是 grid，加入 grid 项可以在图中依次标注 0.05、0.10、0.25、0.50、0.75、0.90、0.95 百分位的坐标刻度。分位正态图将观测变量分布的分位数与一个具有相同平均数和标准差的理论正态分布的分位数进行比较，通过比较偏离程度进行直观研判正态性状况。

Step1：打开数据文件"例 4 – 1. dta"。

Step2：在"command"区域输入如下命令：

. qnorm size，grid

回车，执行结果如图 4 – 13 所示。

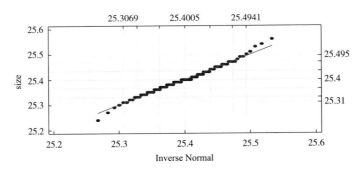

Grid lines are 5, 10, 25, 50, 75, 90, and 95 percentiles

图 4 – 13 size 的分位正态图

与完全正态分布相比（图 4 – 13 中对角线），数据分布近似呈现正态性。

（2）检验方法二：正态性统计检验。

Step1：打开数据文件"例 4 – 1. dta"。

Step2：在"command"区域输入如下命令：

. sktest size

回车，执行结果如图 4 – 14 所示。

结果显示峰度、偏度检验以及峰度—偏度合并检验都表明呈现正态性（P 大于 0.05）。

. sktest size

Skewness/Kurtosis tests for Normality

Variable	Obs	Pr （Skewness）	Pr （Kurtosis）	——joint—— adj chi2 （2）	Prob > chi2
size	100	0. 6289	0. 2646	1. 51	0. 4693

图 4 – 14 执行结果 （一）

Step3：在 "command" 区域输入如下命令：

. lnskew0 size2 = size

回车，执行结果如图 4 – 15 所示。

. lnskew0 size2 = size

Transform	k	［95% Conf. Interval］	Skewness
ln （size – k）	23. 56103	（not calculated）	– 0. 0000642

图 4 – 15 执行结果 （二）

Step4：在 "command" 区域输入如下命令：

. swilk size

回车，执行结果如图 4 – 16 所示。

. swilk size

Shapiro – Wilk W test for normal data

Variable	Obs	W	V	z	Prob > z
size	100	0. 99523	0. 394	– 2. 065	0. 98055

图 4 – 16 执行结果 （三）

Step5：在 "command" 区域输入如下命令：

. swilk size2，lnnormal

回车，执行结果如图 4 – 17 所示。

. swilk size2，lnnormal

Shapiro – Wilk W test for 3 – parameter lognormal data

Variable	Obs	W	V	z	Prob > z
size2	100	0. 99584	0. 343	– 1. 932	0. 97331

图 4 – 17 执行结果 （四）

结果显示，同 sktest 检验结果一样，表明数据分布呈现正态性。需要说明的是，lnskew0 命令是为变量 size 找一个 k 使得 ln（size − k）的偏度为 0，并定义这个新的变量为 size2；当对完成这一变换的变量进行 swilk 检验时，需要加入 lnnormal 选项。

Step6：在"command"区域输入如下命令：

. sfrancia size

回车，执行结果如图 4 − 18 所示。

. sfrancia size

Shapiro − Francia W′ test for normal data

Variable	Obs	W′	V′	z	Prob > z
size	100	0.99322	0.617	− 0.955	0.83014

图 4 − 18　执行结果（五）

结果显示，同 sktest 及 swilk 检验结果一样，表明数据分布呈现正态性。

二、用 Excel 计算正态分布概率值

例 4 − 2：设 $X \sim N(5, 3^2)$，求以下概率：

（1）$P(X \leqslant 10)$；

（2）$P(2 < X < 10)$。

操作步骤

Step1：单击"公式""插入函数"，在弹出对话框中选择如图 4 − 19 所示。

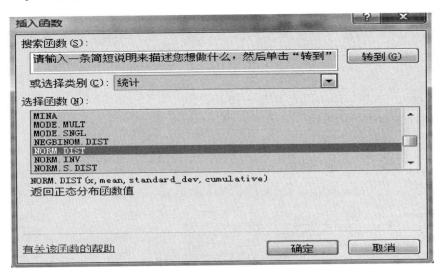

图 4 − 19　插入函数对话框

Step2：在弹出的对话框中，填入相应参数，如图 4 – 20 所示。

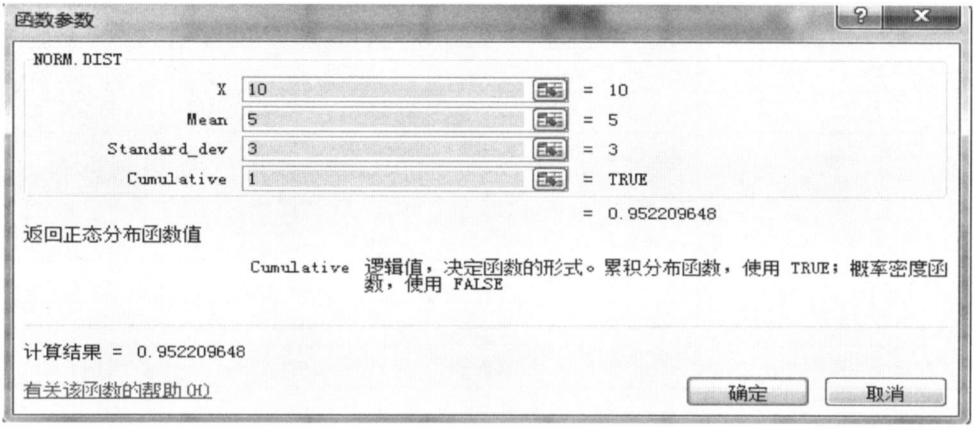

图 4 – 20　函数参数对话框

Step3：单击"确定"，得到所求。（在弹出的对话框中也有结果）

Step4：第（2）题的解法：用同样的步骤计算出 X = 2 的分布概率值，两值相减即可，如图 4 – 21 所示。

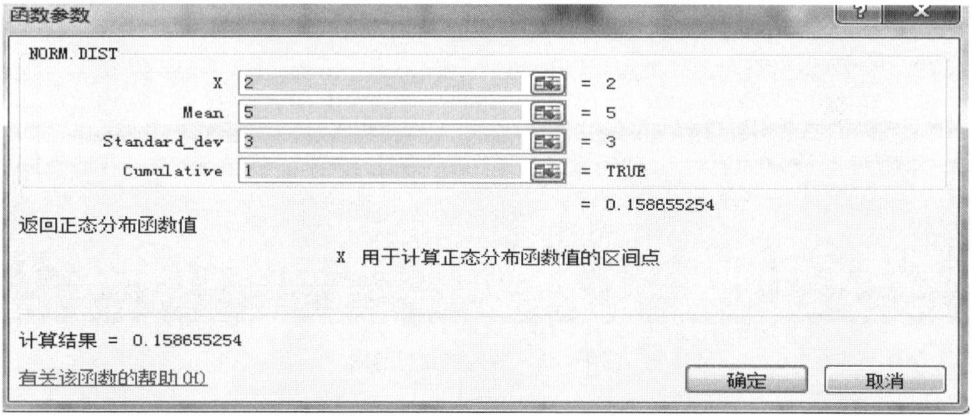

图 4 – 21　函数参数对话框

三、用 Excel 绘制标准正态分布概率密度函数曲线

例 4 – 3：对表 4 – 3 等差数列绘制概率密度函数。

表4-3 等差数列数据

-3	-2	-1	0	1	2	3
-2.9	-1.9	-0.9	0.1	1.1	2.1	—
-2.8	-1.8	-0.8	0.2	1.2	2.2	—
-2.7	-1.7	-0.7	0.3	1.3	2.3	—
-2.6	-1.6	-0.6	0.4	1.4	2.4	—
-2.5	-1.5	-0.5	0.5	1.5	2.5	—
-2.4	-1.4	-0.4	0.6	1.6	2.6	—
-2.3	-1.3	-0.3	0.7	1.7	2.7	—
-2.2	-1.2	-0.2	0.8	1.8	2.8	—
-2.1	-1.1	-0.1	0.9	1.9	2.9	—

操作步骤

Step1：将源数据排成一列。初始值为-3，终值为3。

Step2：单击"公式""插入函数"，在弹出对话框中选择如图4-22~图4-24所示。

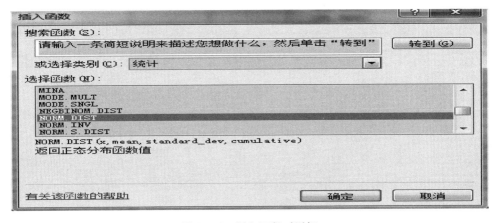

图4-22 插入函数对话框

Step3：单击B2单元格，"确定"。得到概率密度值位0.004432。利用填充柄功能，得到对应的概率密度值。

Step4：单击"插入""折线图"，在弹出的空白区域内单击鼠标右键选择"选择区域"，在弹出的"选择数据源"窗口，"图表数据区域"选择B2-B62，单击图例项"编辑"按钮，在"系列名称"填入"概率密度"，如图4-25和图4-26所示。

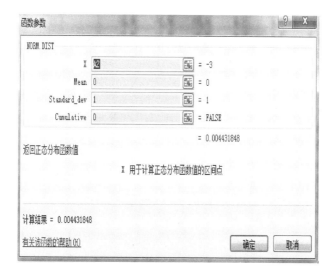

图 4 - 23　函数参数对话框

	A	B
1	标准正态变量值	概率密度
2	-3	0.004432
3	-2.9	0.005953
4	-2.8	0.007915
5	-2.7	0.010421
6	-2.6	0.013583
7	-2.5	0.017528
8	-2.4	0.022395
9	-2.3	0.028327
10	-2.2	0.035475
11	-2.1	0.043984
12	-2	0.053991
13	-1.9	0.065616
14	-1.8	0.07895
15	-1.7	0.094049

图 4 - 24　概率密度值

Step5：单击"水平轴标签"域的"编辑"按钮，在"标签轴区域"选中
A2 - A62，单击"确定"，如图 4 - 27 和图 4 - 28 所示。

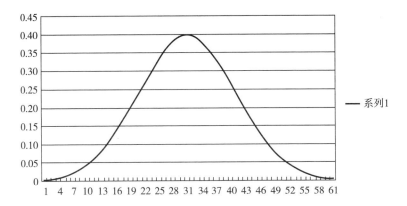

图 4 – 25　折线图

图 4 – 26　编辑数据系列对话框

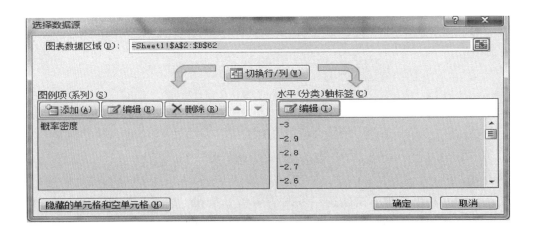

图 4 – 27　选择数据源对话框

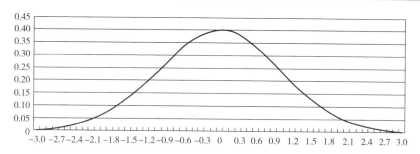

图 4 - 28　标准正态分布概率密度曲线

四、用 Excel 生成标准正态分布表

操作步骤

Step1：将 x 的值（可根据需要确定）输入到工作表的 A 列，将 x 取值的位数输入到第 1 行，形成标准正态分布表的表头，如图 4 - 29 所示。

	A	B	C	D	E	F	G	H	I	J	K
1	x		0	0.01	0.02	0.03	0.04	0.05	0.06	0.07	0.08	0.09
2	0.0										
3	0.1										
4	0.2										
5	0.3										
6	0.4										
7	0.5										
8	0.6										
9	0.7										
10	0.8										
11	0.9										
12	1.0										

图 4 - 29　标准正态分布概率表的表头

Step2：在 B2 单元格输入公式 " = NORM. S. DIST （$A2 + B$1，TRUE）"，然后将其向下、向右复制即可得到标准正态分布概率表，部分结果如图 4 - 30 所示（读者可根据需要生成不同 x 的标准正态分布概率表）。

五、用 Excel 生成标准正态分布分位数表

操作步骤

Step1：将标准正态变量累积概率的值输入到工作表的 A 列，其尾数输入到第 1 行，形成标准正态分布分位数表的表头，如图 4 - 31 所示。

Step2：在 B2 单元格输入公式 " = NORM. S. INV （$A2 + B$1）"，然后将其向下、向右复制即可得到标准正态分布概率表，部分结果如图 4 - 32 所示（读者可根据需要生成不同 P 值的标准正态分布分位数表）。

	A	B	C	D	E	F	G	H	I	J	K
1	x	0	0.01	0.02	0.03	0.04	0.05	0.06	0.07	0.08	0.09
2	0.0	0.5000	0.5040	0.5080	0.5120	0.5160	0.5199	0.5239	0.5279	0.5319	0.5359
3	0.1	0.5398	0.5438	0.5478	0.5517	0.5557	0.5596	0.5636	0.5675	0.5714	0.5753
4	0.2	0.5793	0.5832	0.5871	0.5910	0.5948	0.5987	0.6026	0.6064	0.6103	0.6141
5	0.3	0.6179	0.6217	0.6255	0.6293	0.6331	0.6368	0.6406	0.6443	0.6480	0.6517
6	0.4	0.6554	0.6591	0.6628	0.6664	0.6700	0.6736	0.6772	0.6808	0.6844	0.6879
7	0.5	0.6915	0.6950	0.6985	0.7019	0.7054	0.7088	0.7123	0.7157	0.7190	0.7224
8	0.6	0.7257	0.7291	0.7324	0.7357	0.7389	0.7422	0.7454	0.7486	0.7517	0.7549
9	0.7	0.7580	0.7611	0.7642	0.7673	0.7704	0.7734	0.7764	0.7794	0.7823	0.7852
10	0.8	0.7881	0.7910	0.7939	0.7967	0.7995	0.8023	0.8051	0.8078	0.8106	0.8133
11	0.9	0.8159	0.8186	0.8212	0.8238	0.8264	0.8289	0.8315	0.8340	0.8365	0.8389
12	1.0	0.8413	0.8438	0.8461	0.8485	0.8508	0.8531	0.8554	0.8577	0.8599	0.8621
13	1.1	0.8643	0.8665	0.8686	0.8708	0.8729	0.8749	0.8770	0.8790	0.8810	0.8830
14	1.2	0.8849	0.8869	0.8888	0.8907	0.8925	0.8944	0.8962	0.8980	0.8997	0.9015
15	1.3	0.9032	0.9049	0.9066	0.9082	0.9099	0.9115	0.9131	0.9147	0.9162	0.9177
16	1.4	0.9192	0.9207	0.9222	0.9236	0.9251	0.9265	0.9279	0.9292	0.9306	0.9319
17	1.5	0.9332	0.9345	0.9357	0.9370	0.9382	0.9394	0.9406	0.9418	0.9429	0.9441
18	1.6	0.9452	0.9463	0.9474	0.9484	0.9495	0.9505	0.9515	0.9525	0.9535	0.9545
19	1.7	0.9554	0.9564	0.9573	0.9582	0.9591	0.9599	0.9608	0.9616	0.9625	0.9633
20	1.8	0.9641	0.9649	0.9656	0.9664	0.9671	0.9678	0.9686	0.9693	0.9699	0.9706
21	1.9	0.9713	0.9719	0.9726	0.9732	0.9738	0.9744	0.9750	0.9756	0.9761	0.9767
22	2.0	0.9772	0.9778	0.9783	0.9788	0.9793	0.9798	0.9803	0.9808	0.9812	0.9817
23	2.1	0.9821	0.9826	0.9830	0.9834	0.9838	0.9842	0.9846	0.9850	0.9854	0.9857
24	2.2	0.9861	0.9864	0.9868	0.9871	0.9875	0.9878	0.9881	0.9884	0.9887	0.9890
25	2.3	0.9893	0.9896	0.9898	0.9901	0.9904	0.9906	0.9909	0.9911	0.9913	0.9916
26	2.4	0.9918	0.9920	0.9922	0.9925	0.9927	0.9929	0.9931	0.9932	0.9934	0.9936

图4-30 标准正态分布概率表（部分）

	A	B	C	D	E	F	G	H	I	J	K
1	p	0.000	0.001	0.002	0.003	0.004	0.005	0.006	0.007	0.008	0.009
2	0.50										
3	0.51										
4	0.52										
5	0.53										
6	0.54										
7	0.55										
8	0.56										
9	0.57										
10	0.58										

图4-31 标准正态分布分位数表的表头

	A	B	C	D	E	F	G	H	I	J	K
1	p	0.000	0.001	0.002	0.003	0.004	0.005	0.006	0.007	0.008	0.009
2	0.50	0.0000	0.0025	0.0050	0.0075	0.0100	0.0125	0.0150	0.0175	0.0201	0.0226
3	0.51	0.0251	0.0276	0.0301	0.0326	0.0351	0.0376	0.0401	0.0426	0.0451	0.0476
4	0.52	0.0502	0.0527	0.0552	0.0577	0.0602	0.0627	0.0652	0.0677	0.0702	0.0728
5	0.53	0.0753	0.0778	0.0803	0.0828	0.0853	0.0878	0.0904	0.0929	0.0954	0.0979
6	0.54	0.1004	0.1030	0.1055	0.1080	0.1105	0.1130	0.1156	0.1181	0.1206	0.1231
7	0.55	0.1257	0.1282	0.1307	0.1332	0.1358	0.1383	0.1408	0.1434	0.1459	0.1484
8	0.56	0.1510	0.1535	0.1560	0.1586	0.1611	0.1637	0.1662	0.1687	0.1713	0.1738
9	0.57	0.1764	0.1789	0.1815	0.1840	0.1866	0.1891	0.1917	0.1942	0.1968	0.1993
10	0.58	0.2019	0.2045	0.2070	0.2096	0.2121	0.2147	0.2173	0.2198	0.2224	0.2250
11	0.59	0.2275	0.2301	0.2327	0.2353	0.2378	0.2404	0.2430	0.2456	0.2482	0.2508

图4-32 标准正态分布分位数表（部分）

第四节 问题思考

（1）频率与概率有什么关系？

（2）根据自己的经验体会，举几个服从正态分布的随机变量的实例。

（3）比较 Excel/SPSS/Stata 做正态性检验的优劣。

第五章 抽样估计（2 学时）

第一节 实验目的

（1）抽样推断就是根据样本统计量对总体的有关数量特征做出估计。所以在对总体指标（参数）进行推断之前，首先要抽取样本。通过本实验，学生应能熟练掌握利用 SPSS 软件抽取样本的基本方法和操作技巧。

（2）使学生应能熟练掌握利用 SPSS/Excel 软件对总体参数进行点估计的基本方法和操作技巧。

（3）使学生应能熟练掌握利用 SPSS 软件进行总体均值、方差、标准差和总体比例区间估计的基本方法和操作技巧。

（4）t 分布、χ^2 分布、F 分布临界值表的制作。

第二节 相关知识

（1）抽样推断就是根据样本统计量对总体的有关数量特征做出估计。所以在对总体指标（参数）进行推断之前，首先要抽取样本。SPSS 随机抽样包括两种方式：近似抽样和精确抽样。近似抽样要求用户给出一个百分比数值，SPSS 将按照这个比例自动随机抽取百分比数目的个案。考虑到 SPSS 的技术特点，抽取的数目会有一定偏差，但不会对数据分析产生重要影响。随机抽样结果与 SPSS 随机数种子设计有关；精确抽样要求用户给出两个参数。第一个参数是希望选取的个案数，第二个参数是指定在前几个个案中选取。于是，SPSS 自动在数据编辑窗口的前若干个个案中随机精确地抽取出相应个数的个案来。

（2）点估计，也叫定值估计，就是直接以样本统计量 $\hat{\theta}$ 来估计总体参数 θ，当已知一个样本的观察值时便可得到总体参数的一个估计值。点估计既是抽样估计的方法之一，也是区间估计的重要基础。

（3）区间估计不仅以样本量为基础，而且考虑了估计量的分布，所以它能给出所作估计的精度，也能说明估计结果的把握程度，是参数估计的主要方法。如表 5－1 和表 5－2 所示。

表 5－1　不同情况下总体均值的区间估计

总体分布	样本量	σ 已知	σ 未知
正态分布	大样本（$n \geqslant 30$）	$\overline{x} \pm z_{\frac{\alpha}{2}} \dfrac{\sigma}{\sqrt{n}}$	$\overline{x} \pm z_{\frac{\alpha}{2}} \dfrac{s}{\sqrt{n}}$
	小样本（$n \leqslant 30$）	$\overline{x} \pm z_{\frac{\alpha}{2}} \dfrac{\sigma}{\sqrt{n}}$	$\overline{x} \pm z_{\frac{\alpha}{2}} \dfrac{s}{\sqrt{n}}$
非正态分布	大样本（$n \geqslant 30$）	$\overline{x} \pm z_{\frac{\alpha}{2}} \dfrac{\sigma}{\sqrt{n}}$	$\overline{x} \pm z_{\frac{\alpha}{2}} \dfrac{s}{\sqrt{n}}$

表 5－2　一个总体比例、方差的区间估计

参数	点估计值	标准误	σ 已知	假定条件
总体比例	p	$\sqrt{\dfrac{\pi(1-\pi)}{n}}$	$p \pm z_{\frac{\alpha}{2}} \sqrt{\dfrac{p(1-p)}{n}}$	（1）二项总体；（2）大样本（$np \geqslant 5$，$n(1-p) \geqslant 5$）
总体方差	S^2	（不要求）	$\dfrac{(n-1)s_2}{\chi^2_{\frac{\alpha}{2}}} \leqslant \sigma^2 \leqslant \dfrac{(n-1)s_2}{\chi^2_{1-\frac{\alpha}{2}}}$	正态总体

第三节　实验内容

一、样本均值的分布与正态分布总体性质

例 5－1：将分别标注 1，2，3，…，10 数字的 10 个球，放入一个黑箱内。现在我们采取重复抽样方法，取样本容量 $n=2$，试构造样本平均数的抽样分布。

1. 操作步骤

Step1：抽取样本容量 $n=2$ 的全部可能样本，由于采用重复抽样方法，故共有 100 个样本。所有 100 个可能样本的表头如表 5－3 所示。

表5-3　总体容量为10和样本容量为2的所有100个可能样本的表头

	A	B	C	D	E	F	G	H	I	J	K
1	第二次	第一次抽取									
2	抽取	1	2	3	4	5	6	7	8	9	10
3	1										
4	2										
5	3										
6	4										
7	5										
8	6										
9	7										
10	8										
11	9										
12	10										

Step2：在 B3 单元格输入公式"＝($A3＋B$2)/2"，然后将其向下、向右复制即可得每一个样本的样本平均数 $\bar{x}$，如表5-4所示。

表5-4　总体容量为10和样本容量为2的所有100个可能样本的平均数分布

	A	B	C	D	E	F	G	H	I	J	K
1	第二次	第一次抽取									
2	抽取	1	2	3	4	5	6	7	8	9	10
3	1	1	1.5	2	2.5	3	3.5	4	4.5	5	5.5
4	2	1.5	2	2.5	3	3.5	4	4.5	5	5.5	6
5	3	2	2.5	3	3.5	4	4.5	5	5.5	6	6.5
6	4	2.5	3	3.5	4	4.5	5	5.5	6	6.5	7
7	5	3	3.5	4	4.5	5	5.5	6	6.5	7	7.5
8	6	3.5	4	4.5	5	5.5	6	6.5	7	7.5	8
9	7	4	4.5	5	5.5	6	6.5	7	7.5	8	8.5
10	8	4.5	5	5.5	6	6.5	7	7.5	8	8.5	9
11	9	5	5.5	6	6.5	7	7.5	8	8.5	9	9.5
12	10	5.5	6	6.5	7	7.5	8	8.5	9	9.5	10

Step3：在空白单元格输入公式"＝SUM（B3：K12）/100"，得到100个可能样本的平均数为 $\mu_{\bar{x}} = 5.5$，而总体的均值为 $\mu = \dfrac{\sum x}{N} = \dfrac{1+2+3+\cdots+10}{10} = 5.5$，由此可见 $\bar{x}$ 的抽样分布的平均值等于原总体的平均值。

Step4：同 Step3，计算每一个样本的样本平均数对应的离差平方，如表 5 – 5 所示。

表 5 – 5　所有 100 个可能样本的样本平均数对应的离差平方

20. 25	12. 25	6. 25	2. 25	0. 25	0. 25	2. 25	6. 25	12. 25	20. 25
20. 25	16	12. 25	9	6. 25	4	2. 25	1	0. 25	0
16	12. 25	9	6. 25	4	2. 25	1	0. 25	0	0. 25
12. 25	9	6. 25	4	2. 25	1	0. 25	0	0. 25	1
9	6. 25	4	2. 25	1	0. 25	0	0. 25	1	2. 25
6. 25	4	2. 25	1	0. 25	0	0. 25	1	2. 25	4
4	2. 25	1	0. 25	0	0. 25	1	2. 25	4	6. 25
2. 25	1	0. 25	0	0. 25	1	2. 25	4	6. 25	9
1	0. 25	0	0. 25	1	2. 25	4	6. 25	9	12. 25
0. 25	0	0. 25	1	2. 25	4	6. 25	9	12. 25	16
0	0. 25	1	2. 25	4	6. 25	9	12. 25	16	20. 25

继而得到 $\bar{x}$ 的方差 $(\bar{\sigma}x)^2 = 4.125$，而总体的方差为 $\sigma^2 = 8.25$。由此可见，抽样分布的方差不等于总体的方差，然而，抽样分布的方差等于总体方差除以用于获得抽样分布的样本容量，即 $\bar{\sigma}x = \sigma/n$。

例 5 – 2：从正态总体中随机抽样并检测样本均值的抽样分布是否服从正态分布。在理论和实证统计学中，正态分布运用得十分广泛，因此知道怎样从正态主体中抽取随机样本十分重要。假设要从均值为 10、方差为 4 的正态分布中抽取 20 个随机样本，每个样本包括 20 个观测值。并检测样本均值的抽样分布是否服从正态分布。

2. Excel 操作步骤

Step1：单击"数据分析→随机数发生器"，单击"确定"。如图 5 – 1 所示。

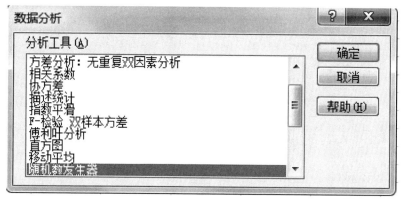

图 5 – 1　数据分析对话框

Step2：在"随机数发生器"对话框中，"变量个数"栏填入20，"随机数个数"栏填入20，"分布"栏选项选择"正态"，"参数"分别填入10和2，输入"输出区域"，单击"确定"。如图5-2所示。

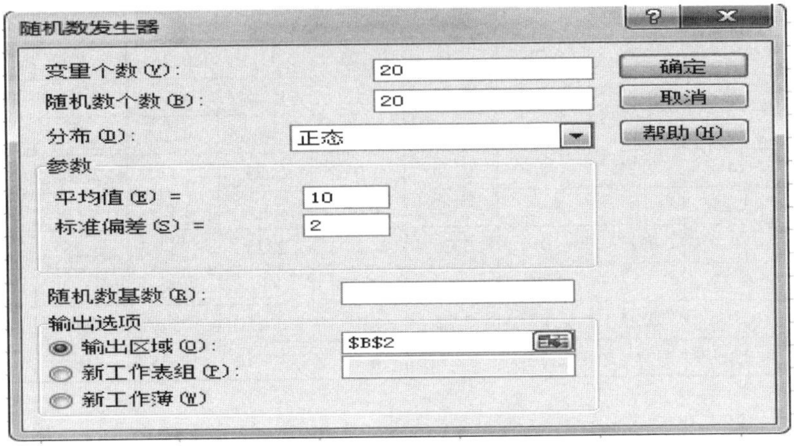

图5-2　随机数发生器对话框

Step3：接图5-22，在生成的22个样本，每个样本容量为20的情形下，计算出"样本均值"等数值。如图5-3所示。

	A	B	C	D	E	F	G	H	I	J	K
1		样本1	样本2	样本3	样本4	样本5	样本6	样本7	样本8	样本9	样本10
2		11.58129	11.11148	7.67876	8.928292	7.707619	9.260995	11.08445	9.688698	10.94761	11.44044
3		7.995792	10.31796	8.976728	10.42554	10.59135	8.707958	10.27558	8.108633	11.51258	8.283961
4		7.320356	12.63708	10.84726	12.78627	10.69398	9.26983	7.719092	11.98158	10.8471	11.26932
5		11.29903	10.47119	7.837335	9.970701	6.96608	8.9097	10.82539	11.01213	11.90433	
6		10.78689	9.383831	12.02683	9.14721	8.646456	11.11095	7.74961	11.09332	8.48661	7.963173
7		10.60014	12.7746	8.357528	9.984318	10.02655	8.843414	11.0935	8.210506	12.81688	9.491756
8		8.718308	10.83907	9.38736	9.753895	7.434561	9.863803	8.110065	11.59471	11.63755	11.32464
9		8.403396	13.58718	7.41317	8.084327	7.631298	10.13574	11.69251	8.080934	12.77902	9.246065
10		8.933586	7.716159	10.51504	13.2125	7.668224	12.84059	8.110547	6.875495	8.408862	10.66497
11		10.69512	11.23785	11.82795	9.945451	4.619575	9.657066	7.547798	6.721872	8.386506	10.36438
12		7.091509	14.16239	9.736158	8.999679	13.21306	12.29385	10.31657	10.44983	8.284843	13.10598
13		11.89233	9.29219	7.263499	13.01759	12.44864	9.130087	7.031173	8.338376	10.79583	10.33735
14		11.58401	9.517631	7.094146	15.70566	9.585723	7.681753	13.63163	10.00314	9.517788	10.39148
15		9.098361	11.84451	8.547437	11.07118	9.817912	8.999506	15.98957	13.59025	9.156082	11.6154
16		7.435607	11.67245	7.326349	11.21183	11.31133	5.195632	9.763445	7.095911	8.03375	7.37925
17		10.82872	11.21385	11.71383	6.994302	9.121503	9.057866	11.16582	11.65644	7.278865	7.196674
18		9.251484	8.056301	9.659394	12.32308	8.709654	7.490004	10.86352	13.60025	11.57795	11.02589
19		9.360366	8.859653	10.97233	11.93073	10.46537	9.742331	11.62432	10.38228	10.65382	8.501237
20		9.460406	10.5832	11.97909	6.107708	11.85978	6.532351	14.44692	28.129	10.15522	9.313652
21		10.8647	9.222359	13.0291	13.35998	6.847719	8.905969	9.353599	16.06116	9.195556	10.83239
22	样本均值	9.66007	10.72505	9.60764	10.64801	9.268319	9.109059	10.33355	10.232	10.07445	10.08262
23	样本方差	1.31916	1.383	1.623059	1.878669	1.73305	1.221465	1.859033	1.896447	1.391666	1.328516
24	样本均值的均值	9.863152									
25	样本均值的方差	0.353353									

图5-3　抽样样本输出及样本数字特征

"样本均值"的算法过程：单击"公式→插入函数"，选择平均值，单击"确定"。其他类同。如图 5 - 3 和图 5 - 4 所示。

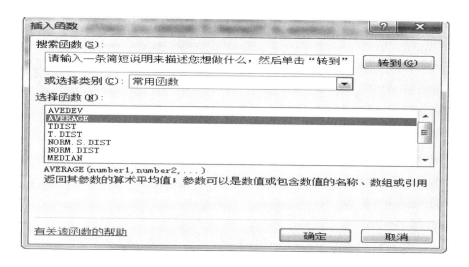

图 5 - 4 求"样本均值"的窗口

图 5 - 5 求"样本均值"的窗口

Step4：样本均值的分布直方图，如图 5 - 6 所示。（详细过程可参见后文）

可以看出频数分布呈现正态分布的钟型曲线。即样本均值的抽样分布确实近似服从正态分布。

类似地，可以得到样本均值的方差和总体方差的关系。从而，印证当被抽样总体服从正态分布时，样本平均数的抽样分布具有如下性质：①样本平均数的分布仍然是正态分布；②样本平均数分布的平均值等于总体的平均数；③样本平均数分布的方差等于总体的方差除以样本容量。

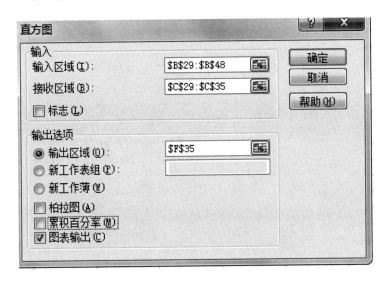

样本取值范围		接收区域
	9.976747	9.6
	10.69207	9.8
	10.39583	10
	9.60119	10.2
	10.03609	10.4
	10.45698	10.6
	9.921465	10.8
	10.30615	
	10.12092	
	10.02058	
	9.97011	
	9.93257	
	10.41241	

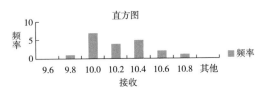

接收	频率
9.6	0
9.8	1
10.0	7
10.2	4
10.4	5
10.6	2
10.8	1
其他	0

图 5-6 "样本均值分布的直方图"窗口

二、利用 SPSS 软件抽取样本

例5－3：选用吴培乐《经济管理数据分析实验教程》第七章数据文件 data 7－1. sav。

操作步骤

Step1：随机数种子设计。菜单操作是："转换"→"随机数生成器"，出现如图 5－7 所示的对话框。

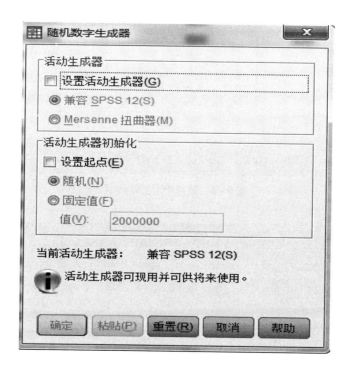

图5－7　随机数字生成器对话框

活动生成器框用于指定随机数生成方式。活动生成器初始化框用于指定随机数种子，其中的"随机"选项表示随机数种子每次自动取一个新的值，是 SPSS 的默认选项，这样随机化结果将不会重复出现。"固定值"选项表示随机数种子为一个具体的正整数，一般用于随机化数据结果需要重复出现的情况。

Step2：打开数据文件 data7－1. sav，依次选择"数据"→"选择个案"，出现如图 5－8 所示的对话框。

Step3：在"选择"栏中选择"随机个案样本"，并单击"样本"，进入如图 5－9所示的对话框。

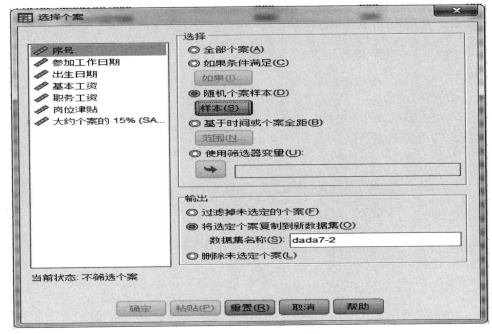

图 5 - 8　选择个案主对话框

图 5 - 9　样本容量设置对话框

选择"大约"选项，输入10，单击"继续"，返回主对话框。

Step4：指定对未选中个案的处理方式。其中"过滤掉为选定的个案"表示在未选中的个案号码上加一个"／"标记；"将选定个案复制到新数据集"表示将选定的个案新建一个样本数据集，并在其后的活动框内输入名称；"删除未选定个案"表示未被选定的个案从数据编辑窗口中删除，通常选择第二种方式。

Step5：单击"确定"，系统生成的样本数据集见数据文件 data7_ 2. sav，如图 5 - 10 所示。

序号	姓名	单位	性别	职务	职称	参加工作日期	出生日期	身份证号码	基本工资	职务工资	岗位津贴	filter_$
1	9 陈桂兰	A部门	女	职员	工程师	30897	23597	110101196408082306	800	450	70	1
2	12 曾伦清	A部门	男	职员	高工	27244	19944	110103195408083859	850	600	100	1
3	20 刘尚武	A部门	男	职员	高工	33380	23413	110101196402065775	800	600	70	1
4	29 张群义	A部门	男	职员	工程师	33119	23813	110101196503128597	800	450	70	1
5	32 林桂琴	A部门	女	职员	技师	35342	27037	110101197401088766	700	400	50	1
6	34 陈玉林	A部门	男	职员	工程师	35282	27249	110101197408089193	800	450	70	1
7	43 孙连进	A部门	女	职员	工程师	34125	23597	110101196408089487	800	450	70	1
8	60 杨洁	B部门	男	职员	高工	31597	24970	110101196805124677	800	600	70	1
9	70 罗琳	B部门	女	职员	技师	35959	29167	110106196605126146	700	400	50	1
10	72 周建兵	B部门	男	职员	技术员	36370	29167	110101197308086272	700	300	50	1
11	79 陈明良	B部门	女	职员	技术员	33382	27161	110101197405127667	700	450	70	1
12	97 陈金保	C部门	男	职员	技术员	35957	29167	110105197911081319	700	300	50	1
13	117 张敏	C部门	男	职员	技术员	33125	29167	110101197911085270	700	300	50	1
14	126 张惠信	C部门	女	职员	工程师	33103	24970	110101196805127266	800	450	70	1
15	138 叶国邦	C部门	男	职员	技术员	35963	29167	110101197911089799	700	300	50	1
16												

图 5 - 10 系统生成的样本数据集

需要注意一点：操作后会生成一个名为"filter_ MYM"的新变量，取值为 1 表示本个案被选中，0 表示未被选中。该变量是 SPSS 产生的中间变量，如果删除它则自动取消样本抽样。

三、点估计

（一）SPSS 软件的点估计

例 5 - 4：数据文件 data7_ 2. sav 是按 10% 比例随机抽取的一个样本，利用 SPSS 中的"探索"分析过程对全部员工基本工资进行点估计。

操作步骤

Step1：打开数据文件，依次单击"分析"→"描述统计"→"探索"，弹出"探索"分析对话框。将"基本工资"选入"因变量列表"，并选择"输出"框内的"两者都"选项。

Step2：单击"统计量"，选中子对话框中的"描述性"和"M - 估计量"，单击"继续"，返回主菜单。

Step3：单击"绘制"，选中子对话框中的"无"，并在"带检验的正态分布图"选项前打钩；单击"继续"返回主菜单。

Step4：单击"确定"，系统输出结果如表 5 - 6 ~ 表 5 - 8 所示。

表 5 - 6 描述统计量

			统计量	标准误
基本工资	均值		751.08	5.510
	均值的95%置信区间	下限	740.18	—
		下限	761.97	—
	5%修整均值		748.82	—

续表

	统计量	标准误
中值	700.00	—
方差	4219.842	—
标准差	64.960	—
极小值	650	—
极大值	900	—
范围	250	—
四分位距	100	—
偏度	0.482	0.206
峰度	-0.952	0.408

表 5 - 7   M - 估计器[e]

	Huber 的 M - 估计器[a]	Tukey 的双权重[b]	Hampel 的 M - 估计器[c]	Andrews 波[d]
基本工资				

a. 加权常量为 1.339。

b. 加权常量为 4.685。

c. 加权常量为 1.700、3.400 和 8.500。

d. 加权常量为 1.340 * pi。

e. 无法计算某些 M - 估计器，原因是中值周围存在高度集中的分布。

表 5 - 8   正态性检验

	Kolmogorov - Smirnov[a]			Shapiro - Wilk		
	统计量	df	Sig.	统计量	df	Sig.
基本工资	0.331	139	0.000	0.811	139	0.000

a. Lilliefors 显著水平修正。

说明：若均值和 M - 估计器相差较远，说明存在异常值，同时若样本数据呈非正态分布，应从 Andrews、Hampel、Tukey 中选择合适的估计量。通常情况下，当数据呈现非正态分布时中位数（中值）对整个数据的代表性要强于均值。因此，选择上述三个估计量中最接近中位数的作为总体数据集中趋势的估计值较好。

（二）Excel 软件的点估计

例 5 - 5： 某零件加工企业生产一种螺丝钉，对某天加工的零件每隔一定时间抽出一个，共抽取 12 个，测得其长度数据如表 5 - 9 所示。假设零件服从正态分布，试以 95% 的置信水平估计该企业生产的螺丝钉平均长度的置信区间。

表 5 - 9　抽出的螺丝钉长度　　　　　　　　　　　　　单位：mm

| 10.94 | 11.91 | 10.91 | 10.94 | 11.03 | 10.97 |
| 11.09 | 11.00 | 11.16 | 10.94 | 11.03 | 10.97 |

操作步骤

Step1：如图所示输入数据，依次选择"数据"→"数据分析"，打开数据分析对话框，选择"描述统计"，单击"确定"。如图 5 - 11 所示。

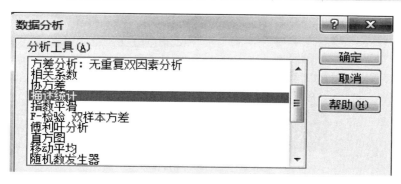

图 5 - 11　数据输入及数据分析选择过程

Step2：在描述统计对话框中，输入区域输入 H1：H13，选择如图 5 - 12 所示选项，置信水平输入 95% 。

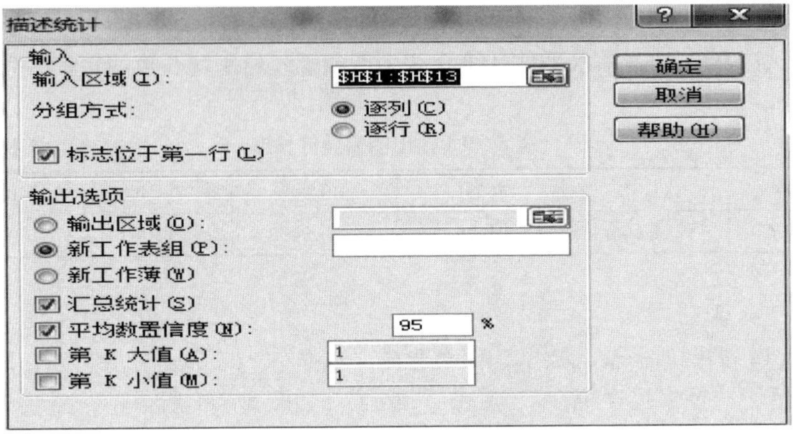

图 5-12　描述统计对话框

Step3：单击"确定"，输出结果如图 5-13 所示。

	A	B
1	螺丝钉长度（单位：mm）	
2		
3	平均	10.92272727
4	标准误差	0.155242279
5	中位数	11
6	众数	10.04
7	标准差	0.514880392
8	方差	0.265101818
9	峰度	1.490574316
10	偏度	-0.351165169
11	区域	1.87
12	最小值	10.04
13	最大值	11.91
14	求和	120.15
15	观测数	11
16	置信度(95.0%)	0.345901354

图 5-13　描述统计结果

四、区间估计

（一）均值、标准差和方差的区间估计

例 5-6：选用吴培乐《经济管理数据分析实验教程》第七章数据文件 data 7-1. sav，以 95.45% 的概率估计该企业职工基本工资的均值、标准差和方差所在的区间范围。

由于"频率""描述""探索""均值"等过程参数区间估计的设置差异不大，下面使用"描述""均值"过程进行区间估计。

　　1. "描述"过程的区间估计

　　Step1：打开数据文件 data7 - 1. sav，依次选择"分析"→"描述统计"→"描述"，弹出如下对话框。

　　Step2：将"基本工资"选入"变量"框，单击"选项"，打开"描述"，勾选"均值""标准差""方差"复选框。单击"继续"，返回主对话框。如图5 - 14所示。

　　Step3：单击"Bootstrap"，选择"执行 Bootstrap"，样本数输入 50，置信水平选择95.45，单击"继续"返回。如图 5 - 15 所示。

图 5 - 14　　"描述"过程主对话框

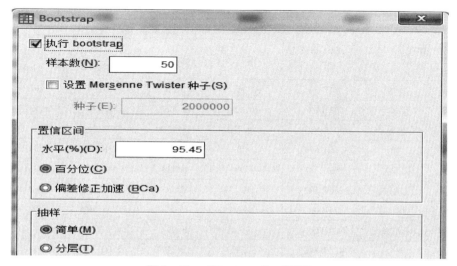

图 5 - 15　　"Bootstrap"对话框

Step4：单击"确定"，系统输出的结果如表5-10所示。

表5-10　描述统计量

		统计量	Bootstrap[a]			
			偏差	标准误	95.5%置信区间	
					下限	上限
基本工资	N	139	0	0	139	139
	均值	751.08	0.64	5.79	738.00	762.16
	标准差	64.960	-0.660	3.108	56.829	70.666
	方差	4219.842	-75.811	397.650	3230.137	4993.927
有效的N（列表状态）		139	0	0	139	139

a. Unless otherwise noted, bootstrap results are based on 50 bootstrap samples.

2. "均值"过程的区间估计

Step1：打开数据文件 data7-1.sav，依次选择"分析"→"比较均值"→"均值"，在弹出对话框中将"基本工资"选入"自变量列表"框。

Step2：单击"选项"。在"统计量"框中将"均值、方差和标准差"选入"单元格统计量"，单击"继续"，返回主对话框。

Step3：单击"Bootstrap"，选择"执行Bootstrap"，样本数输入50，置信水平选择95.45，在"抽样"框内选择"分层"，并将"性别"变量选入"分层变量"框。单击"继续"，返回主对话框。

Step4：单击"确定"，系统输出的结果如表5-11所示。

表5-11　基本工资"均值"过程区间估计报告

性别		Statistic	Bootstrap[a]			
			偏差	标准误	95.5%置信区间	
					下限	上限
男	均值	747.32	0.96	5.75	734.99	761.33
	标准差	63.615	-0.421	3.302	57.690	71.280
	方差	4046.815	-42.723	424.570	3328.263	5081.162
女	均值	766.67	0.78	15.49	738.45	801.98
	标准差	69.338	-1.393	6.428	54.495	83.342
	方差	4807.692	-150.739	879.850	2972.155	6949.477
总计	均值	751.08	0.83	5.59	739.50	765.95
	标准差	64.960	-0.312	3.202	57.972	71.407
	方差	4219.842	-30.424	414.194	3360.722	5099.144

a. Unless otherwise noted, bootstrap results are based on 50 bootstrap samples.

由表 5 - 10 可以看出，"均值"过程不仅给出了总体的参数估计结果，同时还给出了按某一变量分组的各组参数估计值，这为组与组之间的比较提供了方便，这正是"均值"过程的优势所在。

（二）总体比例的区间估计

例 5 - 7：选用吴培乐《经济管理数据分析实验教程》第七章数据文件 data 7 - 1. sav，以 95.45% 的概率估计该企业职务工资和基本工资比值的区间范围。

操作步骤

Step1：打开数据文件 data7 - 1. sav，依次选择"分析"→"描述统计"→"比率"，弹出如下对话框。将"职务工资"选入"分子"框，将"基本工资"选入"分母"框。

Step2：单击"统计量"按钮，在对话框中勾选"均值""标准差""置信区间"，置信水平选择 95.45。单击"继续"，返回主对话框。

Step3：单击"确定"，系统输出的结果如表 5 - 12 所示。

表 5 - 12 职务工资/基本工资的比率统计量

均值	均值的 95.45% 置信区间		标准误
	下限	上限	
0.558	0.541	0.575	0.099

注：通过假设比率的正态分布构建置信区间。

五、t 分布、卡方分布、F 分布临界值表的制作

和内容不同，如果想利用不同情况下总体均值、方差、比例的区间估计公式计算参数区间，就会用到 t 分布、χ^2 分布及 F 分布临界值。用户可根据需要，制作灵活的表来使用。（此部分内容可参考贾俊平等《统计学》第六版附录）

（一）t 分布临界值表制作

操作步骤

Step1：将 t 分布自由度的值输入到工作表的 A 列，将右尾概率 α 的值输入到第 1 行，形成 t 分布临界值表的表头，如表 5 - 13 所示。

表 5 – 13 t 分布临界值表的表头

	A	B	C	D	E	F	G	H
1	df/a	0.100	0.050	0.025	0.010	0.005	0.001	0.0005
2	1							
3	2							
4	3							
5	4							
6	5							
7	6							
8	7							
9	8							
10	9							

Step2：在单元格 B2 输入 " ＝TINV（B $1，$A2）"，然后将其向下、向右复制即可得到 t 分布临界值表，部分结果如 5 – 14 所示（读者可根据需要生成不同 a 和自由度的值）。

表 5 – 14 t 分布临界值表（部分）

	A	B	C	D	E	F	G	H
1	df/a	0.100	0.050	0.025	0.010	0.005	0.001	0.0005
2	1	6.3138	12.7062	25.4517	63.6567	127.3213	636.6192	1273.2393
3	2	2.9200	4.3027	6.2053	9.9248	14.0890	31.5991	44.7046
4	3	2.3534	3.1824	4.1765	5.8409	7.4533	12.9240	16.3263
5	4	2.1318	2.7764	3.4954	4.6041	5.5976	8.6103	10.3063
6	5	2.0150	2.5706	3.1634	4.0321	4.7733	6.8688	7.9757
7	6	1.9432	2.4469	2.9687	3.7074	4.3168	5.9588	6.7883
8	7	1.8946	2.3646	2.8412	3.4995	4.0293	5.4079	6.0818
9	8	1.8595	2.3060	2.7515	3.3554	3.8325	5.0413	5.6174
10	9	1.8331	2.2622	2.6850	3.2498	3.6897	4.7809	5.2907
11	10	1.8125	2.2281	2.6338	3.1693	3.5814	4.5869	5.0490

（二）χ^2 分布临界值表制作

操作步骤

Step1：将 χ^2 分布自由度的值输入到工作表的 A 列，将右尾概率 α 的值输入到第 1 行，形成 χ^2 分布临界值表的表头，如表 5 – 15 所示。

表 5 – 15　χ^2 分布临界值表的表头

	A	B	C	D	E	F	G	H	I	J	K
1	df/a	0.995	0.990	0.975	0.950	0.900	0.100	0.050	0.025	0.010	0.005
2	1										
3	2										
4	3										
5	4										
6	5										
7	6										
8	7										
9	8										
10	9										
11	10										

Step2：在单元格 B2 输入 " = CHIINV（B \$1，\$A2）"，然后将其向下、向右复制即可得到 χ^2 分布临界值表，部分结果如表 5 – 16 所示（读者可根据需要生成不同 a 和自由度的值）。

表 5 – 16　χ^2 分布临界值表（部分）

	A	B	C	D	E	F	G	H	I	J	K
1	df/a	0.995	0.990	0.975	0.950	0.900	0.100	0.050	0.025	0.010	0.005
2	1	0.0000	0.0002	0.0010	0.0039	0.0158	2.7055	3.8415	5.0239	6.6349	7.8794
3	2	0.0100	0.0201	0.0506	0.1026	0.2107	4.6052	5.9915	7.3778	9.2103	10.5966
4	3	0.0717	0.1148	0.2158	0.3518	0.5844	6.2514	7.8147	9.3484	11.3449	12.8382
5	4	0.2070	0.2971	0.4844	0.7107	1.0636	7.7794	9.4877	11.1433	13.2767	14.8603
6	5	0.4117	0.5543	0.8312	1.1455	1.6103	9.2364	11.0705	12.8325	15.0863	16.7496
7	6	0.6757	0.8721	1.2373	1.6354	2.2041	10.6446	12.5916	14.4494	16.8119	18.5476
8	7	0.9893	1.2390	1.6899	2.1673	2.8331	12.0170	14.0671	16.0128	18.4753	20.2777
9	8	1.3444	1.6465	2.1797	2.7326	3.4895	13.3616	15.5073	17.5345	20.0902	21.9550
10	9	1.7349	2.0879	2.7004	3.3251	4.1682	14.6837	16.9190	19.0228	21.6660	23.5894

（三）*F* 分布临界值表制作

操作步骤

Step1：在 B1 单元格输入 *F* 分布右尾概率 a 的取值，在第二行输入分子自由度 df1 的值，在第 1 列输入分母自由度 df2 的值，如表 5 – 17 所示。

表 5 – 17　*F* 分布临界值表的表头

1		a = 0.05									
2	df2/df1	1	2	3	4	5	6	7	8	9	10
3	1										
4	2										
5	3										
6	4										
7	5										
8	6										
9	7										
10	8										
11	9										

Step2：在单元格 B3 输入 "= FINV（\$B \$1，B \$2，\$A3）"，然后将其向下、向右复制即可得到 *F* 分布临界值表，a = 0.05 时的部分结果如表 5 – 18 所示（读者可根据需要生成不同 a 和自由度的值）。

表 5 – 18　*F* 分布临界值表（部分）

	A	B	C	D	E	F	G	H	I	J	K
1	a	0.05									
2	df2/df1	1	2	3	4	5	6	7	8	9	10
3	1	161.4476	199.5000	215.7073	224.5832	230.1619	233.9860	236.7684	238.8827	240.5433	241.8817
4	2	18.5128	19.0000	19.1643	19.2468	19.2964	19.3295	19.3532	19.3710	19.3848	19.3959
5	3	10.1280	9.5521	9.2766	9.1172	9.0135	8.9406	8.8867	8.8452	8.8123	8.7855
6	4	7.7086	6.9443	6.5914	6.3882	6.2561	6.1631	6.0942	6.0410	5.9988	5.9644
7	5	6.6079	5.7861	5.4095	5.1922	5.0503	4.9503	4.8759	4.8183	4.7725	4.7351
8	6	5.9874	5.1433	4.7571	4.5337	4.3874	4.2839	4.2067	4.1468	4.0990	4.0600
9	7	5.5914	4.7374	4.3468	4.1203	3.9715	3.8660	3.7870	3.7257	3.6767	3.6365
10	8	5.3177	4.4590	4.0662	3.8379	3.6875	3.5806	3.5005	3.4381	3.3881	3.3472

第四节 问题思考

（1）如何将抽取的样本建立成一个新数据集？

（2）如果按精确抽样选取同样规模的样本该如何操作？

（3）点估计的常用方法有哪两种？它们的基本思想是什么？

（4）M 稳健估计量有什么特点？它与常规点估计有什么区别？

（5）SPSS 软件的均值与比例区间估计的差异是什么？

（6）"描述"过程与"均值"过程在统计量区间估计上有哪些不同？

（7）采用其他过程对均值、方差和标准差进行区间估计，总结它们之间的差异。

第六章　参数假设检验（1学时）

第一节　实验目的

通过本章的学习，使学生掌握使用 SPSS/Excel/Stata 软件进行单样本 t 检验、两独立样本 t 检验和两配对样本 t 检验的基本方法和操作技巧，并能解决身边的实际问题。

第二节　相关知识

（1）假设检验是在小概率原理的基础上，以样本统计量的值来推断总体参数的一种统计推断方法。假设检验有两种情况：一是总体分布已知，要求根据样本数据对总体分布的统计参数进行推断，这称为参数假设检验；二是总体分布未知，要求根据样本数据对总体分布形式或特征进行推断，这称为非参数假设检验。

（2）单样本 t 检验是利用来自某一正态总体的样本数据，以推断总体的均值是否与指定的检验值之间存在显著差异。其前提条件是检验的变量应是定量变量，总体服从正态分布或近似服从正态分布，而且样本是随机选取的。检验的零假设与备择假设分别为：

H_0：总体的均值 μ 与常数 μ_0 相等，即 $\mu = \mu_0$。

H_1：总体的均值 μ 与常数 μ_0 不相等，即 $\mu \neq \mu_0$。

从中心极限定理可知，如果我们知道总体的标准误，那么统计量平均值的分布服从正态分布：$\bar{X} \sim \left(\mu, \sigma^2 \big/ n\right)$，统计量为

$$Z = \frac{\bar{X} - \mu}{\sigma / \sqrt{n}} \sim N(0, 1)$$

但是，大多数的情况是不知道总体的标准误，于是用样本的标准误代替总体的标准误，此时的统计量：

$$t = \frac{\bar{X} - \mu}{S / \sqrt{n}}$$

的分布服从自由度为 $n-1$ 的 t 分布：当自由度 df $= n-1 > 30$ 时，t 分布与正态分布近似，而且自由度越大近似程度越好[①]。

在样本量较小的情况下，如果总体标准误已知，样本统计量分布服从正态，这时可采用 Z 统计量；如果总体标准误未知，进行检验所依赖的信息有所减少，这时只能使用样本标准误，样本统计量分布服从 t 分布，采用 t 统计量。相同概率下，t 分布的临界点向两边更为扩展，这意味着推断的精度下降，这是信息减少所付出的代价。当样本量大于 30 时，选择 t 统计量还是 z 统计量可以根据使用者的偏好来定。

需要说明的是：SPSS/Excel 软件均没有单样本 z 统计量检验菜单。

（3）两个独立样本 t 检验是利用来自两个正态总体的两个独立样本的数据来推断两个总体的均值是否存在显著差异的一种推断统计方法。当我们需要比较调查总体中两个群体（老师与学生、男生和女生、老板和雇员等）在某些特征上的平均水平有没有差异时，如果满足独立样本 t 检验的条件，就可以使用该检验来推断两个总体平均值的差异是否显著。由于是对均值进行检验，因此 t 检验属于参数检验。

使用两个独立样本 t 检验的前提条件：经检验，两个总体服从正态分布；两个样本为随机的独立样本；两个总体的方差齐性，这是确定统计量及其分布的基础。如果方差不等，在 SPSS 中，将通过修正公式来完成对均值差异的检验。

两个独立样本 t 检验的过程：

第一步：提出假设。t 检验的思路是将检验两个总体均值的差异是否显著转化为检验两个总体均值之差是否为零。在 SPSS 中，检验两个独立样本所属的总体是否有显著性差异，采用的是双侧检验。设两个总体的均值分别为 μ_1、μ_2，t 检验设定的假设是：

---

① 大样本、小样本之间并不是以样本量大小来区分的。在样本量固定的条件下所进行的统计推断、问题分析，不管样本量多大，都称为小样本问题；而在样本量 n 趋于无穷大时，称为大样本。一般统计学中 n 大于 30 为大样本，小于 30 为小样本只是一种经验说法。

H_0：两个总体的均值相等，即 $\mu_1 = \mu_2$。

H_1：两个总体的均值不相等，即 $\mu_1 \neq \mu_2$。

第二步：计算检验统计量。通常两个总体的方差是未知的，t 检验将依据方差齐性检验的不同结果（方差是否有齐性）采用不同的检验统计量，因此在考察 t 检验的结果时要注意区分情况。

方差相等时，检验统计量如下：

$$t = \frac{(\bar{x}_1 - \bar{x}_2) - (\mu_1 - \mu_2)}{s_c\sqrt{(\frac{1}{n_1} + \frac{1}{n_2})}}$$

其中，s_c 为两个总体合并标准误的估计值。

方差不相等时，检验统计量如下：

$$t = \frac{(\bar{x}_1 - \bar{x}_2) - (\mu_1 - \mu_2)}{\sqrt{(\frac{s_1^2}{n_1} + \frac{s_2^2}{n_2})}}$$

第三步：做出判断。如方差齐性（相等），可以根据 t 检验结果对两个总体的均值是否相等做出判断；如方差非齐性（有显著区别），则要通过修正公式来解决。

（4）配对样本 t 检验是利用来自两个正态总体的配对样本数据来推断两个总体均值是否存在显著性差异。使用配对样本 t 检验的前提条件如下：

1）两组样本的测量数目相同。

2）两组样本的测量值顺序不能独立颠倒。

3）两组样本的测量值之差服从正态分布或近似正态分布。

配对样本 t 检验的思路如下：

设两个配对样本的数据分别为 x_1，x_2，$\cdots$，x_n；y_1，y_2，$\cdots$，y_n，配对样本 t 检验的思路是将两个样本转化为每对之差所形成的样本：$x_1 - y_1$，$x_2 - y_2$，$\cdots$，$x_n - y_n$，然后检验这个新的样本所来自的总体均值是否为 0。于是配对样本的 t 检验，实际上转化为对单个样本的 t 检验。

检验两个配对样本所属的总体均值是否有显著性差异，给出的假设是：

H_0：新的总体均值等于零：$\mu = 0$（实际等价于两个总体的均值相等，即 $\mu_1 = \mu_2$）；

H_1：新的总体均值不等于零：$\mu \neq 0$，即 $\mu_1 \neq \mu_2$。

显然，检验仍是双侧检验。

第三节　实验内容

一、单样本 t 检验

例 6 - 1：糖厂用自动打包机打包，每包标准重量是 100 千克。每天开工后需要检验一次打包机工作是否正常。某日开工后测得 9 包重量（单位：千克）如下：

99.3　98.7　100.5　101.2　98.3　99.7　99.5　102.1　100.5

已知包重服从正态分布，试检验该日打包机工作是否正常①？（a = 0.05）

1. SPSS 操作步骤

Step1：在变量视图中新建一个数据，在数据视图中录入数据，依次选择"分析"→"比较均值"→"单样本 t 检验"，进入"单样本 t 检验"对话框。将"包重"变量移入"检验变量"框中，并在"检验值"后的活动框内输入 100。单击"选项"按钮，选"默认"，"继续"返回。如图 6 - 1 所示。

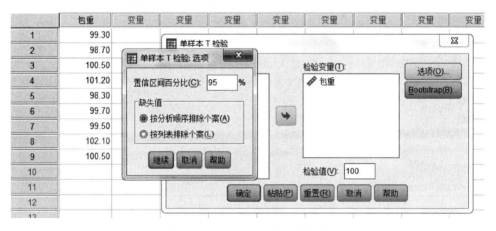

图 6 - 1　单样本 t 检验步骤窗口

Step2：单击"确定"，系统输出结果如表 6 - 1 所示。

表 6 - 1　单个样本统计量

	N	均值	标准差	均值的标准误
包重	9	99.9778	1.21221	0.40407

---

① 此题选自贾俊平等《统计学》（第六版）第八章课后习题 8.4。

由表 6 – 1 可知，包重的平均值为 99.9778 千克，标准差为 1.21221 千克，均值标准误为 0.34623①。表 6 – 2 给出了 t 统计量值、自由度、双侧检验概率 p 值、均值差值、总体均值与原假设值之差的 95% 置信区间（ – 0.9540，0.9096），由此算出的总体均值 95% 置信区间为（99.0460，100.9096）。

表 6 – 2　单个样本检验

	检验值 = 100					
	t	df	Sig.（双侧）	均值差值	差分的 95% 置信区间	
					下限	上限
包重	– 0.055	8	0.957	– 0.02222	– 0.9540	0.9096

说明：均值差值是样本均值与检验值之差，即 t 统计量的分子部分，它除以表 6 – 2 中的"均值的标准误"后得到 t 统计量值。

根据假设检验判定，P 值 0.957 大于 0.05，故接受原假设，即认为抽样包重和标准重量无显著差异，设备状态正常。95% 置信区间说明有 95% 的把握认为抽样当日包重在 99.0460 ~ 100.9096 千克之间，100 包含在置信区间内，也证实了上述推断。

2. Stata 操作步骤

Step1：将"例 6 – 1. xlsx"导入 Stata，包重重量变量名为 weight。

Step2：在"command"域输入如下命令：

. ttest weight = 100

执行结果如图 6 – 2 所示：

. ttest weight = 100

One – sample t test

Variable	Obs	Mean	Std. Err.	Std. Dev.	［95%　Conf. Interval］	
weight	9	99.97778	0.4040685	1.212205	99.04599	100.9096

mean = mean（weight）　　　　　　　　　　　　　　　　　　　　t = – 0.0550

Ho：mean = 100　　　　　　　　　　　　　　　　　　degrees of freedom = 8

Ha：mean < 100　　　　　　　Ha：mean! = 100　　　　　　Ha：mean > 100

Pr（T < t）= 0.4787　　　　Pr（| T | > | t |）= 0.9575　　　　Pr（T > t）= 0.5213

图 6 – 2　执行结果（一）

―――――――――――

① 样本容量为 n 的标准误是样本的标准差除以$\sqrt{n}$。

结果显示，样本均值和每包标准（100 千克）没有差异，即打包机工作正常。

如要检验 90% 置信水平的置信区间，需在"command"域输入如下命令：

. ttest weight = 100，level（90）

输出结果如图 6-3 所示：

. ttest weight = 100，level（90）

One-sample t test

Variable	Obs	Mean	Std. Err.	Std. Dev.	[90%	Conf. Interval]
weight	9	99. 97778	0. 4040685	1. 212205	99. 22639	100. 7292

mean = mean（weight）   t = -0.0550

Ho：mean = 100   degrees of freedom = 8

　Ha：mean < 100　　　　　　　　Ha：mean! = 100　　　　　　　　Ha：mean > 100

Pr（T < t）= 0.4787　　　　　Pr（| T | > | t |）= 0.9575　　　　　Pr（T > t）= 0.5213

图 6-3 执行结果（二）

输出结果中，Pr(T > t) 为"获得更大 t 值的可能性"，属单侧检验概率。Pr（| T | > | t |）表示双侧检验概率，表明"获得更大 t 值的绝对值的可能性"，属双侧检验概率。上述结果均显示，在双侧检验情形下，不拒绝原假设。

二、两个独立样本 t 检验

例 6-2：比较两批电子器材的电阻，随机抽取的样本测量电阻如表 6-3 所示，试比较两批电子器材的电阻是否相同？

表 6-3 随机抽取的 A 和 B 两批电子器材的电阻数据

A 批	0. 140	0. 138	0. 143	0. 142	0. 144	0. 148	0. 137
B 批	0. 135	0. 140	0. 142	0. 136	0. 138	0. 140	0. 141

1. SPSS 操作步骤

Step1：检查数据是否符合 t 检验要求的条件。

A、B 两批电子器材的电阻是两个独立的样本，电阻分布均可视为正态分布。因此，可以利用两个独立样本差异的 t 检验。利用正态 Q-Q 图以及 K-S 检验结果显示两样本服从正态分布。如图 6-4～图 6-6 所示。

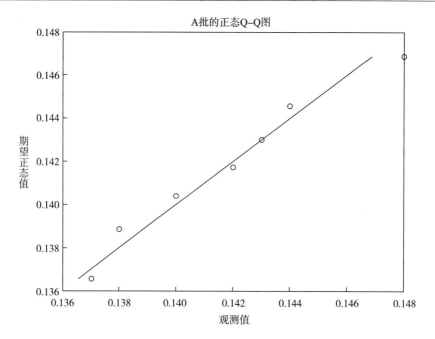

图 6 - 4　A 批次正态 Q - Q 图

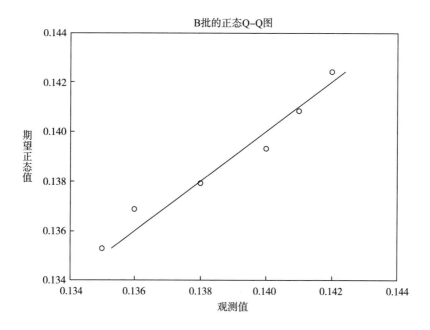

图 6 - 5　B 批次正态 Q - Q 图

单样本 Kolmogorov – Smirnov 检验

		A 批	B 批
N		7	7
正态参数[a,b]	均值	0.14171	0.13886
	标准差	0.003773	0.002610
最极端差别	绝对值	0.129	0.241
	正	0.129	0.149
	负	− 0.106	− 0.241
Kolmogorov – Smirnov Z		0.343	0.637
渐近显著性（双侧）		1.000	0.812

a. 检验分布为正态分布。

b. 根据数据计算得到。

图 6 – 6 A、B 两样本 K – S 检验结果

Step2：依次选择"分析"→"比较均值"→"独立样本 t 检验"，弹出"独立样本 t 检验"对话框。如图 6 – 7 所示。

图 6 – 7 数据输入及独立样本 t 检验选择过程

Step3：在独立样本 t 检验对话框中，将左框内的"电阻"移入右侧"检验变量（T）"框内，将"批次"移入"分组变量（G）"内，如图 6-8 所示。

图 6-8　独立样本 t 检验对话框

Step4：单击"定义组（D）"按钮，在定义组对话框内的"使用指定值（U）"分别输入 1、2。如图 6-9 所示，单击"继续"。

图 6-9　定义组对话框

注：定义组对话框中还有一个选项，"割点（C）"当分类变量尚未分为两组时，要选择此选项，并输入分界点的值。

Step5：单击"选项（O）"，在独立样本 t 检验：选项对话框内的置信区间输入 95%，其余为系统默认选项，单击"继续"。如图 6 – 10 所示。

图 6 – 10　独立样本 t 检验：选项对话框

Step6：单击"确定"，输出结果，如图 6 – 11 所示。

组统计量

批次		N	均值	标准差	均值的标准误
电阻	1	7	0.14171	0.003773	0.001426
	2	7	0.13886	0.002610	0.000986

独立样本检验

		方差方程的 Levene 检验		均值方程的 t 检验						
		F	Sig.	t	df	Sig.（双侧）	均值差值	标准误差值	差分的 95% 置信区间	
									下限	上限
电阻	假设方差相等	0.653	0.435	1.648	12	0.125	0.002857	0.001734	– 0.000921	0.006635
	假设方差不相等			1.648	10.671	0.129	0.002857	0.001734	– 0.000974	0.006688

图 6 – 11　独立样本 t 检验结果

读结果时首先要看 Levene 方差齐性检验的结果。如果设定显著性水平 $\alpha = 0.05$，那么，当 P 值（Sig.）小于 0.05，检验结果为拒绝零假设，两个总体的方差存在显著性差异，即不具有齐性；当 P 值大于 0.05 时，检验结果为不能拒绝零假设，两个总体的方差差异不显著，即具有齐性。由图 6 – 11 可知，P = 0.435 大于 0.05，因此，A、B 两批电子器材电阻两个总体的方差具有齐性。

然后看均值相等的 t 检验结果。当两个总体的方差具有齐性时，要看表中的第一行数据，而不具有齐性时，则看第二行数据。由表可知，t = 1.648，df = 12，P = 0.125，如果 $\alpha = 0.05$，那么 $P > \alpha$，因此不能拒绝零假设，即 A、B 两批电子器材电阻相差了 0.00285，但它们在 0.05 水平上差异不显著。

另外，在图 6 – 10 中的 t 检验部分还给出了两个样本的均值差为 0.002857，均值差的标准误为 0.001734，均值差的 95% 的置信区间为（– 0.000921，0.006635）。

2. Stata 操作步骤

Step1：将"例 6 – 2. xlsx"导入 Stata，或直接打开"例 6 – 2. dta"。注意：在做两个独立样本 t 检验时，将两列数据合并为一列，两个样本来源也并为一组。Stata 数据格式如图 6 – 12 所示。

	group	res
1	A	0.14
2	A	0.138
3	A	0.143
4	A	0.142
5	A	0.144
6	A	0.148
7	A	0.137
8	B	0.135
9	B	0.14
10	B	0.142
11	B	0.136
12	B	0.138
13	B	0.14
14	B	0.141

图 6 – 12　Stata 数据格式

Step2：进行 A、B 样本的正态性检验。在"command"域输入如下命令：
swilk res if group == " A"

执行结果如下图 6 – 13 所示。

. swilk res if group = = " A"

Shapiro – Wilk W test for normal data

Variable	Obs	W	V	z	Prob > z
res	7	0.96843	0.415	– 1.210	0.88689

图 6 – 13   执行结果（三）

结果显示 Prob $= 0.88689 > \alpha = 0.05$，故可按正态性假定进行统计分析。

在 "command" 域输入如下命令：

swilk res if group = = " B"

执行结果如图 6 – 14 所示。

. swilk res if group = = " B"

Shapiro – Wilk W test for normal data

Variable	Obs	W	V	z	Prob > z
res	7	0.93630	0.837	– 0.268	0.60566

图 6 – 14   执行结果（四）

结果显示 Prob $= 0.60566 > \alpha = 0.05$，故可按正态性假定进行统计分析。

Step3：进行方差齐次性检验。在 "command" 域输入如下命令：

. sdtest res，by（group）

执行结果如图 6 – 15 所示：

. sdtest res，by（group）

Variance ratio test

Group	Obs	Mean	Std. Err.	Std. Dev.	[95%	Conf. Interval]
A	7	0.1417143	0.0014262	0.0037733	0.1382245	0.145204
B	7	0.1388571	0.0009863	0.0026095	0.1364438	0.1412705
combined	14	0.1402857	0.0009224	0.0034514	0.1382929	0.1422785

ratio = sd（A）/ sd（B）   f = 2.0909

Ho：ratio = 1   degrees of freedom = 6，6

Ha：ratio < 1   Ha：ratio！= 1   Ha：ratio > 1

Pr（F < f）= 0.8044   2 * Pr（F > f）= 0.3911   Pr（F > f）= 0.1956

图 6 – 15   执行结果（五）

结果显示方差齐次检验的 P 值为 0.3911，可以按方差齐次的假定做进一步分析。

Step4：进行两独立样本 t 检验。在 "command" 域输入如下命令：

. ttest res, by（group）

执行结果如图 6 - 16 所示：

. ttest res, by（group）

Two - sample t test with equal variances

Group	Obs	Mean	Std. Err.	Std. Dev.	[95%	Conf. Interval]
A	7	0. 1417143	0. 0014262	0. 0037733	0. 1382245	0. 145204
B	7	0. 1388571	0. 0009863	0. 0026095	0. 1364438	0. 1412705
combined	14	0. 1402857	0. 0009224	0. 0034514	0. 1382929	0. 1422785
diff		0. 0028571	0. 001734		- 0. 000921	0. 0066352

diff = mean（A） - mean（B）   t = 1. 6477

Ho：diff = 0   degrees of freedom = 12

 Ha：diff < 0   Ha：diff! = 0   Ha：diff > 0

Pr（T < t）= 0. 9373   Pr（| T | > | t |）= 0. 1253   Pr（T > t）= 0. 0627

图 6 - 16　执行结果（六）

t 检验的 P 值为 0. 12530. 1，可以认为 A、B 在 0. 1 水平上差异不显著。t 检验有赖于同方差检验，如果不假定同方差，那么加上 unequal 选项，在"command"域输入如下命令：

. ttest res, by（group）unequal

执行结果如图 6 - 17 所示。

. ttest res, by（group）unequal

Two - sample t test with unequal variances

Group	Obs	Mean	Std. Err.	Std. Dev.	[95%	Conf. Interval]
A	7	0. 1417143	0. 0014262	0. 0037733	0. 1382245	0. 145204
B	7	0. 1388571	0. 0009863	0. 0026095	0. 1364438	0. 1412705
combined	14	0. 1402857	0. 0009224	0. 0034514	0. 1382929	0. 1422785
diff		0. 0028571	0. 001734		- 0. 0009738	0. 0066881

diff = mean（A） - mean（B）   t = 1. 6477

Ho：diff = 0   Satterthwaite's degrees of freedom = 10. 6708

 Ha：diff < 0   Ha：diff! = 0   Ha：diff > 0

Pr（T < t）= 0. 9357   Pr（| T | > | t |）= 0. 1285   Pr（T > t）= 0. 0643

图 6 - 17　执行结果（七）

结果显示 t 检验的 P 值为 0.12850.1，可以认为 A、B 在 0.1 水平上差异不显著。消除同方差假定，并没有改变分析结果。

例 6 - 3：为了评价两个班级学生的统计学的学习质量，分别在两个班抽取样本。在 A 班抽取 30 名学生，在 B 班抽取 40 名学生，对两个班级的学生同时进行一次统计学标准化测试，成绩如下。假设班级 A 考试成绩的方差为 64，班级 B 考试成绩的方差为 100，检验两个班级的统计学学习质量是否有显著差异（α = 0.05）。

A 班：

70　97　85　87　64　73　86　90　82　83　92　74　72　94　76　89　73
88　91　79　84　76　87　88　85　78　83　84　91　74

B 班：

76　91　57　62　89　82　93　64　80　78　99　59　79　82　70　85　83
87　78　84　84　70　79　72　91　93　75　85　65　74　79　64　84　66
66　85　78　83　75　74

Excel 操作步骤

Step1：选择"工具"下拉菜单，再选择"数据分析"选项。

Step2：在分析工具中选择"Z - 检验：双样本平均差检验"，如图 6 - 18 所示。

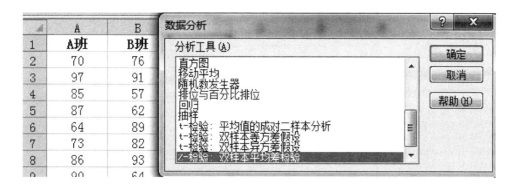

图 6 - 18　数据分析"Z - 检验：双样本平均差检验"选择过程

Step3：当出现对话框后，在"变量 1 的区域"方框内键入 A2：A31；在"变量 2 的区域"方框内键入 B2：B41；在"假设平均差"方框内键入 0；在"变量 1 的方差"方框内键入 64；在"变量 2 的方差"方框内键入 100；在"α"方框内键入 0.05；在"输出选项"中选择输出区域（在此选择"新工作表"），如图 6 - 19 所示。

图6-19 Z-检验：双样本平均差检验对话框

Step4：所有选项设置好后，单击"确定"。如图6-20所示。

Z-检验：双样本均值分析

	变量1	变量2
平均	82.5	74
已知协方差	64	100
观测值	30	1
假设平均差	0	
z	0.841076	
P（Z<=z）单尾	0.200153	
z单尾临界	1.644854	
P（Z<=z）双尾	0.400305	
z双尾临界	1.959964	

图6-20 Z-检验：双样本平均差检验结果

由于 $Z > Z_{\frac{\alpha}{2}}$，所以拒绝 H_0，即两个班级的统计学的学习质量有显著差异。

三、配对样本 t 检验

例6-4：表6-4是20个被试的前测和后测分数，后测分数是否显著提高？

表6-4　前测和后测分数

编号	前测	后测
1	81	78
2	56	85
3	75	70
4	53	77
5	70	84
6	80	91
7	88	95
8	76	81
9	65	68
10	77	90
11	73	82
12	60	80
13	77	90
14	76	87
15	78	62
16	85	91
17	75	77
18	84	68
19	60	68
20	61	65

1. SPSS 操作步骤

Step1：检查数据文件是否符合 t 检验要求的条件。利用单样本的 K-S 检验做正态分布检验。由结果可知两样本均为正态分布。如图6-21所示。

单样本 Kolmogorov – Smirnov 检验

		前测	后测
N		20	20
正态参数[a,b]	均值	72. 5000	79. 4500
	标准差	10. 06557	9. 89138
最极端差别	绝对值	0. 198	0. 130
	正	0. 123	0. 130
	负	– 0. 198	– 0. 107
Kolmogorov – Smirnov Z		0. 886	0. 583
渐近显著性（双侧）		0. 413	0. 886

a. 检验分布为正态分布。
b. 根据数据计算得到。

图 6 – 21 K – S 检验结果

Step2：根据测试数据建立数据文件，在录入数据时将前测和后测的分数视为配对样本，保持两个样本之间的对应关系。如图 6 – 22 所示。

	前测	后测
1	81.00	78.00
2	56.00	85.00
3	75.00	70.00
4	53.00	77.00
5	70.00	84.00
6	80.00	91.00
7	88.00	95.00
8	76.00	81.00
9	65.00	68.00

图 6 – 22 数据输入

Step3：依次选择"分析"→"比较均值"→"配对样本 t 检验"，进入配对样本 t 检验对话框，如图 6 – 23 所示。

Step4：在配对样本 t 检验对话框中，选择源变量"前测"向右移入"成对变量（V）"栏中，"前测"显示在 Variable1 的下面，再将"后测"移入 Variable2 下面，于是将一对要检验的变量移入到了"成对变量（V）"框内。如果需要检验多对变量，可以同时将各对变量移入该栏中。如图 6 – 24 所示。

图 6 - 23 配对样本 t 检验选择过程

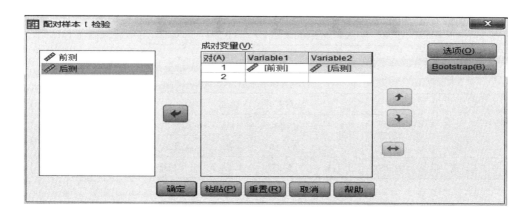

图 6 - 24 配对样本 t 检验对话框

Step5：单击"选项（O）"，打开配对样本 t 检验：选项对话框，如图 6 - 25 所示，置信区间输入 95%，缺失值为系统默认选项，单击"继续"。

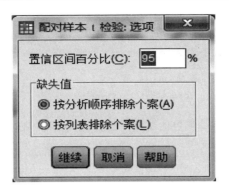

图 6 – 25   配对样本 t 检验：选项对话框

Step6：单击"确定"，输出结果，如图 6 – 26 所示。

成对样本统计量

		均值	N	标准差	均值的标准误
对 1	前测	72. 5000	20	10. 06557	2. 25073
	后测	79. 4500	20	9. 89138	2. 21178

成对样本相关系数

		N	相关系数	Sig.
对 1	前测 & 后测	20	0. 351	0. 129

成对样本检验

		成对差分					t	df	Sig.（双侧）
		均值	标准差	均值的标准误	差分的95% 置信区间				
					下限	上限			
对 1	前测 – 后测	– 6. 95000	11. 37159	2. 54277	– 12. 27207	– 1. 62793	– 2. 733	19	0. 013

图 6 – 26   配对样本 t 检验结果

成对样本统计量表，给出了"前测"和"后测"两个变量的均值、有效样本量数、标准差和均值的标准误。由表可以看出，后测成绩的均值高于前测成绩的均值。

成对样本相关系式表，给出了"前测"和"后测"两个变量的简单相关系数（0.351），以及相关系数检验的 P 值，如果设定显著性水平 $\alpha = 0.05$，由于 $P = 0.129 > 0.05$，因此，可以说"前测"和"后测"两个变量并没有密切的关系。

成对样本检验结果：$t = -2.733$，$df = 19$，$P = 0.013$，如果设定 $\alpha = 0.05$，由于 $P < 0.05$，因此拒绝零假设，即前测和后测分数的均值具有显著性差异。

2. Stata 操作步骤

Step1：将"例 6 - 4. xlsx"导入 Stata，或直接打开"例 6 - 4. dta"。

Step2：在"command"域输入如下命令：

. ttest be = af

执行结果如下：

. ttest be = af

Paired t test

Variable	Obs	Mean	Std. Err.	Std. Dev.	[95%	Conf. Interval]
be	20	72.5	2.250731	10.06557	67.78917	77.21083
af	20	79.45	2.211781	9.891384	74.82069	84.07931
diff	20	-6.95	2.542766	11.37159	-12.27207	-1.62793

mean（diff）= mean（be - af）   t = -2.7332

Ho: mean（diff）= 0   degrees of freedom = 19

Ha: mean（diff）< 0   Ha: mean（diff）! = 0   Ha: mean（diff）> 0

Pr（T < t）= 0.0066   Pr（| T | > | t |）= 0.0132   Pr（T > t）= 0.9934

图 6 - 27 执行结果（八）

结果显示，Pr（T < t）= 0.0066，表明前测分数明显小于后测分数，有 95% 的概率说明分数提高了 1.62793 ~ 12.27207 分。

第四节 问题思考

（1）对于单样本 t 检验，其双侧检验与单侧检验有什么不同？

（2）在统计学的理论教学中，单样本 t 检验的检验规则是什么？怎样理解 SPSS 软件所提供的 P 值检验原理？

（3）两个独立样本 t 检验对数据的基本要求是什么？

（4）用 SPSS/Stata 进行两个独立样本 t 检验在录入数据上应注意什么？

（5）配对样本 t 检验对数据的基本要求是什么？

（6）用 SPSS 进行配对样本 t 检验，在录入数据上与两个独立样本 t 检验有什么不同？

第七章　非参数统计/检验（2 学时）

第一节　实验目的

（1）通过构造多变量频数列联表分析变量之间的相互关系时统计分析数据的重要方法。通过本实验，使学生熟悉掌握运用 SPSS 编制多变量交叉频数分布表的基本方法和步骤。

（2）通过本实验熟悉和掌握列联表分析的基本内容、主要方法和相应的 SPSS 操作步骤与技巧。

（3）通过本实验熟悉和掌握列联表中的相关测量。

（4）熟悉两个独立样本的非参数检验方法。

（5）熟悉单样本游程检验方法。

第二节　相关知识

一、非参数统计的概念

所谓非参数统计，就是对总体分布的具体形式不必做任何限制性假定和不以总体参数具体参数为目的的推断统计。这种统计主要用于对某种判断或假设进行检验，故亦称为非参数检验。它是随着统计方法在复杂的社会和经济管理领域中扩展应用而发展起来的现代推断统计的一个分支，有着极为广泛的应用。应用最为广泛的非参数统计方法有 χ^2 检验、符号检验、曼 – 惠特尼 U 检验、游程检验和等级相关检验。

二、非参数统计的特点

第一，非参数统计方法既能适用于定名测定资料（如满意不满意、好与坏、美与丑、优良品和不良品等），或定序测定资料（如对商品的爱好程度可分为甲、乙、丙、丁等不同的等级），也能适用于定距测定资料和定比测定资料。

第二，非参数统计方法是一种经济而有效的方法。它容易理解，计算简便，有时完全不考虑数据的排列顺序。例如，若检验的目的是为了确定一种结果比另一种结果好，而获得的数据又无法用参数检验时，则可使用非参数统计中的符号检验，此时完全不考虑数据的排列顺序。同时，由于非参数统计使用定名测定和定序测定，使资料容易搜集，因而可用于预先调查、示范调查，并能迅速地给出答案。但是，当样本容量增大时，非参数统计所需的计算也是烦琐的。

第三，非参数统计方法不需要像参数统计方法那样假定总体的分布是正态的，也不需要检验总体的参数，使得条件容易得到满足。

第三节　实验内容

一、卡方检验

χ^2 检验是利用随机样本对总体分布与某种特定分布拟合程度的检验，也就是检验观察值与理论值之间的紧密程度。当我们研究 K（K 大于 2）个事件时，可以测定 K 个观察值与相应的理论值之间的差异，为此而构造的统计量称为 χ^2 检验。χ^2 检验的主要应用表现在两个方面：拟合优度检验和独立性检验。列联表是进行独立性检验的重要工具。χ^2 检验是对分类数据的频数进行分析的统计方法。

（一）拟合优度检验

拟合优度检验是对一个分类变量的检验，它是依据总体分布状况，计算出分类变量中各类别的期望频数，与分布的观察频数进行比较，判断期望频数与观察频数是否有显著差异，从而达到对分类变量进行分析的目的。

例 7 - 1：一家公司对 1500 名购买瘦身机的顾客满意度进行调查，1100 名男顾客，400 名女顾客。但最终结果却只有 1200 名顾客满意，男顾客 800 名，女顾客 400 名。以 0.1 的显著性水平检验顾客满意度是否与性别有关。

Excel 软件实验步骤

Step1：将观察值输入一列，将期望值输入一列。

Step2：选择【公式】下拉菜单。

Step3：选择【插入函数】选项。

Step4：在函数分类中选"统计"，在函数名称中选"CHISQ. TEST"，单击【确定】。

Step5：在对话框【Actual – range】中输入观察数据。

在对话框【Expected – range】中输入期望数据。

结果如图 7 – 1 所示。

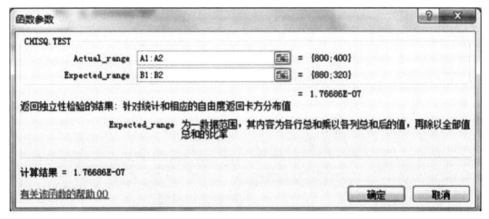

图 7 – 1　Excel 拟合优度检验步骤及输出结果

结果分析：P 值近乎零，P ＜ α，所以拒绝原假设（观察频数和期望频数一致）。说明满意度与性别显著相关。

（二）单样本非参数检验

在进行统计分析过程中，往往需要根据一组样本的信息来对某个总体分布或抽样过程是否随机进行判断，利用一个样本对总体进行推断的非参数检验称为单样本非参数检验。

例 7 – 2：某商场品牌服装一天的销售量 10 件，该款服装有五种颜色，销售记录如表 7 – 1 所示：

表7-1　某商场品牌服装一天销售情况

样本编号	1	2	3	4	5	6	7	8	9	10
颜色编号	5	4	2	1	3	3	4	5	4	1

资料来源：刘顺忠等《非参数统计和SPSS软件应用》例4.1，$a = 0.05$。

思路：该问题可转化为检验消费者对各种颜色该款服装的选择是否服从均匀分布，零假设可设为 H_0：消费者对各种颜色该款服装的选择服从均匀分布。

SPSS软件实验步骤

Step1：依次单击"分析（A）"→"非参数检验（N）"→"旧对话框（L）"→"卡方（C）"弹出卡方检验对话框，将变量"颜色"添加到"检验变量列表（T）"，在期望值中选择"所有类别相等（I）"表示对均匀分布进行检验；在期望全距中选择"从数据中获取（G）"。如图7-2所示。

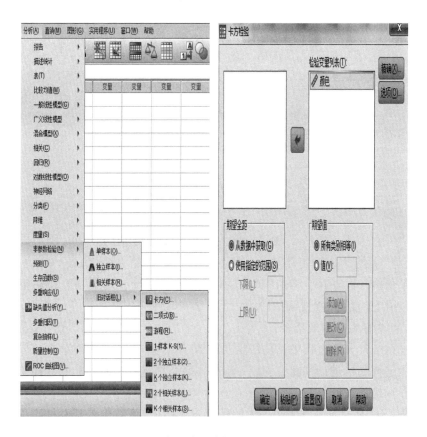

图7-2　卡方检验选择过程及其对话框

Step2：单击【确定】，结果如图 7 - 3 所示。

颜色

	观察数	期望数	残差
1.00	2	2.0	0.0
2.00	1	2.0	- 1.0
3.00	2	2.0	0.0
4.00	3	2.0	1.0
5.00	2	2.0	0.0
总数	10		

检验统计量

	颜色
卡方	1.000[a]
df	4
渐近显著性	0.910

a. 5 个单元（100.0%）

具有小于 5 的期望频率。

单元最小期望频率为 2.0。

图 7 - 3　卡方检验结果

结果分析：卡方检验值为 1，相伴概率为 0.910，大于 0.05，所以卡方统计量不显著。接受零假设，认为消费者对该款服装各种颜色的选择服从均匀分布，即颜色选择没有显著偏好。

（三）独立性检验

拟合优度检验是对一个分类变量的检验，有时我们会遇到两个分类变量的问题，看这两个分类变量是否存在联系。对于两个分类变量的分析，称为独立性检验，分析过程可以通过列联表的方式呈现，故也称列联分析。独立性检验就是分析列联表中行变量和列变量是否相互独立。之所以称独立性，是从概率角度说的，即对列联表中的单元格，$P(AB) = P(A)P(B)$。

例 7 - 3：欲研究不同收入群体对某种特定商品是否有相同的购买习惯，市场研究人员调查了四个不同收入组的消费者共 527 人，购买习惯分为：经常购买、不购买、有时购买。调查结果如表 7 - 2 所示。要求检验购买情况和收入情况之间是否存在依赖关系（a = 0.05）[①]。

———————————

① 选自贾俊平等《统计学》（第六版）第九章习题。

表7－2　消费者抽样的结果

项目	低收入组	偏低收入组	偏高收入组	高收入组
经常购买	25	40	47	46
不购买	69	51	74	57
有时购买	36	26	19	37

思路：该问题为检验消费者收入状况和购买习惯是否存在依赖关系，零假设可设为 H_0：消费者收入状况和购买习惯是独立的。

SPSS 软件实验步骤

Step1：在 SPSS 数据编辑窗口定义变量"收入组""购买习惯"和"数量"，"收入组"变量的取值有四个：1，2，3，4，其中，取值"1"表示"低收入组"，取值"2"表示"偏低收入组"，取值"3"表示"偏高收入组"，取值"4"表示"高收入组"。"购买习惯"变量类似设定。如图7－4所示。

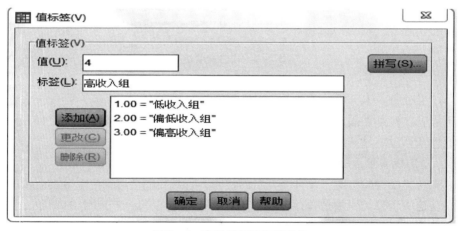

图7－4　变量数据值标签定义

Step2：选择"数据"，并选择"加权个案"进入主对话框。在主对话框中选择"加权个案"，将变量"数量"选入"频率变量"。如图7－5所示。

Step3：选择"分析"，并选择"描述统计"，"交叉表"进入主对话框。在主对话框中将"购买习惯"选入"行"，将变量"收入组"选入"列"。如图7－6所示。

Step4：在"统计"下选择"卡方检验"。单击"单元格"，勾选选项如图7－7所示。

	收入组	购买习惯	数量	变量	变量	变量	变量	变量	变量
1	1.00	1.00	25.00						
2	2.00	1.00	40.00						
3	3.00	1.00	47.00						
4	4.00	1.00	46.00						
5	1.00	2.00	69.00						
6	2.00	2.00	51.00						
7	3.00	2.00	74.00						
8	4.00	2.00	57.00						
9	1.00	3.00	36.00						
10	2.00	3.00	26.00						
11	3.00	3.00	19.00						
12	4.00	3.00	37.00						

图 7 – 5　"加权个案"对话框

图 7 – 6　"交叉表"对话框

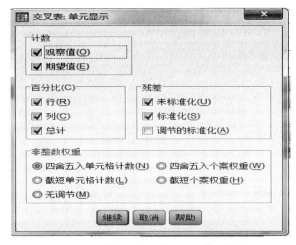

图 7 – 7　"交叉表：单元显示"对话框

Step5：返回主菜单，单击【确定】，结果如表7－3和表7－4所示。

表7－3　购买习惯＊收入组交叉制表

			收入组				合计
			低收入组	偏低收入组	偏高收入组	高收入组	
购买习惯	经常购买	计数	25	40	47	46	158
		期望的计数	39.0	35.1	42.0	42.0	158.0
		购买习惯中的%	15.8%	25.3%	29.7%	29.1%	100.0%
		收入组中的%	19.2%	34.2%	33.6%	32.9%	30.0%
		总数的%	4.7%	7.6%	8.9%	8.7%	30.0%
		残差	－14.0	4.9	5.0	4.0	—
		标准残差	－2.2	0.8	0.8	0.6	—
	不购买	计数	69	51	74	57	251
		期望的计数	61.9	55.7	66.7	66.7	251.0
		购买习惯中的%	27.5%	20.3%	29.5%	22.7%	100.0%
		收入组中的%	53.1%	43.6%	52.9%	40.7%	47.6%
		总数的%	13.1%	9.7%	14.0%	10.8%	47.6%
		残差	7.1	－4.7	7.3	－9.7	—
		标准残差	0.9	－0.6	0.9	－1.2	—
	有时购买	计数	36	26	19	37	118
		期望的计数	29.1	26.2	31.3	31.3	118.0
		购买习惯中的%	30.5%	22.0%	16.1%	31.4%	100.0%
		收入组中的%	27.7%	22.2%	13.6%	26.4%	22.4%
		总数的%	6.8%	4.9%	3.6%	7.0%	22.4%
		残差	6.9	－0.2	－12.3	5.7	—
		标准残差	1.3	0.0	－2.2	1.0	—
合计		计数	130	117	140	140	527
		期望的计数	130.0	117.0	140.0	140.0	527.0
		购买习惯中的%	24.7%	22.2%	26.6%	26.6%	100.0%
		收入组中的%	100.0%	100.0%	100.0%	100.0%	100.0%
		总数的%	24.7%	22.2%	26.6%	26.6%	100.0%

表 7 – 4　卡方检验结果

	值	df	渐进 Sig.（双侧）
Pearson 卡方	17. 626ª	6	0. 007
似然比	18. 959	6	0. 004
线性和线性组合	3. 519	1	0. 061
有效案例中的 N	527	—	—

a. 0 单元格（0.0%）的期望计数少于 5。最小期望计数为 26. 20。

从表 7 – 4 可以看出，卡方值为 17. 626，相伴概率为 0. 007，故应拒绝原假设，认为购买习惯受收入情况的影响。

（四）列联表中的相关测量

利用卡方分布可对两个分类变量间的相关性进行统计检验，如果变量间存在联系，它们之间的相关程度如何，主要用相关系数表示。由于分类数据之间的相关也称为品质相关，主要有以下几类品质相关系数：ϕ 相关系数、列联相关系数、V 相关系数。上述系数的计算公式参见贾俊平等《统计学》（第六版）教材，此处不再赘述。

例 7 – 4：同例 7 – 3。试计算 ϕ 相关系数、列联相关系数、V 相关系数。

SPSS 软件实验步骤

Step1：前面步骤同例 7 – 3 的 Step1 ~ Step3。

Step2：单击"统计"，在"名义"下选择"相依系数"和"Phi and Gramer's V"。单击"继续"，返回。如图 7 – 8 所示。

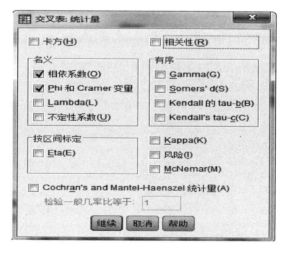

图 7 – 8　"交叉表：统计量"对话框

Step3：单击【确定】。输出结果如表 7 – 5 所示。

表 7 – 5 对称度量（相关系数）

		值	近似值 Sig.
按标量标定	ϕ	0.183	0.007
	Cramer 的 V	0.129	0.007
	相依系数	0.180	0.007
有效案例中的 N		527	—

ϕ 相关系数、列联相关系数、V 相关系数分别为 0.183，0.180，0.129。三个数据均不大，可以认为变量之间有一定关系，但是这种关系密切程度不太高。

注："交叉表：统计量"对话框各项的解释如下：

（1）卡方（H）：对行变量和列变量的对立性进行卡方检验，包括皮尔逊卡方检验、Likelihood – ratio 检验、Linear – by – Linear Association 检验等。

（2）相关性：选择该选项还会计算列联表行列两变量的 Pearson 相关系数和 Spearman 相关系数。

（3）名义：有四个指标。

1）"相依系数"，列联表系数，简称为 C 系数，取值在 0 ~ 1 之间，越接近于 0，两个变量独立性越强。

2）"Phi 和 Cramer 变量"：计算 ϕ 相关系数和克拉美值即 V 相关系数。

3）"Lambda（L）"：λ 值，反映用自变量预测因变量值时的误差比率，Lambda（L）值为 1 时，意味着自变量可以很好地预测因变量的值，Lambda（L）为 0 时，则表示自变量无助于预测因变量的值。

4）"不定性系数"：其值接近于 1 时表明后一变量的信息很大程度来自于前一变量，其值接近于 0 表明后一变量的信息与前一变量无关。

（4）有序：四个指标，用于处理定序测度的数据资料。

1）"Gamma"：反映两个定序测度变量的对称关联程度，其值在 – 1 ~ 1 之间，Gamma 绝对值越接近于 1 表明两个变量之间具有越高的线性相关性，越接近于 0 表明变量之间有低度或无线性关系。

2）"Somers' d"：是 Gamma 系数的非对称性推广，其意义与 Gamma 系数基本相同，不同点仅仅在于它包括与自变量不相关的成对数据。

3）"Kendall's tua – b"肯德尔 tua – b 系数，反映相关的定序变量或秩变量的非参数关联程度，其值在 – 1 ~ 1 之间，系数的符号反映相关方向，其绝对值越大表明变量之间的相关程度越高。

4）"Kendall's tua – c"：肯德尔 tua – c 系数，反映忽略定序变量之间相关系数非参数关联程度，其取值范围和意义与 Kendall's tua - b 系数一致。

（5）Eta：Eta 系数行列变量的关联程度，其值在 0 ~ 1 之间，其值越接近于 1 表明变量之间的关联程度越高，值越接近于 0 表明变量之间的关联程度越低。

（6）Kappa：Kappa 系数用来检验两个模型对同一对象进行评估时是否具有相同的判断。其值为 1 表明两者判断完全相同，0 表明两者没有共同点。

（7）风险：相对风险比率系数，反映一个因素与发生的某一特定事件之间的关联程度。

（8）McNemar：McNemar 系数，适用于对二维列联表的非参数检验，用于探索试验设计中由于试验的干扰而引起的变化。

"交叉表：单元显示"对话框各项的解释如下：

（1）观察值：表示显示观察值频数，这是系统默认选项。

（2）期望频数：在行列变量独立的假设下，显示期望的理论频数。

（3）行：显示观察值占该行观察值总数的百分比。列：显示观察值占该列观察值总数的百分比。总计：显示观察值占全部观察值总数的百分比。

（4）未标准化：非标准化残差，实际观察值与理论值之差。标准化：标准化残差，均值为 0，标准差为 1 的 Pearson 残差。调节的标准化：调整的标准化残差，实际观察值与理论值之差除以标准差的值。

（5）四舍五入单元格计数：对单元格的累计权重进行四舍五入后才进行统计量的计算。

（6）截短单元格计数：对单元格的累计权重先进行舍位，即舍去小数点后数字，才进行统计量的计算。

（7）无调节：对个案权重和单元格计数均使用小数，不做调整。

（8）四舍五入个案权重：在加权前对个案权重进行四舍五入。截短个案权重：在加权前对个案权重进行舍位。

以上选项可根据需要自行选择，本例选择"计数""百分比""残差"中的所有选项，以及"非整数权重"中的"四舍五入单元格计数（L）"。

二、单样本游程检验

如果要从样本推断总体的某些结论，那么样本的抽取必须是随机的，游程检验就是利用游程的总数来判断样本随机性的方法。

例 7 - 5：某公司委托市场调查公司对目标市场进行随机抽样调查，为了对调查问卷的真伪进行判断，公司按问卷编号顺序抽取 20 份问卷，其中消费者每年消费该公司产品花费如表7-6所示，分析问卷是否具有真实性。[①]

表7-6　问卷资料

样本编号	1	2	3	4	5	6	7	8	9	10
消费额	405	205	340	245	465	257	234	445	375	291
样本编号	11	12	13	14	15	16	17	18	19	20
消费额	261	210	305	295	125	257	260	197	160	150

SPSS 软件实验步骤

Step1：输入数据如图7-9所示，依次选择"分析（A）"→"非参数检验（N）"→"旧对话框（L）"→"游程（R）"，弹出游程检验对话框。

图7-9　游程检验数据输入及其对话框选择过程

---

①　此题见刘顺忠等《非参数统计和SPSS软件应用》84页例4.5。

Step2：在游程检验对话框中，将变量"消费额"移入右侧"检验变量列表（T）"，在割点框中选择"中位数"，表示使用中位数对样本进行游程划分，如图 7 – 10 所示。

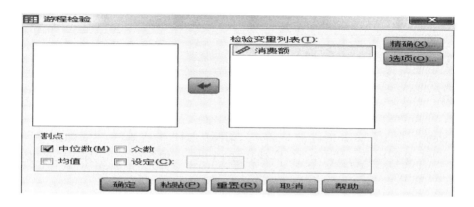

图 7 – 10　"游程检验"对话框

Step3：单击【确定】，结果如图 7 – 11 所示。

	消费额
检验值[a]	258.50
案例 < 检验值	10
案例 ≥ 检验值	10
案例总数	20
Runs 数	12
Z	0.230
渐近显著性（双侧）	0.818

a. 中值。

图 7 – 11　游程检验结果

结果分析：相伴概率为 0.818 大于显著水平 0.05，接受零假设，也就是样本是随机抽取的。

三、两个独立样本的非参数检验

两个独立样本的非参数检验主要有检验两总体均值是否相同的 Mann – Whitney U 检验，检验两总体分布是否相同的 Kolmogorov – Smirnov Z 检验和 Wald – Wolfowitz 游程检验。

例 7 - 6：某技校为检验不同分校数控机床操作教学学生对新设备的学习效率，随机从两所分校抽取 18 名学员，其中来自 X 分校学生 9 名，来自 Y 分校学生 9 名。这些学生学会操控新机床的时间如表 7 - 7 所示。[①]

表 7 - 7　学会操控新机床的时间　　　　　　　　　　　单位：小时

X 分校	8	5	14	19	5	17	15	8	8
Y 分校	12	16	6	13	13	3	10	10	11

SPSS 软件实验步骤

（1）Mann - Whitney U 检验。

Step1：用 1 和 2 分别代表 X 和 Y，如图 7 - 12 输入数据，依次选择"分析（A）""非参数检验（N）""旧对话框（L）""2 个独立样本"，弹出两个独立样本检验对话框。

图 7 - 12　Mann - Whitney U 检验数据输入及操作过程

---

① 此题见刘顺忠等《非参数统计和 SPSS 软件应用》117 页例题 5.5。

Step2：在两个独立样本检验对话框中将变量"时间"移入"检验变量列表（T）"中。将变量"分校"移入"分组变量（G）"如图 7－13 所示进行分组。

Step3：在分组变量范围对话框中，在组 1 中输入 1，在组 2 中输入 2。单击【继续】，如图 7－14 所示。

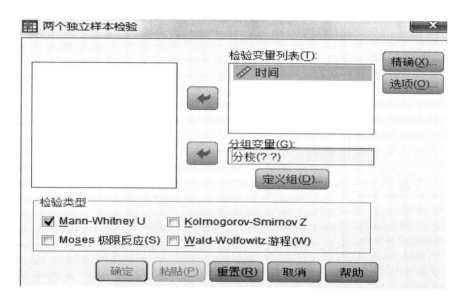

图 7－13　"两个独立样本检验"对话框

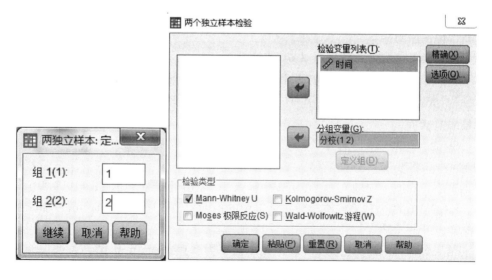

图 7－14　分组变量范围对话框及两个独立样本检验对话框

Step4：在两个独立样本检验对话框中的检验类型中选择 Mann – Whitney U，单击【确定】，结果如图 7 – 15 所示。

Mann – Whitney 检验

秩

分校		N	秩均值	秩和
时间	1	9	9. 67	87. 00
	2	9	9. 33	84. 00
	总数	18		

检验统计量[b]

	时间
Mann – Whitney U	39. 000
Wilcoxon W	84. 000
Z	– 0. 133
渐近显著性（双侧）	0. 894
精确显著性［2 ＊（单侧显著性）］	0. 931[a]

a. 没有对结进行修正。

b. 分组变量：分校。

图 7 – 15　Mann – Whitney 检验结果

结果分析：可看出，Z 检验统计量为 – 0. 133，相伴概率为 0. 894，大于 0. 05，说明两组样本均值不存在显著差异。

（2）Kolmogorov – Smirnov Z 检验。

Step1：用 1 和 2 分别代表 X 和 Y，如图 7 – 16 输入数据，依次选择"分析（A）""非参数检验（N）""旧对话框（L）""2 个独立样本"，弹出两个独立样本检验对话框。

Step2：在两个独立样本检验对话框中将变量"时间"移入"检验变量列表（T）"中。将变量"分校"移入"分组变量（G）"进行分组。在分组变量范围对话框中，在组 1 中输入 1，在组 2 中输入 2。单击【继续】，如图 7 – 17 所示。

Step3：在两个独立样本检验对话框中的检验类型中选择 Kolmogorov – Smirnov Z 检验，单击【确定】，结果如图 7 – 18 所示。

结果分析：Z 统计量为 0. 707，相伴概率为 0. 699，大于 0. 05，说明两组样本的分布不存在显著差异。

图 7 – 16　两个独立样本检验对话框选择过程

图 7 – 17　两个独立样本分组变量范围对话框及两个独立样本检验对话框

频率

分校		N
时间	1	9
	2	9
	总数	18

检验统计量[a]

		时间
最极端差别	绝对值	0.333
	正	0.333
	负	−0.333
Kolmogorov – Smirnov Z		0.707
渐近显著性（双侧）		0.699

a. 分组变量：分校。

图 7 – 18　Kolmogorov – Smirnov Z 检验结果

（3）Wald – Wolfowitz 游程检验。

步骤与 Kolmogorov – Smirnov Z 检验基本相同，只不过在输出结果的前一步在检验类型框中选择的是 Wald – Wolfowitz 游程检验。结果如图 7 – 19 所示。

Wald – Wolfowitz 检验

频率

分校		N
时间	1	9
	2	9
	总数	18

检验统计量[b,c]

		Runs 数	Z	精确显著性（单侧）
时间	精确的 Runs 数	8[a]	−0.729	0.238

a. 没有找到组间结。

b. Wald – Wolfowitz 检验。

c. 分组变量：分校。

图 7 – 19　Wald – Wolfowitz 游程检验结果

结果分析：游程数量为 8，Z 统计量为 - 0.729，相伴概率为 0.238，大于 0.05，说明两组样本分布不存在显著差异。

第四节　问题思考

（1）要在列联表的单元格中同时列出观测频数、期望频数、行百分比、列百分比和总百分比，应当如何操作？

（2）如果某一单元格中的期望频数小于 5，应当如何处理？

（3）运用交叉表分析品质变量之间的相关性时，原因变量和结果变量一般应怎么放置？原因变量如果放在了行上，应选择输出哪种百分比？

（4）用你生活周围的例子构造一个列联表，并对表中相关变量是否存在相关性进行检验。

（5）在列联表中，如果将两个变量的行列位置互换，结果是否会影响卡方检验与相关性测量的结果？

第八章　方差分析（1 学时）

第一节　实验目的

方差分析（Analysis of Variance，ANOVA）是研究分类型自变量对数值型因变量影响的一种方法。它是通过检验各总体的均值是否相等来判断分类型自变量对数值型因变量是否有显著影响。根据分析中分类自变量的多少，方差分析可分为单因素方差分析和多因素方差分析。通过对本章内容的学习，可加深学生对方差分析原理的理解，并在此基础上熟练掌握使用 SPSS/Excel/Stata 进行方差分析的方法和步骤。

第二节　相关知识

一、方差分析及其有关术语

方差分析：就是通过检验各总体的均值是否相等来判断分类型自变量对数值型因变量是否有显著影响。

因素或因子：在方差分析中，所要检验的对象称为因素或因子（Factor）。

水平或处理：因素的不同表现称为水平或处理（Treatment）。

观测值：每个因子水平下得到的样本数据称为观测值。

单因素方差分析：只有一个因素的方差分析，称为单因素方差分析（One - way Analysis of Variance）。其涉及两个变量：一个是分类型自变量，一个是数值型因变量。

双因素方差分析：当方差分析中涉及两个分类型自变量时，称为双因素方差分析（Two – way Analysis of Variance）。如果两个影响因素对因变量的影响是相互独立的，这时的双因素方差分析称为无交互作用（Interaction）的双因素方差分析，或无重复双因素（Two – factor Without Replication）分析。如果不仅两个影响因素对因变量产生单独影响，并且这两个影响因素结合后对因变量也产生影响，此时我们称这种双因素方差分析为有交互作用（Interaction）的双因素方差分析，或称为可重复双因素（Two – factor with Replication）分析。

多因素方差分析：当方差分析中涉及两个及两个以上分类型自变量时，一般也称为多因素方差分析。

二、方差分析的基本思想和原理

方差分析的定义表明是通过检验各总体的均值是否相等来判断分类型自变量对数值型因变量是否有显著影响，即检验各总体的均值要借助方差。同时也表明它是通过对数据误差来源的分析来判断不同总体的均值是否相等，进而分析自变量对因变量是否有显著影响。因此，进行方差分析时，需要考察数据误差的来源。

数据误差的来源及其分解过程如下：

（1）在同一水平或处理（Treatment）中，样本的各观测值一般不同，随机抽样的结果呈现差异。它们之间的差异可认为是随机因素的影响造成的，我们把这种来自水平内部的数据误差称为组内误差。组内误差只含随机误差。

（2）在不同水平或处理（Treatment）之间，样本的各观测值也不同。由此产生的误差称为组间误差，应该注意到，这种误差既可能由抽样本身形成的随机误差导致，也可能由系统性因素导致。因而，组间误差是随机误差和系统误差之和。

（3）在方差分析中，数据的误差一般用平方和来表示。SST 称为总平方和，用来表示全部数据误差大小的平方和；SSE 称为组内平方和，用来表示组内误差大小的平方和，也称残差平方和；SSA 称为组间平方和，用来表示组间数据误差大小的平方和。

（4）数据误差分析。如果不同水平或处理对因变量没有影响，那么组间误差中应只包含随机误差，而不包含系统误差，即组间误差与组内误差的均方或方差应该接近，换句话说，组间误差与组内误差的比值就会接近 1；反之，如有影响，比值则会大于 1。当该比值大到一定程度时，就可认为因素的不同水平间存在着显著差异，即自变量对因变量有显著影响。

三、方差分析的基本假定

（1）每个总体都服从正态分布。即对于因素的每一个水平，其观测值是来自正态分布总体的简单随机样本。

（2）各个总体的方差必须相同。即各组观察值是从具有相同方差的正态总体中抽取。

（3）观测值是独立的。

四、单因素方差分析

（一）单因素方差分析中的方差分解

单因素方差分析将因变量观测值的总变差分解为自变量作用的影响和随机变量作用的影响两个组成部分，即 SST = SSA + SSE。式中，SST 为因变量（观测变量）的总变差；SSA 为自变量作用引起的因变量变差；SSE 为随机因素引起的变差。根据误差的来源不同通常称 SSA 为组间误差，SSE 为组内误差。组间误差是有自变量不同水平的差异造成的误差，而组内误差是有样本的随机性而产生的误差。各变差的数学表达式如下：

$$SST = \sum_{i=1}^{k} \sum_{j=1}^{n_i} (x_{ij} - \bar{\bar{x}})^2$$

$$SSE = \sum_{i=1}^{k} \sum_{j=1}^{n_j} (x_{ij} - \bar{x}_i)^2$$

$$SSA = \sum_{i=1}^{k} n_i (\bar{x}_i - \bar{\bar{x}})^2$$

式中：k 为因子水平数；n 为样本容量；n_i 为第 i 个因子水平的观测值个数；x_{ij} 为第 i 个因子水平的第 j 个观测值；$\bar{x}_i$ 为第 i 个因子水平下的观测值平均值（$i = 1, 2, \cdots, k$）；$\bar{\bar{x}}$ 为所有样本观测值的平均值。

（二）单因素方差分析的原理和步骤

方差分析是从观测变量的方差分解入手，通过分析组内方差、组间方差占总方差的比例来推断分类自变量各水平下的观测值均值是否存在差异，进而判断分类自变量是否给观测值变量带来了显著影响。单因素方差分析的步骤如下：

（1）提出假设。在方差分析中，假设所描述的是自变量在不同水平下的因变量均值是否相等。因此，需提出如下形式假设。

$H_0: u_1 = u_2 = \cdots = u_i = \cdots = u_k$　　　（表示自变量对因变量没有显著影响）

$H_1: u_i (i = 1, 2, \cdots, k)$ 不完全相同　　（表示自变量对因变量有显著影响）

（2）计算检验统计量。方差检验中的检验统计量为 F 统计量，公式为

$$F = \frac{MSA}{MSE} \sim F(k-1, n-k)$$

式中：$MSA = \dfrac{SSA}{k-1}$ 称为组间方差，反映分类自变量对观测变量总方差的影

响；$MSE = \dfrac{SSE}{n-k}$ 称为组内方差，反映自变量以外的其他因素对观测变量的影响。

（3）给出显著水平 α。

（4）做出判断。比较显著水平 α 和 SPSS 输出的方差分析 F 统计量的概率 p 值，如果显著水平 α 大于概率 p 值，拒绝零（原）假设，接受备择假设，认为分类自变量对观测变量有显著影响；若 α 小于或等于 p 值，接受原假设，认为分类自变量对观测变量没有显著影响。

五、双因素方差分析

（一）两因素方差分析的种类

两因素方差分析有两种类型：一是无交互作用的两因素方差分析，它假定因素 A 和因素 B 效应之间是相互独立的，不存在相互关系；二是有交互作用的两因素方差分析，它假定因素 A 和因素 B 会产生出一种新的效应。两者的基本思想、检验假设构成和分析步骤基本一致，只是有交互作用的两因素方差分析中增加了两个因素的交互作用对因变量影响的检验部分。

（二）两因素方差分析的变差分解

两因素方差分析将因变量观测值的总变差分解为自变量独立作用的影响、自变量交互作用的影响和随机因素的影响三个组成部分，即 SST = SSA + SSB + SSAB + SSE。式中：SST 为因变量（观测变量）的总变差；SSA 和 SSB 分别为自变量 A 和 B 独立作用引起的因变量变差，SSAB 为自变量 A 和 B 交互作用引起的变差；SSE 为随机因素引起的变差。通常称 SSA + SSB 为主效应，SSAB 为交互效应，SSE 为剩余变差。

设：$\bar{x}_{ijl}$ 为对应于行因素的第 i 个水平和列因素的第 j 个水平的第 l 行的观测值；$\bar{x}_i$ 为行因素的第 i 个水平的样本均值；$\bar{x}_l$ 为列因素的第 j 个水平的样本均值；$\bar{x}_{ij}$ 为行因素的第 i 个水平和列因素的第 j 个水平组合的样本均值；$\bar{\bar{x}}$ 为全部 n 个观测值的总样本均值。各平方和的计算公式如下。

总平方和：

$$SST = \sum_{i=1}^{k} \sum_{j=1}^{r} \sum_{l=1}^{m} (x_{ijl} - \bar{\bar{x}})^2$$

$$SSA = rm \sum_{i=1}^{k} (\bar{x}_i - \bar{\bar{x}})^2$$

$$SSB = km \sum_{j=1}^{r} k(\bar{x}_j - \bar{\bar{x}})$$

$$SSAB = m \sum_{i=1}^{k} \sum_{j=1}^{r_i} (\bar{x}_{ij} - \bar{x}_i - \bar{x}_j - \bar{\bar{x}})^2$$

$$SSE = SST - SSA - SSB - SSAB$$

式中：k 为行因素的水平个数；r 为列因素的水平个数；m 为行变量每个水平的行数。

（三）两因素方差分析的步骤

（1）提出假设。为检验两个因素的影响，需对两个因素分别提出如下假设，对行因素提出的假设如下：

H_0：$u_1 = u_2 = \cdots = u_i = \cdots u_k$ 行因素（自变量）对因变量没有显著影响

H_1：u_i（$i=1$，2，$\cdots$，k）不全相等，行因素（自变量）对因变量有显著影响

式中，u_i 为行变量的第 i 个水平的均值。

对列因素提出假设如下：

H_0：$u_1 = u_2 = \cdots = u_j = \cdots u_r$ 列因素（自变量）对因变量没有显著影响

H_1：u_j（$j=1$，2，$\cdots$，r）不完全相等，列因素（自变量）对因变量有显著影响

式中，u_j 为行变量的第 j 个水平的均值。

（2）计算检验统计量。在有交互作用的双因素方差分析中，需计算 F_A、F_B、F_{AB} 三个检验统计量；在无交互作用的双因素方差分析中，只需计算 F_A 和 F_B 两个检验统计量。各统计量的数学表达式如下：

$$F_A = \frac{MSA}{MSE} = \frac{SSA/（k-1）}{SSE/kr（m-1）}$$

$$F_B = \frac{MSB}{MSE} = \frac{SSB/（r-1）}{SSE/kr（m-1）}$$

$$F_{AB} = \frac{MSAB}{MSE} = \frac{SSAB/（r-1）（k-1）}{SSE/kr（m-1）}$$

（3）给定显著水平 α。

（4）作出判断。比较显著水平 α 和 SPSS 输出的检验统计量 F_A、F_B、F_{AB} 的对应检验概率 p 值，若 α 大于 p 值，拒接零假设，接受备择假设，认为该因素对观测变量有显著影响；若 α 小于 p 值，接受零假设，认为该因素对观测变量没有显著影响。

第三节　实验内容

一、单因素方差分析

当方差分析中只涉及一个分类自变量时称为单因素方差分析。单因素方差分析研究的是一个分类型自变量对一个数值型因变量的影响。

例 8 - 1：一家管理咨询公司为不同的客户举办人力资源讲座。每次讲座的

内容基本上是一样的，但讲座的听课者有时是高级管理者，有时是中级管理者，有时是初级管理者。该咨询公司认为，不同层次的管理者对讲座的满意度是不同的。听完讲座后随机抽取不同层次管理者的满意度评分如表 8－1 所示（评分标准 1～10，10 代表非常满意）。[①]

表 8－1　听课者满意度评分

高级管理者	中级管理者	初级管理者
7	8	5
7	9	6
8	8	5
7	10	7
9	9	4
	10	8
	8	

　　显著水平 $\alpha=0.05$，检验管理者的层次不同是否会导致评分的显著差异。

　　思路：管理者的层次不同是否会导致评分的差异——分析管理者层次与评分之间的相关性。

　　SPSS 操作步骤

　　Step1：打开 SPSS 数据编辑窗口，输入数据。用 1、2、3 分别代表高级、中级、初级管理者三个层次。本实验录入格式如图 8－1 所示。

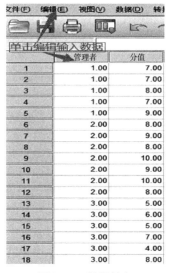

图 8－1　数据输入

---

① 贾俊平等《统计学》（第六版）习题 10.4，260 页。

Step2：在数据编辑窗口，依次选择【分析（A）】→【比较均值（M）】→【单因素（ANOVA）】，进入如图 8 – 2 所示对话框。

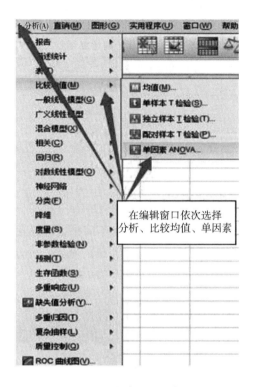

图 8 – 2　依次选择单因素分析

Step3：将观测变量"分值"移入"因变量列表（E）"框，将分变量"管理者"移入"因子（F）"框。如图 8 – 3 所示。

Step4：单击【选项（O）】弹出如图 8 – 4 所示"选项"对话框。在此框选择"方差同质性检验（H）"复选项，然后单击【继续】按钮，返回主对话框。如图 8 – 4 所示。

Step5：单击【确定】按钮，完成单因素方差分析的基本操作。输出结果如图 8 – 5 所示。

在图 8 – 5 中，Levene 统计量的值为 1.324，p 值为 0.296 > 0.05，接受原假设。所以可以判定在 0.05 的显著水平下各层次的管理者评分满足方差齐性的要求。

单因素方差分析表中，F 值为 11.756，对应的 p 值为 0.001 < 0.05，应拒绝零假设。因此，可认为在 0.05 显著水平下，不同层次的管理者对评分有显著差异，即管理者层次对评分有显著影响。

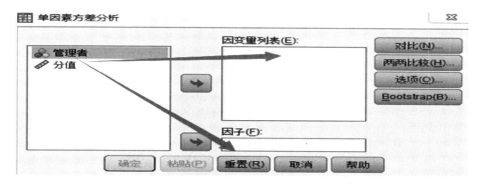

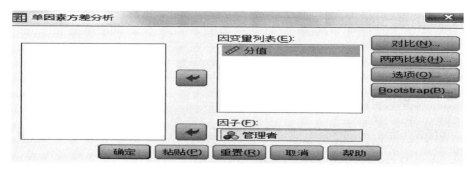

图 8 - 3　"单因素方差分析"对话框

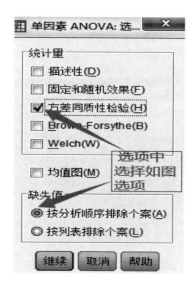

图 8 - 4　选项对话框

方差齐性检验

分值

Levene 统计量	df1	df2	显著性
1.324	2	15	0.296

ANOVA

分值

	平方和	df	均方	F	显著性
组间	29.610	2	14.805	11.756	0.001
组内	18.890	15	1.259	—	—
总数	48.500	17	—	—	—

图 8 - 5　单因素分析结果

二、多重比较检验

单因素方差分析的结果只能说明管理者层次对评分是否有影响，但不能给出各层次管理者评分两两之间差异，需要进行多重比较检验。具体步骤如下：

Step1：在"单因素方差分析"主对话框中单击【两两比较（H）】按钮，弹出如图 8 - 6 所示对话框。

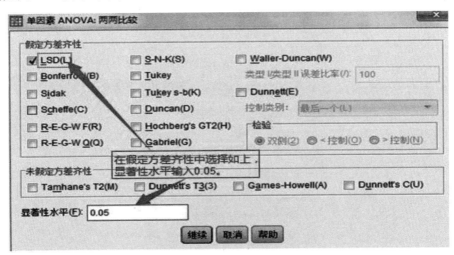

图 8 - 6　"单因素 ANOVA：两两比较" 对话框

Step2：选择多重检验统计量。有"假定方差齐性"和"未假定方差齐性"两个框，当方差齐性检验为接受零假设时，在"假定方差齐性"框中选择多重比较检验统计量；否则在"为假定方差齐性"框中选择多重比较检验统计量。本例方差同质性检验结果是方差具有齐性。所以在"假定方差齐性"框中选择检验敏感度最高的"LSD（L）"统计量选项，并在下面的"显著性水平（F）"活动框中输入0.05。单击【继续】，返回主对话框。

Step3：单击【确定】按钮，系统输出如图8-7所示。

多重比较

分值

LSD

（I）管理者	（J）管理者	均值差（I-J）	标准误	显著性	95%置信区间	
					下限	上限
1	2	-1.25714	0.65710	0.075	-2.6577	0.1434
	3	1.76667 *	0.67953	0.020	0.3183	3.2151
2	1	1.25714	0.65710	0.075	-0.1434	2.6577
	3	3.02381 *	0.62434	0.000	1.6931	4.3546
3	1	-1.76667 *	0.67953	0.020	-3.2151	-0.3183
	2	-3.02381 *	0.62434	0.000	-4.3546	-1.6931

*．均值差的显著性水平为0.05。

图8-7 多重比较结果

在方差分析中，多重检验的原假设是：不同水平下观测变量的均值不存在显著性差异。当检验概率 P 大于给定的显著性水平时，接受这一假设；当检验概率 P 小于给定的显著性水平时，则拒绝该假设，认为不同水平下观测变量的均值间存在显著差异。根据这一准则，结合表中第四列的显著性概率值可以得出：在0.05的显著性水平下，本实验资料所涉及的所有管理者层次中，中级和初级评分存在显著差异外，其他管理者层次之间的评分均不存在显著差异。

1. Excel 操作步骤

Step1：选择【数据分析】选项，在分析工具中选择【单因素方差分析】，然后单击【确定】。

Step2：当出现对话框时：

在【输入区域】方框内输入数据单元格区域 A2：C8。

在【α】方框内输入0.05（可根据需要确定）。

在【输出选项】中选择输出区域（这里选新工作表组）。

结果如图8-8所示。

Step3：单击【确定】，结果如图8-9所示。

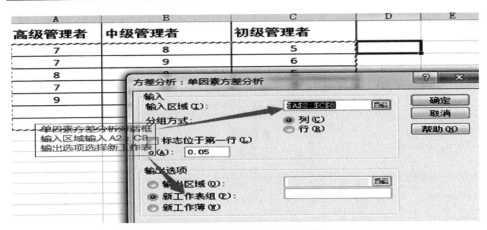

图 8-8　Excel 方差分析步骤

方差分析：单因素方差分析

	组	观测数	求和	平均	方差		
SUMMARY							
列 1		5	38	7.6	0.8		
列 2		7	62	8.857143	0.809524		
列 3		6	35	5.833333	2.166667		

方差分析

差异源	SS	df	MS	F	P-value	F crit
组间	29.60952	2	14.80476	11.75573	0.000849	3.68232
组内	18.89048	15	1.259365			
总计	48.5	17				

图 8-9　Excel 输出的方差分析结果

图 8-9 "SUMMARY" 部分是有关样本的一些描述统计量。在方差分析表中，其中 SS 为平方和；df 为自由度；MS 为均方；F 为检验统计量；P-value 为 P 值；F crit 为给定 α 水平下的临界值。

从方差分析表可以看出，$F = 11.75573 > F_{0.05}$（3，9）$= 3.68232$，所以拒绝原假设 H_0，在 0.05 的显著性水平下，本实验资料所涉及的所有管理者层次中，中级和初级评分存在显著差异外，其他管理者层次之间的评分均不存在显著差异。

在进行决策时，可以直接利用方差分析表中的 P 值与显著水平 α 的值进行比较。若 $P < \alpha$，则拒绝 H_0；若 $P > \alpha$，则不拒绝 H_0。在本例中 $P = 0.000849 < \alpha = 0.05$，所以拒绝原假设。

2. Stata 操作步骤

在 Stata 中，单因素方差分析常用 oneway 和 longway 命令来实现。下面以

oneway 命令为例进行操作。

Step：将 "例 8 – 1 – 1. xlsx" 导入 Stata。在 "command" 区域输入如下命令：

. oneway score group，tabulate scheffe（oneway 命令基本格式及常用选项说明见附录）

回车，操作结果输出如图 8 – 10 所示。

. oneway score group，tabulate scheffe

group	Summary of score		
	Mean	Std. Dev.	Freq.
chu	5. 8333333	1. 4719601	6
gao	7. 6	0. 89442719	5
zhong	8. 8571429	0. 89973541	7
Total	7. 5	1. 6890652	18

Source	Analysis of Variance			F	Prob > F
	SS	df	MS		
Between groups	29. 6095238	2	14. 8047619	11. 76	0. 0008
Within groups	18. 8904762	15	1. 25936508		
Total	48. 5	17	2. 85294118		

Bartlett's test for equal variances：chi2 (2) = 1. 6063 Prob > chi2 = 0. 448

Comparison of score by group

(Scheffe)

Row Mean – Col Mean	chu	gao
gao	1. 76667	
	0. 061	
zhong	3. 02381	1. 25714
	0. 001	0. 194

图 8 – 10 执行结果（一）

结果显示，高级、中级和初级三者之间的平均数不相等，因结果第二部分的 P 值为 0. 0008，因此拒绝平均数相等的原假设。Scheffe 的结果表明，初级和高级的均值差异不显著（$\alpha = 0.05$），初级和中级均值差异显著，高级和中级均值差异不显著。

oneway 命令不能消除同方差假定，可从 bartlett 的卡方值来检验同方差假定。

本例中，bartlett 的 P 值为 0.448，说明不能拒绝同方差假定。

三、双因素方差分析

例 8 – 2：为检验广告媒体对产品销售量的影响，一家营销公司做了一项试验，考察三种广告方案和两种广告媒体，获得销售量如表 8 – 2 所示。

表 8 – 2　广告媒体和产品销售量情况

广告方案	广告媒体	
	报纸	电视
A	8 12	12 8
B	22 14	26 30
C	10 18	18 14

检验广告方案、广告媒体或交互作用对销售量的影响是否显著（α = 0.05）。

SPSS 实验步骤

Step1：打开 SPSS 数据编辑窗口，输入数据。如图 8 – 11 所示。

	广告方案	广告媒体	销售量
1	A	报纸	8.00
2	A	报纸	12.00
3	A	电视	12.00
4	A	电视	8.00
5	B	报纸	22.00
6	B	报纸	14.00
7	B	电视	26.00
8	B	电视	30.00
9	C	报纸	10.00
10	C	报纸	18.00
11	C	电视	18.00
12	C	电视	14.00

在数据编辑窗口输入如图数据

图 8 – 11　数据编辑对话框

Step2：依次选择【分析（A）】→【一般线性模型（G）】→【单变量（U）】，进入多因素方差分析主对话框。将观测变量"销售量"移入"因变量（D）"框，将分类变量"广告方案"和"广告媒体"移入"固定因子（F）"框，如图 8 – 12 所示。

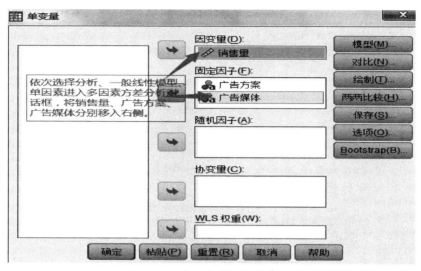

图 8 - 12　多因素方差分析对话框

Step3：在主对话框中，单击【模型（M）】按钮，进入单因素方差分析"单变量：模型"对话框，如图 8 - 13 所示。在该对话框的"指定模型"区域选择"全因子（A）"选项。此项为系统默认项，适用于有交互作用的多因素方差分析。单击【继续】按钮，返回主对话框。

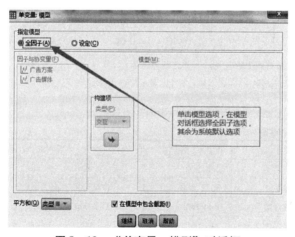

图 8 - 13　"单变量：模型"对话框

Step4：单击【选项（O）】按钮，进入多因素方差分析"单变量：选项"对话框，如图 8 - 14 所示。在该对话框的"输出"区域，选择"方差齐性检验（H）"复选项，并在"显著水平（V）"后的活动框内输入 0.05。单击【继续】按钮，返回主对话框。

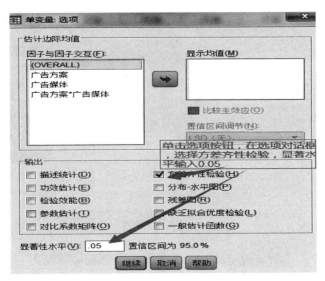

图 8 - 14　"单变量：选项"对话框

Step5：单击【确定】按钮，完成有交互作用的多因素方差分析的基本操作。输出结果如图 8 - 15 所示。

误差方差等同性的 Levene 检验[a]

因变量：销售量

F	df1	df2	Sig.
	5	6	

检验零假设，即在所有组中因变量的误差方差均相等。

a. 设计：截距 + 广告方案 + 广告媒体 + 广告方案 * 广告媒体。

主体间效应的检验

因变量：销售量

源	Ⅲ 型平方和	df	均方	F	Sig.
校正模型	448.000[a]	5	89.600	5.600	0.029
截距	3072.000	1	3072.000	192.000	0.000
广告方案	344.000	2	172.000	10.750	0.010
广告媒体	48.000	1	48.000	3.000	0.134
广告方案 * 广告媒体	56.000	2	28.000	1.750	0.252
误差	96.000	6	16.000	—	—
总计	3616.000	12	—	—	—
校正的总计	544.000	11	—	—	—

a. $R^2 = 0.824$（调整 $R^2 = 0.676$）。

图 8 - 15　多因素方差分析结果

在多因素方差分析表中，"广告方案"因素的 F 值为 10.75，对应的概率 P 值 0.000 < 0.05，应拒绝原假设，即"广告方案"因素在 0.05 显著性水平下对销售量有显著影响。"广告媒体"因素的 F 值为 3，对应的 P 值为 0.010 < 0.05，也应拒绝原假设，即在 0.05 显著性水平下，"广告媒体"因素对销售量也有显著影响。

Step6：在"多因素方差分析"主对话框中单击【两两比较（H）】按钮，进入如图 8 - 16 所示的对话框。在其中的"假定方差齐性"框中选择"LSD（L）"选项，单击【继续】按钮，返回主对话框。

Step7：单击【确定】按钮，系统输出结果如图 8 - 17 所示。

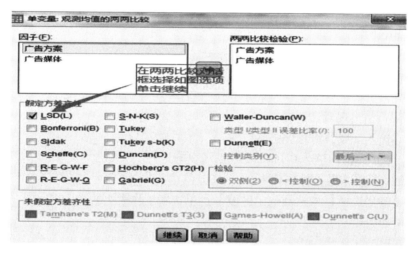

图 8 - 16　两两比较对话框

多个比较

销售量

LSD

(I) 广告方案	(J) 广告方案	均值差值（I - J）	标准误	Sig.	95%置信区间	
					下限	上限
A	B	− 13.0000 *	2.82843	0.004	− 19.9209	− 6.0791
	C	− 5.0000	2.82843	0.128	− 11.9209	1.9209
B	A	13.0000 *	2.82843	0.004	6.0791	19.9209
	C	8.0000 *	2.82843	0.030	1.0791	14.9209
C	A	5.0000	2.82843	0.128	− 1.9209	11.9209
	B	− 8.0000 *	2.82843	0.030	− 14.9209	− 1.0791

基于观测到的均值。

误差项为均值方（错误）= 16.000。

*. 均值差值在 0.05 级别上较显著。

图 8 - 17　多个输出结果

图 8-17 中第四列是不同广告方案销售量均值是否有显著差异的假设检验概率 P 值，该值大于指定显著性水平（0.05），假设比较均值之间无差异的假设；否则，拒绝以上假设，认为两个比较均值之间有显著差异。因此，在 0.05 显著性水平下，除 A 和 B 有显著差异外，其他方案之间的销售量差异不明显。

需要指出的是，有交互作用的多因素方差分析也可以进一步地多重检验分析，但要求多个因素的水平个数至少在 3 个以上，同时要有足够的样本容量，否则，SPSS 不会输出检验结果。所以本实验只有广告方案的多个比较，没有广告媒体的多个比较。

1. Excel 操作步骤

本例为有交互作用的双因素方差分析。

Step1：选择【工具】下拉菜单，并选择【数据分析】选项。在分析工具中选择【方差分析：可重复双因素分析】，然后单击【确定】。

Step2：当出现对话框时：

在【输入区域】方框输入 A1：C7。

在【α】方框内输入 0.05（可根据需要确定）。

在每一行样本数方框内输入 2。

在【输出选项】中选择输出区域（这里选新工作表组）。

结果如图 8-18 所示：

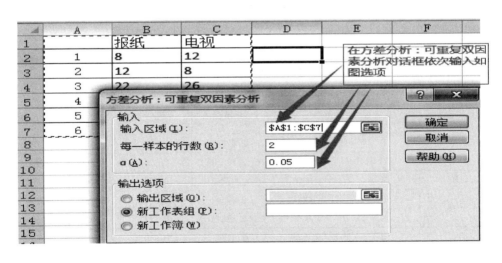

图 8-18　Excel 方差分析：可重复双因素分析步骤

Step3：单击【确定】按钮后输出如图 8-19 所示的结果：

	A	B	C	D	E	F
1	方差分析：可重复双因素分析					
2						
3	SUMMARY	报纸	电视	总计		
4	1					
5	观测数	2	2	4		
6	求和	20	20	40		
7	平均	10	10	10		
8	方差	8	8	5.333333		
9						
10	3					
11	观测数	2	2	4		
12	求和	36	56	92		
13	平均	18	28	23		
14	方差	32	8	46.66667		
15						
16	5					
17	观测数	2	2	4		
18	求和	28	32	60		
19	平均	14	16	15		
20	方差	32	8	14.66667		
21						
22	总计					
23	观测数	6	6			
24	求和	84	108			
25	平均	14	18			
26	方差	27.2	72			

方差分析

差异源	SS	df	MS	F	P – value	F crit
样本	344	2	172	10.75	0.010386	5.143253
列	48	1	48	3	0.133975	5.987378
交互	56	2	28	1.75	0.251932	5.143253
内部	96	6	16			
总计	544	11				

图 8 – 19　Excel 输出的有交互作用的双因素方差分析结果

在图 8 - 19 中，用于检验"广告方案"（行因素，输出表中为"样本"）的 $P = 0.010386 < \alpha = 0.05$，所以拒绝原假设，表明不同广告方案的销售量有显著差异，即广告方案对销售量有显著影响；用于检验"广告媒体"（列因素）的 $P = 0.133975 > \alpha = 0.05$，所以接受原假设，表明不同广告媒体的销售量之间没有显著差异，即广告媒体对销售量没有显著影响；交互作用反映的是广告方案和广告媒体因素联合产生的对销售量的附加效应，用于检验的 $P = 0.251932 > \alpha = 0.05$，所以接受原假设，没有证据表明广告方案和广告媒体的交互作用对销售量有显著影响。

2. Stata 操作步骤

在 Stata 中，多因素方差分析常用 anova 命令来实现。

Step：将"例 8 - 2 - 2. xlsx"导入 Stata。数据集中，变量 plan 为广告方案：1 代表 A 方案，2 代表 B 方案，3 代表 C 方案；变量 media 为广告媒体：1 代表报纸，2 代表电视。在"command"区域输入如下命令：

anova sale plan media plan#media（anova 命令基本格式及常用选项见附录，# 为交互项符号）

回车后显示输出如图 8 - 20 所示。

. anova sale plan media plan#media

	Number of obs =	12		R - squared = 0.8235	
	Root MSE =	4		Adj R - squared = 0.6765	
Source	Partial SS	df	MS	F	Prob > F
Model	448	5	89.6	5.60	0.0292
plan	344	2	172	10.75	0.0104
media	48	1	48	3.00	0.1340
plan#media	56	2	28	1.75	0.2519
Residual	96	6	16		
Total	544	11	49.454545		

图 8 - 20　执行结果（二）

输出结果显示，plan 的 p 值为 0.0104，说明 plan 对销售量有显著影响，而 media 对销售量影响不显著。plan 和 media 的交互项对销售量影响也不显著。

若不考虑交互项影响，则在"command"区域输入如下命令：

anova sale plan media

回车后显示如图 8 - 21 所示。

anova sale plan media

| | Number of obs = | 12 | R – squared | = 0.7206 | |
| | Root MSE = | 4.3589 | Adj R – squared | = 0.6158 | |
Source	Partial SS	df	MS	F	Prob > F
Model	392	3	130.66667	6.88	0.0132
plan	344	2	172	9.05	0.0088
media	48	1	48	2.53	0.1506
Residual	152	8	19		
Total	544	11	49.454545		

图 8 – 21　执行结果（三）

输出结果显示，plan 的 p 值为 0.0088，说明 plan 对销售量有显著影响，而 media 对销售量影响不显著。

第四节　问题思考

（1）多因素方差分析与单因素方差分析的 SPSS 操作过程有什么差异？

（2）无交叉作用的多因素方差分析与有交叉作用的多因素方差分析的 SPSS 操作过程有什么差异？

（3）比较 Stata 和 SPSS 在方差分析上的差异。

第九章　相关分析（1 学时）

第一节　实验目的

通过本实验，使学生熟悉和掌握运用 SPSS/Excel/Stata 绘制相关图、计算相关系数的基本方法和操作技巧。重点是线性相关。

第二节　相关知识

一、相关分析基本概念

任何事物的变化都与其他事物是相互联系和相互影响的，用于描述事物数量特征的变量之间也存在一定的关系。变量之间的关系归纳起来可以分为两种类型，即函数关系和统计关系（相关关系）。函数关系是一一对应的确定性关系，而当一个变量发生变化时，另一个变量也发生变化，但其关系值是不固定的，往往在一定范围内变化，这样两个随机变量之间的关系称为相关关系。

在一般情况下，当两个变量之间为相关关系时，就要研究它们之间的相关程度和相关方向。所谓相关程度，是指它们之间的相关关系是否密切；所谓相关方向，就是两种要素之间相关的正负。相关程度和相关方向，可以用相关系数来衡量。从所处理的变量多少来看，如果研究的是两个变量之间的关系，称为简单相关与简单回归分析；如果研究的是两个以上变量之间的关系，称为多元相关与多元回归分析。从变量之间的形态上看，有线性相关与非线性相关。在进行简单相

·168·

关分析时，对总体主要有以下两个假定：①两个变量间是线性关系；②两个变量都是随机变量。

二、散点图

在考虑两个量的关系时，为了对变量之间的关系有一个大致的了解，人们常将变量所对应的点描出来，这些点就组成了变量之间的一个图，通常称这种图为变量之间的散点图。

从散点图可以看出如果变量之间存在着某种关系，这些点会有一个集中的大致趋势，这种趋势通常可以用一条光滑的曲线来近似，这种近似的过程称为曲线拟合。对于相关关系的两个变量，如果一个变量的值由小变大时，另一个变量的值也由小变大，这种相关称为正相关，正相关时散点图的点散布在从左下角到右上角的区域内。如果一个变量的值由小变大时，另一个变量的值由大变小，这种相关称为负相关，负相关时散点图的点散布在从左上角到右下角的区域。

三、相关系数

相关系数是根据样本数据计算的度量两个变量之间线性关系强度的统计量。若相关系数是根据总体全部数据计算的，称为总体相关系数，记为 P，若是根据样本数据计算的，则称为样本相关系数，记为 r。常用相关系数的种类有以下几种。

（一）Pearson 相关系数

样本相关系数的计算公式为：

$$r = \frac{n \sum xy - \sum x \sum y}{\sqrt{n \sum x^2 - (\sum x)^2} \cdot \sqrt{n \sum y^2 - (\sum y)^2}}$$

按上式计算的相关系数也称为线性相关系数，或称为 Pearson 相关系数。根据实际数据计算出的 r，其取值一般在 -1 ~ 1 之间，越接近 -1 或 +1，说明两个变量之间线性关系越强，越接近 0，说明两个变量之间线性关系越弱。

由于样本相关系数是根据样本观测值计算而来，是否能将其视为总体相关系数需要进一步的检验。其过程实质就是一个假设检验，假设条件为：$H_0 : \rho = 0$；$\rho \neq 0$。检验统计量为：$t = |r| \sqrt{\dfrac{n-2}{1-r^2}}$　　　　　　　　　　　　　　　　　(9 - 1)

（二）Spearman 等级相关系数

Spearman 等级相关系数又称秩相关系数，是利用两变量的秩次大小作线性相关分析，属于非参数统计方法。对于服从 Pearson 相关系数的数据也可计算 Spearman 等级相关系数但统计效能要低一些，并且公式中的 x 和 y 用相应的秩次来代替。其计算公式为：

$$r_s = 1 - \frac{6 \sum D^2}{n(n^2 - 1)} \tag{9-2}$$

式中：n 为样本容量；D 为序列等级之差。

（三）Kedall's tua - b 相关系数

Kedall's tua - b 相关系数是用于反映分类变量相关性的指标，适用于两个分类变量均为有序分类的情况，也属于一种非参数相关检验，取值范围在 - 1 ~ 1 之间用 τ 来表示。其计算公式为：

$$\tau = (U - V) \frac{2}{n(n-1)} \tag{9-3}$$

式中：U 为两个相关变量秩的一致对数目；V 为两个相关变量秩非一致对数目。

（四）偏相关系数

偏相关分析是指在研究两个变量之间的相关关系时，将与两个变量有联系的其他变量进行控制使其保持不变的统计方法，采用的是偏相关系数。把研究的变量称为检验变量，而控制不变的叫控制变量，控制变量的个数称为偏相关的阶数，当控制变量为 1 个称为 1 阶偏相关系数，为 2 个时称为 2 阶偏相关系数，没有控制变量时，称为零阶偏相关系数，也就是 Pearson 简单相关系数。

在两个自变量的情况下，当控制了 $X2$ 时，$X1$ 和 Y 之间的一阶偏相关系数公式为：

$$r_{y1,2} = \frac{r_{y1} - r_{y2}r_{12}}{\sqrt{(1 - r_{12}^2)(1 - r_{12}^2)}} \tag{9-4}$$

式中：r_{y1} 为 Y 和 $X1$ 的相关系数；r_{y2} 为 Y 和 $X2$ 的相关系数；r_{12} 为 $X2$ 和 $X1$ 的相关系数。

第三节　实验内容

一、连续变量的相关分析

例 9 - 1：下面是 7 个地区 2000 年的人均国内生产总值（GDP）和人均消费水平的统计数据（见表 9 - 1），绘制散点图，判断二者之间是否相关。[①]

---

① 例题数据取自贾俊平等《统计学》（第六版）习题 11.6。

表 9 - 1　国内生产总值（GDP）和人均消费水平的统计数据

地区	人均 GDP（元）	人均消费水平（元）
北京	22460	7326
辽宁	11226	4490
上海	34547	11546
江西	4851	2396
河南	5444	2208
贵州	2662	1608
陕西	4549	2035

1. SPSS 实验步骤（绘制散点图）

Step1：打开数据文件"例 9 - 1"，依次选择"图形（G）"→"旧对话框（L）"→"散点/点状（S）"，进入如图 9 - 1 选择对话框。共有 5 种散点图可供选择。

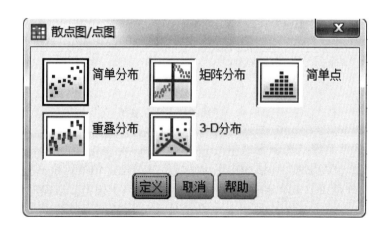

图 9 - 1　散点图"图形选择"对话框

Step2：在上面对话框中选择"简单分布"图形类型，单击"定义"按钮，进入"简单散点图"对话框，从左边变量框中将"人均 GDP"移入"X 轴（X）"，将"人均消费水平"移入"Y 轴（Y）"。注意："矩阵分布散点图"通常在变量个数大于或等于 3 个时选用。如图 9 - 2 所示。

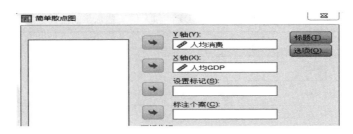

图 9 - 2 "简单散点图"设置对话框

Step3：单击【确定】按钮。系统输出结果如图 9 - 3 所示。

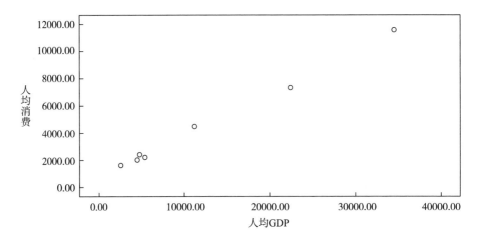

图 9 - 3 "简单散点图"结果

2. Stata 实验步骤（绘制散点图）

例 9 - 2：一家房地产评估公司想对某城市的房地产销售价格（y）与地产估价（x1）、房产估价（x2）和使用面积（x3）建立一个模型，以便对销售价格作出合理预测。为此，收集了 20 栋住宅的房地产评估数据（见表 9 - 2）。要求绘制散点图。

表 9 - 2 20 栋住宅的房地产评估数据

房地产编号	销售价格 y（元/平方米）	地产估价 x1（万元）	房产估价 x2（万元）	使用面积 x3（平方米）
1	6890	596	4497	18730
2	4850	900	2780	9280
3	5550	950	3144	11260
4	6200	1000	3959	12650
5	11650	1800	7283	22140

续表

房地产编号	销售价格 y（元/平方米）	地产估价 x1（万元）	房产估价 x2（万元）	使用面积 x3（平方米）
6	4500	850	2732	9120
7	3800	800	2986	8990
8	8300	2300	4775	18030
9	5900	810	3912	12040
10	4750	900	2935	17250
11	4050	730	4012	10800
12	4000	800	3168	15290
13	9700	2000	5851	2455
14	4550	800	2345	11510
15	4090	800	2089	11730
16	8000	1050	5625	19600
17	5600	400	2086	13440
18	3700	450	2261	9880
19	5000	340	3595	10760
20	2240	150	578	9620

Step1：打开数据文件"例 9 – 2. dta"，或将"例 9 – 2. Xlsx"导入 Stata。

Step2：在"command"区域输入如下命令之一：

scatter y x1

graph twoway scatter y x1

twoway scatter y x1

可得到 y 和 x1 的散点图（见图 9 – 4）。如命令后有两个变量名，则前一个变量会被默认为 Y 轴变量，后一个变量为 X 轴变量。

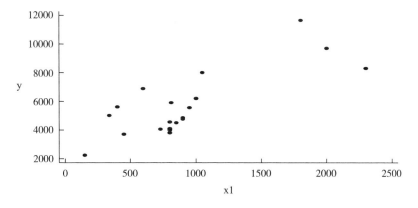

图 9 – 4 y 和 x1 的散点图

Step3：若要同时绘制 x1、x2、x3 与 y 的散点图，在"command"区域输入如下命令：

scatter x1 x2 x3 y

一般来说，如命令后有两个以上变量名，那么 Stata 会将除最后一个以外的变量作为 Y 轴变量，而将最后一个变量作为 X 轴变量。如图 9 – 5 所示。

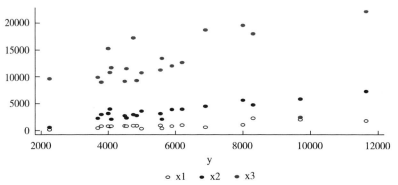

图 9 – 5　x1、x2、x3 与 y 的散点图

Step4：若要绘制 x1 与 y、x2 与 y、x3 与 y 的散点图，要求第一个图形使用实心圆，第二个图形使用大写字母 X，第三个图形使用小实心圆；散点颜色依次为绿色、蓝色和黑色；前两个图形的散点为中等大小，最后一个图形的散点最小。在"command"区域输入如下命令：

scatter x1 x2 x3 y，msymbol（o x p）mcolor（green blue black）msize（medium medium small），回车后，得到散点图，如图 9 – 6 所示。

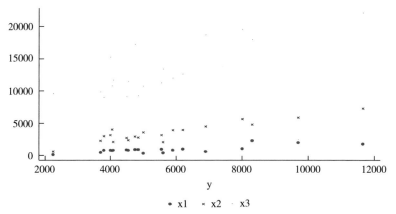

图 9 – 6　x1、x2、x3 与 y 的散点图（有散点显示选项）

注：散点显示选项（marker_ options）设定，包括散点的形状、颜色、大小等。有兴趣的同学还可关注散点标签选项（marker_ lable_ options），可以用于设定散点图标签，来说明该散点图所代表的文字。具体可查阅相关 Stata 命令集。

3. SPSS 实验步骤（Pearson 相关系数）

Step1：在数据视图输入数据，选择"分析（A）"→"相关（C）"→"双变量（B）"，弹出"双变量相关"对话框，将"人均GDP"和"人均消费水平"两个变量添加到"变量"列表框中。

注：①在相关系数选项区中有三种检验方法，"Pearson""Spearman"和"Kedall's tua－b"，系统默认"Pearson"方法。②在显著性检验选项区中有"单侧检验"和"双侧检验"，系统默认双侧。双侧检验可以检验两个变量之间相关取向，如果在运算之前已知两个变量相关取向，可直接选择单侧检验。③选择"标记显著性相关（F）"，表示相关分析结果将不显示统计检验的显著性概率，而以（＊）表示，一个星表示指定显著性水平为0.05时，统计检验的显著性概率小于或等于0.05，即两个变量无显著线性相关的可能性小于或等于0.05；两个星表示显著性水平为0.01，解释同上。

本例选择"Pearson"和"双侧检验"以及"标记显著性相关（F）"选项。

Step2：单击"选项（O）"，弹出"双变量相关性：选项"对话框，在统计量选项区中选择"均值和标准差"选项；在缺失值选项区中"按对排除个案"选项表示如果参与计算的两个变量中有缺失值，则暂时剔除那些在这两个变量上取缺失值的样本；"按列表排除个案"选项表示剔除所具有缺失值的观察量后再计算。本例选择"按对排除个案"。单击【继续】，返回"双变量相关"对话框。如图9－7所示。

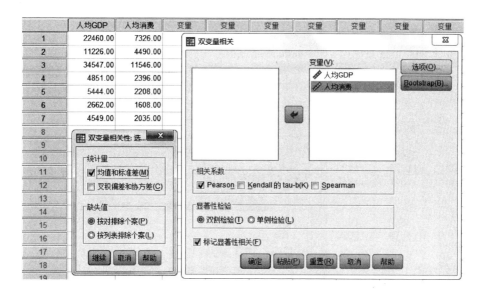

图9－7　"双变量相关性"选项

Step3：单击【确定】，输出结果如图 9 - 8 所示。

描述性统计量

	均值	标准差	N
人均 GDP	12248.4286	11935.59697	7
人均消费水平	4515.5714	3691.22301	7

相关性

	人均 GDP	人均消费水平
Pearson 相关性	1	0.998**
显著性（双侧）	—	0.000
N	7	7
Pearson 相关性	0.998**	1
显著性（双侧）	0.000	—
N	7	7

**. 在 0.01 水平（双侧）上显著相关。

图 9 - 8　双变量相关分析的输出结果

结果分析：可以看出人均 GDP 和人均消费水平自身的相关系数为 1，而两者之间的相关系数为 0.998. 在这个数据旁边有两个星，表示指定的显著性水平为 0.01 时，统计检验的显著性概率小于或等于 0.01，即人均 GDP 与人均消费水平选择高度正相关。

4. Excel 实验步骤（Pearson 相关系数）

Step1：单击"数据分析"中的"相关系数"工具计算相关矩阵。如图 9 - 9 所示。

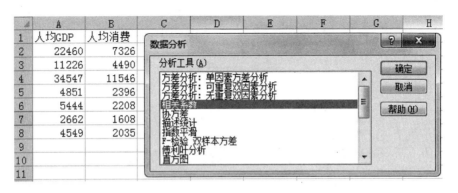

图 9 - 9　双变量相关分析的"数据分析"窗口

Step2：单击【确定】按钮，弹出"相关系数"对话框，选择相应条目，单击【确定】。结果显示如图9－10所示。

图9－10　双变量相关分析的输出结果

5. Stata 实验步骤（Pearson 相关系数）

例题同例9－2，计算相关系数矩阵、协方差矩阵、相关系数显著性检验及散点图矩阵。

Step1：打开数据文件"例9－2. dta"，或将"例9－2. Xlsx"导入 Stata。

Step2：在"command"区域输入如下命令：

Correlate y x1 x2 x3

执行结果如图9－11所示。

. . correlate y x1 x2 x3

(obs = 20)

	y	x1	x2	x3
y	1. 0000			
x1	0. 7898	1. 0000		
x2	0. 9158	0. 7289	1. 0000	
x3	0. 4100	0. 1909	0. 4166	1. 0000

图9－11　执行结果（一）

相关系数矩阵显示下三角，两个变量交叉数值即为对应变量的相关系数，例如 0. 7898 就是 y 与 x1 的相关系数。

Step3：输入如下命令：

correlate y x1 x2 x3，covariance

执行结果如图9－12所示。

. correlate y x1 x2 x3，covariance

（obs＝20）

	y	x1	x2	x3
y	5.1e＋06			
x1	964775	289813		
x2	3.2e＋06	603412	2.4e＋06	
x3	4.3e＋06	472944	2.9e＋06	2.1e＋07

图9－12　执行结果（二）

Step4：输入如下命令：

. pwcorr y x1 x2 x3，sig star（0.05）print（0.05）

执行结果如图9－13所示。

. pwcorr y x1 x2 x3，sig star（0.05）print（0.05）

	y	x1	x2	x3
y	1.0000			
x1	0.7898* 0.0000	1.0000		
x2	0.9158* 0.0000	0.7289* 0.0003	1.0000	
x3				1.0000

图9－13　执行结果（三）

注：sig 选项给每一个相关系数做显著性检验，每一相关系数下面标注了检验的 P 值。star（0.05）是为显著性超过0.05的相关系数打上星号。print（0.05）表明仅显示那些显著的相关系数。

Step5：输入如下命令：

graph matrix y x1 x2 x3

可得到散点图矩阵，执行结果如图9－14所示。

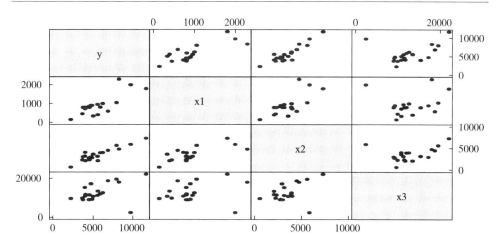

图 9 - 14　散点图矩阵

二、等级变量相关分析

等级变量又称有序变量、定序变量、顺序变量，其取值的大小能够表示观测对象的某种顺序关系，如等级、方位或大小等。等级相关系数主要有斯皮尔曼（Spearman）等级相关系数和肯德尔（Kendall）和谐系数。

例 9 - 3：3 名教授对 9 篇学术论文进行评分。被评论文分为 6 个级别：1 为特等、2 为优秀、3 为良好、4 为一般、5 为较差、6 为非常差。根据表 9 - 3 评分结果，试分析 3 名专家的评分结果是否一致。

表 9 - 3　评分情况

评分老师＼论文级别＼论文编号	一	二	三	四	五	六	七	八	九
A	2	2	2	4	5	3	5	2	5
B	4	1	1	5	4	4	5	2	6
C	3	2	3	5	4	3	6	3	6

1. SPSS 实验步骤

Step1：选择"分析（A）"→"相关（C）"→"双变量（B）"，打开"双变量相关"对话框。将"A、B、C"3 个变量添加到右侧变量列表框中。在相关系数框中选择"Spearman"和"Kendall's tua - b"选项。其他为默认选项。如

图 9 – 15 所示。

图 9 – 15 双变量相关分析选择过程及其对话框

Step2：单击"选项（O）"按钮，弹出"双变量相关性：选项"对话框在缺失值中选择"按对排除个案（P）"，单击【继续】返回双变量相关对话框。

Step3：单击【确定】，输出结果如图 9 – 16 所示。

			A	B	C
Kendall 的 tau_ b	A	相关系数	1.000	0.726 *	0.786 **
		Sig.（双侧）	—	0.016	0.009
		N	9	9	9
	B	相关系数	0.726 *	1.000	0.834 **
		Sig.（双侧）	0.16	—	0.005
		N	9	9	9
	C	相关系数	0.786 **	0.834 **	1.000
		Sig.（双侧）	0.009	0.005	—
		N	9	9	9

图 9 – 16 输出结果

			A	B	C
Spearman 的 rho	A	相关系数	1.000	0.810 **	0.879 **
		Sig.（双侧）	—	0.008	0.002
		N	9	9	9
	B	相关系数	0.810 **	1.000	0.897 **
		Sig.（双侧）	0.008	—	0.001
		N	9	9	9
	C	相关系数	0.879 **	0.897 **	1.000
		Sig.（双侧）	0.002	0.001	—
		N	9	9	9

＊．在置信度（双侧）为 0.05 时，相关性是显著的。

＊＊．在置信度（双侧）为 0.01 时，相关性是显著的。

图 9 – 16　输出结果（续）

结果分析：可以看出教授 A 与教授 B、教授 A 与教授 C、教授 B 与教授 C 评分的 Kendall's tua – b 和 Spearman 等级相关系数分别为 0.762、0.786、0.834 和 0.810、0.879、0.897。在这 6 个数据旁边的有一个或两个星号，表示指定的显著性水平为 0.05 时，统计检验判别概率小于或等于 0.05。表中显示的 P 值都小于 0.05，即两次评分显著相关，可看出为正相关。说明 3 位教授彼此之间评分标准的一致性较高。

例 9 – 4：通过深入访谈，得到 12 家企业近 5 年新产品数量和新产品开发人员的数据如表 9 – 4 所示。分析新产品开发人员和新产品数量之间是否存在显著相关性。

表 9 – 4　12 家企业新产品开发人员和新产品数量

企业编号	1	2	3	4	5	6	7	8	9	10	11	12
新产品（件）	4	7	13	2	2	10	1	8	4	3	9	12
开发人员数（人）	5	12	18	2	6	23	8	9	6	10	14	31

2. SPSS 实验步骤

Step1：录入变量名及数据。选择"分析（<u>A</u>）"→"相关（<u>C</u>）"→"双变量（<u>B</u>）"，打开"双变量相关"对话框。将"新产品数目""开发人员数"2 个变量添加到右侧"变量"列表框中。如图 9 – 17 所示。

图 9 – 17 变量和相关系数选择对话框

Step2：在"相关系数"复选框中选择 Kendall's tua – b 表示计算 Kendall 秩相关系数，单击【确定】按钮。结果如表 9 – 5 所示。

表 9 – 5 相关系数

		新产品数目	开发人员数
Kendall 的 tau_ b	相关系数	1.000	0.594 **
	Sig.（双侧）	0.0	0.009
	N	12	12
	相关系数	0.594 **	1.000
	Sig.（双侧）	0.009	0.0
	N	12	12

**. 在置信度（双测）为 0.01 时，相关性是显著的。

从上述结果可以看出，Kendall 秩相关系数为 0.594，相伴概率为 0.009，小于 0.05，因此新产品数目和开发人员数的 Kendall 秩相关系数显著。

三、偏相关分析

例 9 – 5：某商品 1998 ~ 2007 年的销售量及其相关因素的统计数据如表 9 – 6 所示，要求绘制散点图并计算偏相关系数。

表9－6　某商品销售量及相关因素资料

年份	销售数量 y（百件）	居民人均收入 x1（百元）	销售单价 x2（元）
1998	1000	500	20
1999	1000	700	30
2000	1500	800	20
2001	1300	900	50
2002	1400	900	40
2003	2000	1000	30
2004	1800	1000	40
2005	2400	1200	30
2006	1900	1300	50
2007	2300	1500	40

1. SPSS 实验步骤（散点图）

Step1：打开数据文件"例9－4"，依次选择"图形（G）"→"旧对话框（L）"→"散点/点状（S）"，进入如下图选择对话框。共有5种散点图可供选择。

Step2：在上面对话框中选择"矩阵分布"图形类型，单击【定义】按钮，进入"散点图矩阵"对话框，从左边变量框中将"销售量""居民人均收入""单价"全部移入"矩阵变量"框中。

Step3：单击【确定】。系统输出结果如图9－18所示。

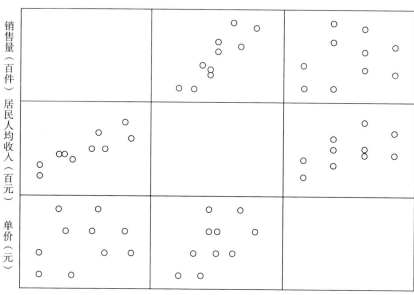

图9－18　散点图矩阵

2. SPSS 实验步骤（偏相关系数）

Step1：依次选择"分析（A）"→"相关（C）"→"偏相关（R）"，进入偏相关系数对话框。将变量"销售量""居民人均收入"移入变量框中，将"单价"移入控制框中。选择"双侧检验（T）"和"显示实际显著水平（D）"。如图 9 - 19 所示。

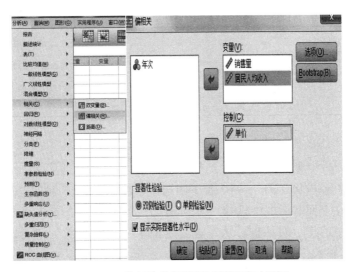

图 9 - 19 偏相关分析选择过程及其对话框

Step2：单击【选项（O）】，弹出"偏相关性：选项"，选择"零阶相关系数（Z）"和"按对排除个案（P）"。单击【继续】返回偏相关对话框。

Step3：单击【确定】，结果如图 9 - 20 所示。

控制变量			销售量	居民人均收入	单价
– 无 –[a]	销售量	相关性	1.000	0.881	0.227
		显著性（双侧）	—	0.001	0.529
		df	0	8	8
	居民人均收入	相关性	0.881	1.000	0.561
		显著性（双侧）	0.001	—	0.92
		df	8	0	8
	单价	相关性	0.227	0.561	1.000
		显著性（双侧）	0.529	0.092	—
		df	8	8	0

图 9 - 20 偏相关分析输出结果

控制变量			销售量	居民人均收入	单价
单价	销售量	相关性	1.000	0.934	—
		显著性（双侧）	—	0.000	
		df	0	7	—
	居民人均收入	相关性	0.934	1.000	—
		显著性（双侧）	0.000	—	
		df	7	0	—

a. 单元格包含零阶（Pearson）相关。

图 9－20　偏相关分析输出结果（续）

结果分析：（1）图 9－21 的上半部分输出的是变量两两之间的 Pearson 简单相关系数。销售量与居民人均收入、销售量与单价、居民人均收入与单价的关系系数分别为 0.881、0.227、0.561，可看出只有销售量与居民人均收入对应的显著性概率为 0.001，小于 0.05，因此销售量与居民人均收入之间显著性相关。但销售量与单价、居民人均收入与单价之间的相关关系并不是特别显著。

（2）下半部分表是偏相关分析结果，从图 9－21 可看出，在剔除单价影响的情况下，销售量与居民人均收入的偏相关系数为 0.934，自由度为 7，显著性概率为 0.000 < 0.05，所以销售量与居民人均收入的相关性显著。

Stata 实验步骤（偏相关系数）

Step1：将 Excel 格式的例 9－4 数据导入 Stata。

Step2：在"command"区域输入如下命令：

. pcorr y x1 x2

执行结果如图 9－21 所示。

· pcorr y x1 x2

（obs = 10）

Partial and semipartial correlations of y with

Variable	Partial Corr.	Semipartial Corr.	Partial Corr. ^2	Semipartial Corr. ^2	Significance Value
x1	0.9342	0.9099	0.8728	0.8280	0.0002
x2	− 0.6802	− 0.3224	0.4627	0.1039	0.0438

图 9－21　执行结果

结果分析：①可以看出，在剔除单价影响的情况下，销售量与居民人均收入的偏相关系数为 0.9342，显著性概率为 0.0002 < 0.05，所以销售量与居民人均

收入在 0.05 的显著性水平下相关显著。②在剔除居民人均收入影响的情况下，销售量与单价的偏相关系数为 -0.6802，显著性概率为 $0.0438 < 0.05$，所以销售量与单价在 0.05 的显著性水平下显著相关。

需要注意的是，偏相关系数值的大小与多元线性回归的系数成正比，在实际中操作性不如回归分析，故使用较少。

第四节　问题思考

（1）请归纳计算相关系数的方法以及各种方法如何选择应用。

（2）分析简单相关系数和偏相关系数的基本思想、计算方法和操作过程有什么不同。

第十章 一元线性回归分析（1 学时）

第一节 实验目的

回归分析是通过建立回归模型分析相关关系变量之间的一般数量变动关系。线性回归分析根据因变量的多少又分为一元线性回归分析和多元线性回归分析，其中一元线性回归分析是整个回归分析的基础，基本上反映了回归分析的思想和研究问题的思路。通过本实验，加深对回归分析思想的理解，并在此基础上熟悉和掌握使用 SPSS 和 Excel 进行一元线性回归分析的基本方法与操作思路。

第二节 相关知识

一、回归模型

在回归分析中，被预测或被解释的变量称为因变量，用 y 表示。用来预测或解释因变量的一个或多个变量称为自变量，用 x 表示。

对于既具有线性关系的两个变量，可以用一个线性方程来表示它们之间的关系。描述因变量 y 如何依赖于自变量 x 和误差项 ε 的方程称为回归模型。只涉及一个自变量的一元线性回归模型可表示为：

$$y = \beta_0 + \beta_1 x + \varepsilon \tag{10-1}$$

在一元线性回归模型中，y 是 x 的线性函数（$\beta_0 + \beta_1 x$ 部分）加上误差项 ε。$\beta_0 + \beta_1 x$ 反映了由于 x 的变化而引起的 y 的线性变化；ε 是误差项的随机变量，反映

了除 x 和 y 之间的线性关系之外的随机因素对 y 的影响，是不能由 x 和 y 之间的线性关系所解释的变异性。式中的 β_0 和 β_1 称为模型参数。

一元线性回归模型的几个假定：

（1）因变量 y 与自变量 x 之间具有线性关系。

（2）在重复抽样中，自变量 x 的取值是固定的，即假定 x 是非随机的。

（3）误差项 ε 是一个期望值为 0 的随机变量，即 $E(\varepsilon)=0$。

（4）对于所有的 x 值，ε 的方差 σ^2 都相同。这意味着对于一个特定的 x 值，y 的方差也都等于 σ^2。

（5）误差项 ε 是一个服从正态分布的随机变量，且独立，即 $\varepsilon \sim N(0, \sigma^2)$。

二、回归方程

根据回归模型中的假定，ε 的期望值是 0，因此 y 的期望值 $E(y)=\beta_0+\beta_1 x$，也就是说，y 的期望值是 x 的线性函数。描述因变量 y 的期望值如何依赖于自变量 x 的方程称为回归方程。一元线性回归方程的形式为：

$$E(y)=\beta_0+\beta_1 x \qquad (10-2)$$

一元线性回归方程的图示是一条直线，因此也称为直线回归方程。β_0 是回归直线在 y 轴上的截距，是当 $x=0$ 时 y 的期望值；β_1 是直线的斜率，它表示 x 每变动一个单位时，Y 的平均变动值。

三、估计的回归方程

（一）计算期望值

如果回归方程中的参数 β_0 和 β_1 已知，对于一个给定的 x 值，利用方程就可以计算出 y 的期望值。但总体回归参数是未知的，必须利用样本数据去估计它们。用样本统计量 $\hat{\beta}_0$ 和 $\hat{\beta}_1$ 代替回归方程中的未知参数 β_0 和 β_1，这时就得到了估计的回归方程。对于一元线性回归，估计的回归方程为：

$$\hat{y}=\hat{\beta}_0+\hat{\beta}_1 x \qquad (10-3)$$

式中：$\hat{\beta}_0$ 是估计的回归直线在 y 轴上的截距；$\hat{\beta}_1$ 是直线的斜率，表示 x 每变动一个单位时，y 的平均变动值。

（二）一元线性回归模型参数的估计

一元线性回归模型参数的估计有两类参数需要估计：一是回归系数 $\hat{\beta}_0$ 和 $\hat{\beta}_1$ 的估计；二是总体方差 σ^2 的估计。

回归系数 $\hat{\beta}_0$ 和 $\hat{\beta}_1$ 的估计（最小二乘法）：

最小二乘法是通过残差平方和为最小来估计回归系数的一种方法。设：

$$Q = \sum_{i=1}^{n} e_i^2 = \sum_{i=1}^{n} (y_i - \hat{y}_i) = \sum_{i=1}^{n} (y_i - \hat{\beta}_0 - \hat{\beta}_1 x)^2 \qquad (10-4)$$

很显然，残差平方和 Q 的大小依赖于 $\hat{\beta}_0$ 和 $\hat{\beta}_1$ 的取值。根据微积分中求极小值的原则，可知 Q 存在极小值，同时欲使 Q 达到最小，对 Q 关于 $\hat{\beta}_0$ 和 $\hat{\beta}_1$ 求偏导，并令偏导数为零。

整理得：

$$\hat{\beta}_1 = \frac{n \sum\limits_{i=1}^{n} x_i y_i - \sum\limits_{i=1}^{n} x_i \sum\limits_{i=1}^{n} y_i}{n \sum\limits_{i=1}^{n} x_i^2 - \left(\sum\limits_{i=1}^{n} x_i \right)^2} \qquad (10-5)$$

$$\hat{\beta}_0 = \bar{y} - \hat{\beta}_1 \bar{x}$$

当 $x = \bar{x}$ 时，$\hat{y} = \bar{y}$，即回归直线 $\hat{y}_i = \hat{\beta}_0 + \hat{\beta}_1 x_i$ 通过点 $(\bar{x}, \bar{y})$，这就是回归直线的特征之一。

（三）总体方差 σ^2 的估计

总体方差 σ^2 指的是总体回归模型中随机扰动项 ε 的方差，它可以反映模型误差的大小，是检验模型时，必须利用的一个重要参数。由于 σ^2 本身不能直接观测到，所以用 $\sum e_i^2$（最小二乘残差）来估计 σ^2。可以证明 σ^2 的无偏估计式为

$$S_e^2 = \frac{\sum e_i^2}{n-2} \qquad (10-6)$$

此外，S_e^2 的正平方根称为回归估计标准误差。S_e 越小，回归线的代表性越强，否则相反。

（四）一元线性回归模型的检验

1. 拟合优度检验

拟合优度检验用来检验样本回归方程对样本观测值代表性的大小。拟合优度的指标称为可决系数，其数学表达式为：

$$r^2 = \frac{\sum (\hat{y}_i - \bar{y})^2}{\sum (y_i - \bar{y})^2} = \frac{SSR}{SST} = 1 - \frac{SSE}{SST} \qquad (10-7)$$

式中：$SSE = \sum e_i^2 = \sum y_i^2 - \hat{\beta}_0 \sum y_i - \hat{\beta}_1 \sum x_i y_i$；$SST = \sum y_i^2 - (\sum y_i)^2 / n$。

2. 显著性检验

回归分析中的显著性检验包括两方面的内容：一是对各回归系数的显著性检验；二是对整个回归方程的显著性检验。对回归系数的显著性检验通常采用 t 检验，对回归方程的显著性检验是在方差分析的基础上采用 F 检验。在一元线性回

归模型中，由于只有一个自变量 x，对 $\beta_1 = 0$ 的 t 检验与整个方程的 F 检验等价。

线性关系的检验（F 检验）：

$$F = \frac{SSR/1}{SSE/(n-2)} = \frac{MSR}{MSE} \sim F(1, n-2) \tag{10-8}$$

所以当原假设 $H_0 : \beta_1 = 0$ 成立时，MSR/MSE 的值应越接近于 1，但如果原假设不成立，则 MSR/MSE 的值将变得无穷大。

回归系数显著性检验：

回归系数显著性检验是要检验自变量对因变量的影响是否显著。方法与步骤如下：

第一步，提出假设：$H_0 : \beta_1 = 0$；$H_1 : \beta_1 \neq 0$。

第二步，根据样本观测值计算 t 统计量的值。β_1 的检验统计量为：

$$t_{\hat{\beta}_1} = \frac{\hat{\beta}_1}{s_{\hat{\beta}_1}} \sim t_{n-2} \tag{10-9}$$

式中，$s_{\hat{\beta}_1} = s_e \left(\dfrac{1}{\sqrt{\sum (x_i - x)^2}} \right)$。

第三步，提出显著性水平 α，并结合 SPSS 的输出结果做出判断。如果，$\alpha > p$，拒绝原假设，认为 x 对因变量 y 有显著性影响。否则，情况相反。

3. 残差的正态性检验

残差的正态性检验可以通过建立标准化残差直方图来检验。当样本容量较小时，标准化残差在理论上应该服从自由度为 $n-k-1$ 的 t 分布。

4. 残差的方差齐性检验

残差的方差齐性检验可以通过残差散点图来验证。以样本残差 e_i 为纵坐标，以估计值 $\hat{Y}_i$ 为横坐标作图，如果观察值随机分布在横轴的周围，就说明残差基本符合同方差性假设。当此假设被否定，残差出现了异方差的情况时，就需要对原始数据进行适当的变量转换，再利用回归模型进行估计和预测，使方差趋于稳定。

5. 残差的独立性检验

检验残差独立性的统计量称为 DW 统计量，其数学表达式为：

$$DW = \frac{\sum_{i=2}^{n} (e_i - e_{i-1})^2}{\sum_{i=1}^{n} e_i^2} \tag{10-10}$$

DW 统计量取值范围为：0~4。若 DW = 2，表明相邻两个观测点的残差项相互独立；若 0 < DW < 2，表明相邻两个观测点的残差项正相关；2 < DW < 4，表明相邻两个观测点的残差项负相关。

此外也可通过残差散点图来验证，即采用和方差齐性检验中相同的图形观察和分析点的散布情况，如果观察点在横轴的周围显示出周期性或趋势性的变化，就说明残差不符合独立性的假设。

（五）一元线性回归模型的预测

所谓预测是指通过自变量 x 的取值来预测因变量 y 的取值。包括点估计和区间估计。

利用估计的回归方程，对于 x 的一个特定值 x_0，求出 y 的一个估计值就是点估计。点估计可分为两种：一种是平均值的点估计；二是个别值的点估计[1]。平均值的点估计是利用估计的回归方程，对于 x 的一个特定值 x_0，求出 y 的平均值的一个估计值 $E(y_0)$。个别值的点估计则是求出 y 的一个个别值的估计值 $\hat{y}_0$。需要说明的是，对于同一个 x_0，平均值的点估计和个别值的点估计的结果是一样的，但区间估计则有所不同。

利用估计的回归方程，对于 x 的一个特定值 x_0，求出 y 的一个估计值的区间就是区间估计。区间估计也有两种类型：一是置信区间估计，它是对于 x 的一个给定值 x_0，求出 y 的平均值的估计区间，这一区间称为置信区间；二是预测区间估计，它是对于 x 的一个给定值 x_0，求出 y 的一个个别值的估计区间[2]。

第三节 实验内容

例 10-1： 从某一行业中随机抽取 12 家企业，所得产量与生产费用的数据如表 10-1 所示。

表 10-1 产量与生产费用的数据

企业编号	产量（台）	生产费用（万元）	企业编号	产量（台）	生产费用（万元）
1	40	130	7	84	165
2	42	150	8	100	170
3	50	155	9	116	167
4	55	140	10	125	180
5	65	150	11	130	175
6	78	154	12	140	185

要求：①绘制产量与生产费用的散点图，判断二者之间的关系形态。②建立估计的回归方程，并解释回归系数的意义。

---

① 平均值的点估计实际上是对总体参数的估计，而个别值的点估计则是对因变量的某个具体取值的估计。

② 关于置信区间和预测区间的计算公式内容请参见贾俊平等《统计学》（第六版）教材内容。

1. SPSS 实验步骤（散点图）

Step1：打开数据文件"例 10 - 1"，依次选择"图形（G）"→"旧对话框（L）"→"散点/点状（S）"，进入如图 10 - 1 所示的选择对话框。

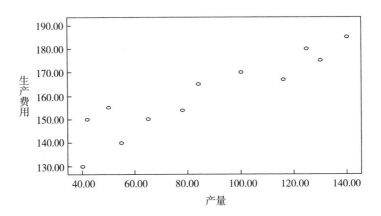

图 10 - 1 "简单散点图"结果

Step2：在上面对话框中选择"简单分布"图形类型，单击"定义"按钮，进入"简单散点图"对话框，从左边变量框中将"产量"移入"X 轴（X）"，将"生产费用"移入"Y 轴（Y）"。（Step1 和 Step2 参见例 9 - 1）

结果显示，产量与生产费用两变量间具有一定的线性关系，且线性关系比较密切。在此基础上，可进行回归分析。

2. SPSS 实验步骤（回归分析）

Step1：依次选择"分析（A）"→"回归（R）"→"线性（L）"进入线性回归对话框。

Step2：在"线性回归"对话框中，将左侧框内的"生产费用"和"产量"分别移入右侧"因变量（D）"和"自变量（I）"框内，如图 10 - 2 所示①。

Step3：单击【统计量（S）】，依次选择如图 10 - 3 所示的复选框："估计（E）""置信区间""协方差矩阵（V）""模型拟合度（M）""Durbin - Watson（U）"。单击【继续】，返回主对话框。

---

① 在线性回归对话框内，"因变量（D）"框内用于选入线性回归分析的因变量；"自变量（I）"框用于选入分析的一个或多个自变量；"选择变量（E）"框用于选入指定分析个案选择规则的变量。当选入了一个变量时，单击"规则（U）"按钮，设置选择分析个案的条件；"个案标签（C）"框用于选入标签变量，用于在图形中对观测记录进行标注，最典型的就是用观测记录 ID 号作为标签变量；"WLS 权重（H）"框选入权重变量，主要用于加权最小二乘法。

图 10－2 "线性回归"对话框

图 10－3 "线性回归：统计量"对话框

Step4：单击【绘制（T）】，弹出"线性回归：图"对话框，在变量列表中选择变量"＊ZRESID"移入 Y 选框，将其作为绘图的 Y 轴变量，选择"＊ZPRED"移入 X 选框，将其作为绘图的 X 轴变量；选择"标准化残差图"框中的"直方图（H）"选项。单击【继续】，返回主对话框①。如图 10－4 所示。

———————————

① DEPENDNT（因变量）、＊ZPRED（标准化预测值）、＊ZZRESID（标准化残差）、＊DRESID（剔除残差）、＊ADJPRED（修正后预测值）、＊SRESID（学生化残差）和＊SDRESID（学生化剔除残差）。

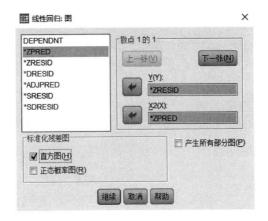

图 10 - 4 "线性回归：图"对话框

Step5：单击【保存（S）】，弹出"线性回归：保存"对话框，在预测值框中选择"未标准化（U）"；在残差框中选择"标准化（A）"；在预测区间框中选择"均值（M）"和"单值（I）"。单击【继续】，返回对话框。如图 10 -5 所示。

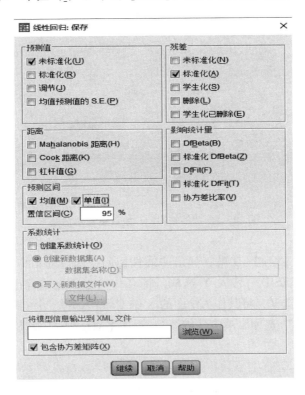

图 10 -5 "线性回归：保存"对话框

Step6：单击"选项（O）"，在"线性回归：选项"对话框中，默认系统选项。单击【继续】，返回主对话框。如图 10 – 6 所示。

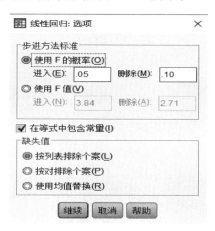

图 10 – 6 "线性回归：选项"对话框

Step7：单击【确定】，输出结果，如表 10 – 2 和表 10 – 3 所示。

表 10 – 2 模型汇总[b]

模型	R	R^2	调整 R^2	标准估计的误差	Durbin – Watson
1	0.920[a]	0.847	0.832	6.76170	2.267

a. 预测变量：（常量），产量。

b. 因变量：生产费用。

表 10 – 3 系数[a]

模型		非标准化系数		标准系数	t	Sig.	B 的 95.0% 置信区间	
		B	标准误差	试用版			下限	上限
1	（常量）	124.150	5.212	—	23.820	0.000	112.537	135.763
	产量	0.421	0.057	0.920	7.435	0.000	0.295	0.547

a. 因变量：生产费用。

在模型汇总表中，主要给出了模型的拟合情况和序列相关的 DW 检验值。从表 10 – 2 中可以看出，模型 R^2 为 0.847，说明拟合程度良好。DW 检验值为 2.267，$2 < DW < 4$，表明相邻两点的残差项负相关。

在回归系数表中，给出了模型的回归系数估计值，常数项和自变量 X 估计值的 t 检验值分别为 23.820 和 7.435，两者的显著性概率值均为 0.000，小于 0.05。因此，可以判定常数项和自变量 X 均对因变量 Y 有明显影响。

图 10-7 中同时绘制出了正态分布曲线。该图主要用于判断明显中误差项是否符合正态分布。从图形特征看，模型残差不符合正态分布。

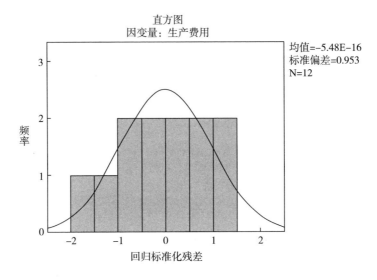

直方图
因变量：生产费用

均值=-5.48E-16
标准偏差=0.953
N=12

图 10-7　残差：直方图

图 10-8 用于判断回归模型中残差的独立性和方差齐性。从图中可以看出观测点随机散布在横轴周围，说明残差符合独立性，与前面的 DW 检验结果不一致，而齐性也符合要求。

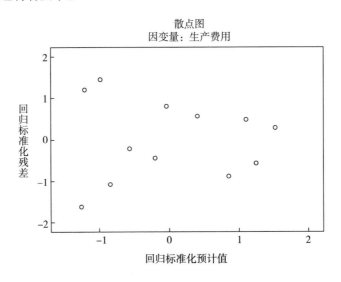

散点图
因变量：生产费用

图 10-8　回归残差散点图

3. Excel 实验步骤（回归分析）

Step1：单击数据分析，在数据分析对话框中选择分析工具"回归"，然后单击【确定】。如图 10 – 9 所示。

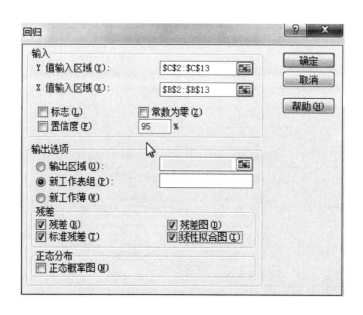

图 10 – 9　Excel 回归选择过程

Step2：在回归对话框中，"Y 值输入区域"框内输入数据区域 C2：C13；"X 值输入区域"框内输入数区域 B2：B13。"置信度"选项系统默认为 95%；输出区域选择新工作表；在"残差"中选择如图 10 – 10 所示选项。

图 10 – 10　"回归"对话框

Step3：单击【确定】，输出结果如图 10 – 11 ~ 图 10 – 14 所示。

SUMMARY OUTPUT

回归统计	
Multiple	0.920232
R Square	0.846828
Adjusted	0.83151
标准误差	6.761705
观测值	12

方差分析						
	df	SS	MS	F	gnificance	F
回归分析	1	2527.71	2527.71	55.28596	2.22E – 05	
残差	10	457.2065	45.72065			
总计	11	2984.917				

	Coefficien	标准误差	t Stat	P – value	Lower 95%	Upper 95%	下限95.0%	上限95.0%
Intercept	124.15	5.212015	23.81996	3.86E – 10	112.5369	135.7631	112.5369	135.7631
X Variable	0.420683	0.056578	7.435453	2.22E – 05	0.29462	0.546747	0.29462	0.546747

图 10 – 11　回归输出结果

RESIDUAL OUTPUT

观测值	预测 Y	残差	标准残差
1	140.9773	– 10.9773	– 1.70269
2	141.8187	8.18133	1.269007
3	145.1841	9.815864	1.52254
4	147.2876	– 7.28755	– 1.13037
5	151.4944	– 1.49438	– 0.23179
6	156.9633	– 2.96327	– 0.45963
7	159.4874	5.512635	0.855065
8	166.2183	3.781703	0.58658
9	172.9492	– 5.94923	– 0.92279
10	176.7354	3.264623	0.506376
11	178.8388	– 3.83879	– 0.59544
12	183.0456	1.954374	0.303143

图 10 – 12　回归预测结果

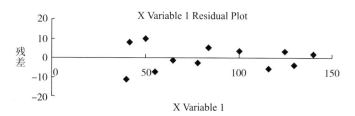

图 10 – 13　残差图

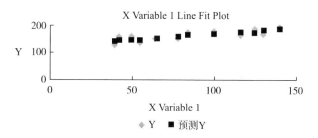

图 10 – 14　回归拟合图

4. SPSS 实验步骤（预测）

Step1：选择"分析（A）"下拉菜单，并选择"回归（R）"→"线性（L）"，进入线性回归对话框。

Step2：将"生产费用"导入"因变量"，将"产量"导入"自变量"，并在"方法"下选择"进入"。

Step3：单击【保存】。如图 10 – 15 所示。

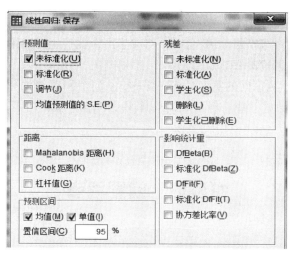

图 10 – 15　"线性回归：保存"对话框

设置完后，单击【继续】。

Step4：单击【确定】。输出结果如表 10 – 4 所示。

表 10 – 4　生产费用的置信区间和预测区间

	产量	生产费用	PRE_ 1	ZRE_ 1	LMCI_ 1	UMCI_ 1	LICI_ 1	UICI_ 1
1	40. 00	130. 00	140. 97730	– 1. 62345	133. 78734	148. 16726	124. 28358	157. 67103
2	42. 00	150. 00	141. 81867	1. 20995	134. 82782	148. 80952	125. 20973	158. 42761
3	50. 00	155. 00	145. 18414	1. 45168	138. 95120	151. 41707	128. 87971	161. 48856
4	55. 00	140. 00	147. 28755	– 1. 07777	141. 48942	153. 08568	131. 14434	163. 43076
5	65. 00	150. 00	151. 49438	– 0. 22101	146. 44069	156. 54808	135. 60336	167. 38541
6	78. 00	154. 00	156. 96327	– 0. 43824	152. 51472	161. 41181	141. 25421	172. 67232
7	84. 00	165. 00	159. 48737	0. 81527	155. 13452	163. 84022	143. 80514	175. 16959
8	100. 00	170. 00	166. 21830	0. 55928	161. 49651	170. 94008	150. 42969	182. 00690
9	116. 00	167. 00	172. 94923	– 0. 87984	167. 13718	178. 76127	156. 80102	189. 09744
10	125. 00	180. 00	176. 73538	0. 48281	170. 11603	183. 35472	160. 27936	193. 19140
11	130. 00	175. 00	178. 83879	– 0. 56773	171. 73220	185. 94538	162. 18081	195. 49678
12	140. 00	185. 00	183. 04563	0. 28904	174. 90540	191. 18585	165. 92114	200. 17011

表 10 – 4 中，PRE_ 1 是点估计（预测）值，LMCI_ 1 和 UMCI_ 1 是平均值的置信区间的下限和上限，LICI_ 1 和 UICI_ 1 是个别值的预测区间的下限和上限。举例来说，当产量为 78 台时，对应生产企业的生产费用的估计值为 156. 9633 万元；当产量为 78 台时，生产费用的平均值在（152. 51472，161. 41181）万元；当产量为 78 台时，对应生产企业的生产费用的 95% 的预测区间在（141. 25421，172. 67232）万元。

置信区间和预测区间的宽度是不一样的，y 的个别值的预测区间要比 y 的平均值的置信区间要宽一些。但对于二者来说，当 $x_0 = \bar{x}$，两者的区间都是最精确的。

第四节　问题思考

（1）一元线性回归模型的检验内容有哪些？

（2）一元线性回归模型 t 检验与 F 检验的关系如何？t 检验能否代替 F 检验？

第十一章 多元线性回归分析（2 学时）

第一节 实验目的

在实际中，现象的变动常受多种因素的影响。因此，回归分析仅仅考虑单变量是不够的，需要对多个自变量进行考察，即建立多元线性回归方程进行分析。多元线性回归模型是一元线性回归模型的扩展，其基本原理与一元线性回归模型相似，只是计算比较麻烦，需借助相应软件来完成回归分析。通过本实验，使学生熟悉和掌握 SPSS/Excel/Stata 进行多元线性回归分析的基本方法、检验和操作步骤。

第二节 相关知识

一、多元线性回归模型的基本假定

（1）样本量的个数多于自变量的个数。
（2）随机扰动项具有 0 均值和同方差。
（3）随机扰动项服从正态分布。
（4）无多重共线性，即模型中的自变量之间不存在线性相关。

二、多元线性回归模型的检验

（一）校正的可决系数

在一元线性回归模型中，所有模型包含的自变量个数都相等，如果样本容量也一样，可以直接以可决系数作为模型拟合优度的评价尺度。但在多元线性回归分析中，各回归模型的自变量个数不一定相同。自变量个数不同自然影响残差平方和，并最终影响可决系数的大小。因此，在多元线性回归分析中，通常用校正的可决系数衡量模型的拟合优度。其公式如下：

$$\overline{R^2} = 1 - \frac{ESS/n-k}{SST/n-1}$$

式中：$\overline{R^2}$ 为校正的可决系数；n 为样本容量；k 为模型中参数的个数。

（二）回归方程的显著性检验

回归方程的显著性检验是检验所有自变量对因变量的联合影响，即检验所有自变量综合起来对因变量是否有显著的线性影响，其检验步骤如下。

第一步，提出假设。

H_0：$\beta_1 = \beta_2 = \cdots = \beta_k = 0$；$H_1$：$\beta_1$，$\beta_2$，$\cdots$，$\beta_k$ 至少有一个不等于 0。

第二步，计算检验的统计量 F，其数学表达式为：

$$F = \frac{SSR/k}{SSE/(n-k-1)} \sim F(k,\ n-k-1)$$

第三步，作出统计决策。给出显著性水平 α，根据 SPSS 输出结果作出判断，若 $\alpha > p$，拒绝原假设，认为所有自变量总体上对因变量有显著的线性影响；否则，接受原假设。

（三）多重共线性检验

当回归模型中两个或两个以上的自变量彼此存在相关时，则称回归模型中存在多重共线性。在这种情况下，用最小二乘法估计的模型参数就会很不稳定，而且当模型中增加或减少一个自变量时，已进入模型的自变量回归系数也会发生较大变化。在多重共线性较为严重的情况下，回归系数的估计值很容易引起误导或导致错误的结论。

具体来说，如果出现下列情况，暗示存在多重共线性：

（1）模型中各对自变量之间显著相关。

（2）当模型的线性关系检验（F 检验）显著时，几乎所有回归系数 β_i 与 t 检验却不显著。

（3）回归系数正负号与预期相反。

（4）容忍度与方差扩大因子。某个自变量的容忍度等于 1 减去该自变量为因变量而其他 $k-1$ 个自变量为预测变量时所得到的线性回归模型的判定系数，即 $1 - R_i^2$。容忍度越小，多重共线性越严重。通常认为，容忍度小于 0.1 时，存在严重的多重共线性。方差扩大因子等于容忍度的倒数，即 $VIF = \frac{1}{1-R_i^2}$。显然，VIF 越大，多重共线性越严重。一般认为，$VIF > 5$（对应 $R_i^2 > 0.8$）或 $VIF > 10$（对应 $R_i^2 > 0.9$）时，存在较严重的多重共线性。

当确定存在明显的多重共线性时，可以用以下几个方法加以处理：

（1）从有共线性问题的变量里删除不重要的变量。

（2）增加样本量或重新抽取样本。

（3）采用其他方法拟合模型，如逐步回归法、主成分分析法等。

（四）利用回归方程进行预测

对于多元线性回归，同样可以利用给定的 K 个自变量，求出因变量 y 的平均值的置信区间和个别值的预测区间。置信区间和预测区间计算公式复杂，主要利用软件来完成。

（五）变量选择与逐步回归

相比一次性将自变量引入模型，如果在建立模型前对所能收集到的自变量进行一定的筛选，去掉那些不必要的自变量，这样，不仅使建立模型变得容易，而且使模型更具有可操作性，也更容易解释。

如果在进行回归时，每次只增加一个自变量，并且将新变量与模型中的变量进行比较，若新变量引入模型后以前的某个变量的 t 统计量不显著，这个变量就会从模型中剔除。在这种情况下，回归分析就很难存在多重共线性的影响，这就是回归中的搜寻过程。

选择自变量的原则通常是对统计量进行显著性检验，检验的根据是将一个或一个以上的自变量引入回归模型时，是否使残差平方和（SSE）显著减少。如果减少，说明有必要引入；反之，就没有必要引入。确定使残差平方和（SSE）显著减少的方法，就是使用 F 统计量的值作为标准，以此来确定是在模型中增加一个自变量，还是从模型中剔除一个自变量。

变量选择的方法主要有：向前选择（Forward Selection）、向后剔除（Backward Elimination）、逐步回归（Stepwise Regression）、岭回归（Ridge Regression）[①] 等。

第三节　实验内容

一、多元线性回归分析（时间序列数据，SPSS/Excel）

例 11 – 1：根据理论和经验分析，影响国内旅游市场收入 Y 的主要因素，除

---

① 岭回归是一种专门用于多重共线性数据分析的回归方法。它实际上是一种改良的最小二乘法，通过放弃最小二乘法的无偏性，以损失部分信息、降低精度为代价来寻求效果稍差但回归系数更符合实际的回归方法，当然，有些重要的解释变量也可能无法进入分析中。

了国内旅游人数和旅游支出以外，还可能与相关基础设施有关。为此，考虑的影响因素主要有国内旅游人数 X1，城镇居民人均旅游支出 X2，农村居民人均旅游支出 X3，并以公路里程 X4 和铁路里程 X5 作为相关基础设施的代表。统计数据如表 11－1 所示。要求建立国内旅游市场收入的多元线性回归预测模型，并检测共线性情况。

表 11－1　1994～2003 年中国旅游收入及相关数据

年份	全国旅游收入 Y（亿元）	国内旅游人数 X1（万人/次）	城镇居民人均旅游支出 X2（元）	农村居民人均旅游支出 X2（元）	公路里程 X4（万千米）	铁路里程 X5（万千米）
1994	1023.5	52400	414.7	54.9	111.78	5.90
1995	1375.7	62900	464.0	61.5	115.70	5.97
1996	1638.4	63900	534.1	70.5	118.58	6.49
1997	2112.7	64400	599.8	145.7	122.64	6.60
1998	2391.2	69450	607.0	197.0	127.85	6.64
1999	2831.9	71900	614.8	249.5	135.17	6.74
2000	3175.5	74400	678.6	226.6	140.27	6.87
2001	3522.4	78400	708.3	212.7	169.80	7.01
2002	3878.4	87800	739.7	209.1	176.52	7.19
2003	3442.3	87000	684.9	200.0	180.98	7.30

资料来源：《中国统计年鉴》(2004)。

1. SPSS 实验步骤（回归分析）

Step1：输入数据；依次选择"分析（<u>A</u>）"→"回归（<u>R</u>）"→"线性（<u>L</u>）"进入线性回归对话框。在"线性回归"对话框中，将左侧框内的"y""x1""x2""x3""x4""x5"分别移入右侧"因变量（<u>D</u>）"和"自变量（<u>I</u>）"框内，如图 11－1 所示。

图 11－1　线性回归对话框

注：自变量栏下方的"方法（M）"栏用于指定建模时的自变量进入方法，其后的下拉菜单有以下几个选项：

（1）进入法："自变量（I）"栏中所有的自变量全部进入回归模型，是默认方法。

（2）逐步进入法：向前选择法和向后消去法的结合。根据"选项"对话框中所设定的参数，先选择对因变量贡献最大且符合判断条件的自变量进入回归方程，再将模型中不符合设定条件的变量剔除。当没有变量被引入或删除时，得到最终回归方程。

（3）删除法：建立回归模型时，根据设定的条件直接剔除部分自变量。

（4）向后消去法：先建立饱和模型，然后根据"选项"对话框中所设定的参数，每次剔除一个不符合进入模型条件的变量。

（5）向前选择法：模型从没有自变量开始，根据"选项"对话框中所设定的参数，每次将一个最符合条件的变量引入模型，直至所有符合条件的变量都进入模型为止，第一个引入模型的自变量应该是与因变量最为相关的①。

Step2：单击【统计量（S）】，依次选择如图 11 - 2 所示的复选框："估计（E）""置信区间""协方差矩阵（V）""模型拟合度（M）""共线性诊断（L）""Durbin - Watson（U）"。单击【继续】，返回主对话框。

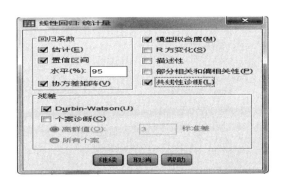

图 11 - 2　线性回归：统计量对话框

Step3：单击【绘制（T）】，弹出"线性回归：图"对话框，在变量列表中选择变量" * ZRESID"移入 Y 选框，将其作为绘图的 Y 轴变量，选择" * ZPRED"移入 X 选框，将其作为绘图的 X 轴变量；选择"标准化残差图"框中的"直方图（H）"和"正态概率图（R）"选项。单击【继续】，返回主对话

---

①　以上各种方法各有其优点，其中进入法的设置最为简单，但当自变量个数较多时，采用进入法输出的回归系数估计表会很庞大。实际中，可根据自己的爱好，灵活选用。

框。如图 11 – 3 所示。

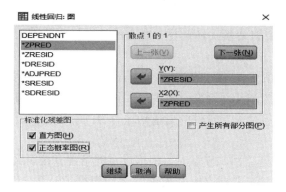

图 11 – 3 线性回归：图对话框

Step4：单击【保存（S）】，弹出"线性回归：保存"对话框，在预测值框中选择"未标准化（U）"；在残差框中选择"标准化（A）"；在预测区间框中选择"均值（M）"和"单值（I）"。单击【继续】，返回对话框。如图 11 – 4 所示。

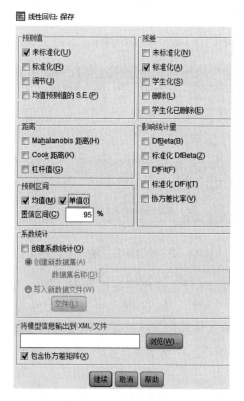

图 11 – 4 线性回归：保存对话框图

Step5：单击"选项（O）"，在"线性回归：选项"对话框中，默认系统选项。单击【继续】，返回主对话框。如图 11 - 5 所示。

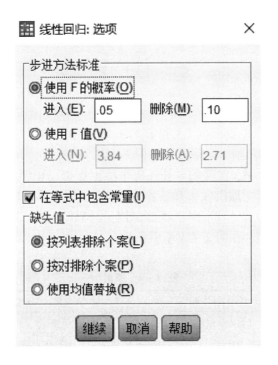

图 11 - 5 线性回归：选项对话框

Step6：单击【确定】，输出结果，逐图显示。

结果分析：在模型汇总表中（见表 11 - 2），主要给出了模型的拟合情况和序列相关的 DW 检验值。从表中可以看出，模型调整 R^2 为 0.990，说明拟合程度非常好。2 < DW < 4，表明相邻两点的残差项负相关。

在方差分析表中（见表 11 - 3），F 检验统计量为 173.353，相应的显著性概率为 0.000，小于 0.05 显著性水平，因此，应拒绝回归方程显著性 F 检验的原假设，认为所有自变量综合起来对因变量有显著影响。

表 11 - 2 模型汇总[b]

模型	R	R^2	调整 R^2	标准估计的误差	Durbin - Watson
1	0.998[a]	0.995	0.990	100.14332	2.312

a. 预测变量：（常量），x5，x3，x4，x1，x2。

b. 因变量：y。

表 11 – 3　Anova[b]

模型		平方和	df	均方	F	Sig.
1	回归	8692490. 359	5	1738498. 072	173. 353	0. 000[a]
	残差	40114. 741	4	10028. 685		
	总计	8732605. 100	9			

　a. 预测变量：（常量），x5，x3，x4，x1，x2。

　b. 因变量：y。

　　在回归系数表中（见表 11 – 4 和表 11 – 5），包括非标准和标准回归系数及其相应的 t 检验统计量和 t 检验显著性概率。从表 11 – 6 和表 11 – 7 可以看出，x2、x3、x4 的回归系数 t 检验的显著性概率小于 0.05，说明在 0.05 显著性水平下，x2、x3、x4 因素对旅游收入有显著性影响。共线性诊断统计量结果显示，本实验五个自变量中的 x1、x2、x4、x5 膨胀因子（VIF）均大于 10，所以四个自变量同其他自变量之间存在明显的多重共线性。

表 11 – 4　系数[a]

模型		非标准化系数		标准系数	t	Sig.	B 的 95.0% 置信区间		共线性统计量	
		B	标准误差	试用版			下限	上限	容差	VIF
1	（常量）	– 274. 377	1316. 690		– 0. 208	0. 845	– 3930. 094	3381. 339		
	x1	0. 013	0. 013	0. 148	1. 031	0. 361	– 0. 022	0. 048	0. 056	17. 872
	x2	5. 438	1. 380	0. 587	3. 940	0. 017	1. 606	9. 271	0. 052	19. 354
	x3	3. 272	0. 944	0. 246	3. 465	0. 026	0. 650	5. 893	0. 227	4. 400
	x4	12. 986	4. 178	0. 347	3. 108	0. 036	1. 386	24. 586	0. 092	10. 824
	x5	– 563. 108	321. 283	– 0. 266	– 1. 753	0. 155	– 1455. 132	328. 917	0. 050	20. 059

　a. 因变量：y。

表 11 – 5　系数相关[a]

模型		x5	x3	x4	x1	x2
1	相关性 x5	1. 000	– 0. 044	– 0. 179	– 0. 249	– 0. 628
	x3	– 0. 044	1. 000	0. 227	– 0. 026	– 0. 493
	x4	– 0. 179	0. 227	1. 000	– 0. 692	0. 050
	x1	– 0. 249	– 0. 026	– 0. 692	1. 000	– 0. 183
	x2	– 0. 628	– 0. 493	0. 050	– 0. 183	1. 000

模型			x5	x3	x4	x1	x2
1	协方差	x5	103222.763	−13.204	−239.964	−1.015	−278.521
		x3	−13.204	0.892	0.896	0.000	−0.642
		x4	−239.964	0.896	17.455	−0.037	0.291
		x1	−1.015	0.000	−0.037	0.000	−0.003
		x2	−278.521	−0.642	0.291	−0.003	1.905

a. 因变量：y。

表 11 − 6　共线性诊断[a]

模型	维数	特征值	条件索引	方差比例					
				（常量）	x1	x2	x3	x4	x5
1	1	5.885	1.000	0.00	0.00	0.00	0.00	0.00	0.00
	2	0.099	7.715	0.00	0.00	0.00	0.27	0.00	0.00
	3	0.013	21.394	0.01	0.01	0.00	0.19	0.10	0.00
	4	0.002	52.878	0.02	0.00	0.46	0.54	0.27	0.00
	5	0.001	80.239	0.00	0.94	0.12	0.00	0.60	0.00
	6	0.000	197.068	0.96	0.05	0.41	0.00	0.03	1.00

a. 因变量：y。

表 11 − 7　残差统计量[a]

	极小值	极大值	均值	标准偏差	N
预测值	975.5199	3825.0625	2539.2000	982.76765	10
标准预测值	−1.591	1.308	0.000	1.000	10
预测值的标准误差	51.073	91.492	76.363	14.373	10
调整的预测值	798.8189	3764.7266	2546.2940	1022.55417	10
残差	−110.13665	91.38615	0.00000	66.76222	10
标准残差	−1.100	0.913	0.000	0.667	10
Student 化残差	−1.279	1.106	−0.006	1.011	10
已删除的残差	−239.48882	224.68108	−7.09403	179.10204	10
Student 化已删除的残差	−1.440	1.150	−0.017	1.026	10
Mahal 的距离	1.441	6.612	4.500	1.865	10
Cook 的距离	0.096	0.792	0.327	0.291	10
居中杠杆值	0.160	0.735	0.500	0.207	10

a. 因变量：y。

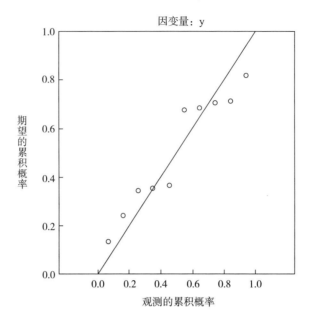

图 11 - 6   回归标准化残差的标准 P - P 图

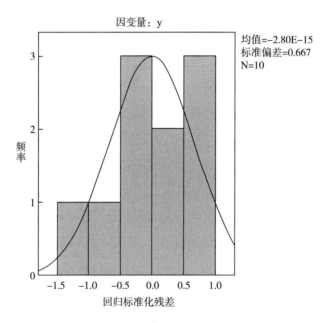

图 11 - 7   回归标准化残差直方图

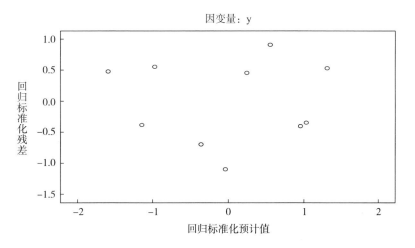

因变量：y

图 11 - 8　多元回归残差散点图

从图 11 - 6 ~ 图 11 - 8 可以看出，模型残差不符合正态分布。在残差散点图中，由于残差标准值中大于 0 的值占绝大多数，因此本实验不符合正态性检验，这与直方图的判断结果一致。由于残差标准值的观测点没有明显的变动周期和趋势，所以根据该散点图难以判断独立性假设是否成立。从残差的随机性来看，基本上随机的散布在横轴周围，这说明残差基本符合齐性要求。

2. Excel 实验步骤（回归分析）

多元线性回归分析与一元线性回归分析的操作步骤是一致的，只是在输入自变量数据区域时，一元回归分析只输入单列自变量，而多元回归分析输入的数据区域是多个自变量。

输出结果如图 11 - 9 所示：

SUMMARY OUTPUT

回归统计	
Multiple R	0.997701
R Square	0.995406
Adjusted R Sq	0.989664
标准误差	100.1433
观测值	10

图 11 - 9　回归输出结果

方差分析						
	df	SS	MS	F	. gnificance	F
回归分析	5	8692490	1738498	173. 3525	9. 1897E – 05	
残差	4	40114. 74	10028. 69			
总计	9	8732605				

	Coefficien	标准误差	t Stat	P – value	Lower 95%	Upper 95%	下限 95.0%	上限 95.0%
Intercept	– 274. 377	1316. 69	– 0. 20838	0. 84511	– 3930. 094	3381. 339	– 3930. 09	3381. 339
X Variable 1	0. 013088	0. 012692	1. 031172	0. 360726	– 0. 022151	0. 048326	– 0. 02215	0. 048326
X Variable 2	5. 438193	1. 380395	3. 939591	0. 016966	1. 60560157	9. 270785	1. 605602	9. 270785
X Variable 3	3. 271773	0. 944215	3. 465073	0. 025699	0. 65021271	5. 893333	0. 650213	5. 893333
X Variable 4	12. 98624	4. 177929	3. 108296	0. 035931	1. 38644782	24. 58603	1. 386448	24. 58603
X Variable 5	– 563. 108	321. 283	– 1. 75268	0. 154531	– 1455. 1323	328. 9169	– 1455. 13	328. 9169

图 11 – 9　回归输出结果（续）

从图 11 – 9 中结果可以看出，自变量整体对因变量有显著影响，其中 X2、X3、X4 对因变量影响显著，X1、X5 对因变量影响不显著，说明存在多重共线性。

二、多元线性回归模型建立时的变量选择（时间序列数据，SPSS）

（一）"向前"选择方式

思路：向前选择法是从模型中没有自变量开始，按照如下步骤选择自变量来拟合模型。

第一步：对 K 个自变量(x_1，x_2，…，x_k)分别拟合与因变量 y 的一元线性回归模型，共有 k 个，然后找出 F 统计量的值最大的模型及其自变量 x_i，并将其首先引入模型。（如所有模型均无统计上的显著性，则运算过程终止，没有模型被拟合。）

第二步：在已经引入模型 x_i 的基础上，再分别引入模型外的 k – 1 个自变量(x_1，…，x_{i-1}，x_{i+1}，…，x_k)的线性回归模型，即组合变量为 k – 1 个线性模型。然后挑选出 F 统计量的值最大的含有两个自变量的模型，并将对应的自变量引入模型。如此反复进行，直至模型外的自变量均无统计显著性为止。

SPSS 实验步骤

Step1：输入数据；依次选择"分析（A）"→"回归（R）"→"线性（L）"进入线性回归对话框。在"线性回归"对话框中，将左侧框内的"y""x1""x2""x3""x4""x5"分别移入右侧"因变量（D）"和"自变量（I）"框内，对话框界面同前例。并在"方法"下选择"向前"。

Step2：单击"选项"，并在"步进方法标准"下选择"使用 F 的概率"，并输入增加变量所要求的显著性水平（默认值为0.05）；在"删除"框中输入剔除变量所要求的显著性水平（默认值为0.10）。单击【继续】回到主对话框。如图11 -10所示。

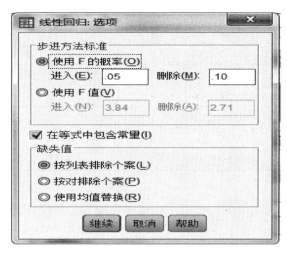

图11 -10　"线性回归：选项"对话框

Step3：单击【确定】。得到部分结果如表11 -8～表11 -10所示。结合结果逐表进行分析。

表11 -8　输入/移去的变量[a]

模型	输入的变量	移去的变量	方法
1	x2	0.0	向前（准则：F - to - enter的概率≤0.050）
2	x4	0.0	向前（准则：F - to - enter的概率≤0.050）
3	x3	0.0	向前（准则：F - to - enter的概率≤0.050）

a. 因变量：y。

表11 -9　模型汇总[d]

模型	R	R^2	调整 R^2	标准估计的误差	Durbin - Watson
1	0.978[a]	0.956	0.950	219.54146	—
2	0.989[b]	0.978	0.972	165.56013	—
3	0.996[c]	0.991	0.987	111.58224	1.953

a. 预测变量：（常量），x2。

b. 预测变量：（常量），x2，x4。

c. 预测变量：（常量），x2，x4，x3。

d. 因变量：y。

表 11–10　Anova[d]

模型		平方和	df	均方	F	Sig.
1	回归	8347017.484	1	8347017.484	173.180	0.000[a]
	残差	385587.616	8	48198.452	—	—
	总计	8732605.100	9	—	—	—
2	回归	8540733.998	2	4270366.999	155.795	0.000[b]
	残差	191871.102	7	27410.157	—	—
	总计	8732605.100	9	—	—	—
3	回归	8657901.526	3	2885967.175	231.794	0.000[c]
	残差	74703.574	6	12450.596	—	—
	总计	8732605.100	9	—	—	—

a. 预测变量：（常量），x2。

b. 预测变量：（常量），x2，x4。

c. 预测变量：（常量），x2，x4，x3。

d. 因变量：y。

上面各表显示，对 5 个自变量分别拟合与因变量 y 的一元线性回归模型，共有 5 个，找出 F 统计量最大所对应的自变量。据此，首先选入的自变量是 x2；在选入 x2 的基础上，再分别拟合 x2 + x3，x2 + x4，x2 + x5，x2 + x1 与 y 的 4 个线性回归模型，选出 F 统计量最大所对应的自变量为 x4；在选入 x2，x4 的基础上，再分别拟合 x2 + x4 + x1，x2 + x4 + x3，x2 + x4 + x5 与 y 的 3 个线性回归模型，选出 F 统计量最大所对应的自变量为 x3；在选入 x2，x4，x3 的基础上，再分别拟合 x2 + x4 + x3 + x1，x2 + x4 + x3 + x5 与 y 的 2 个线性回归模型，F 统计量所对应的概率不显著。故运算过程终止。需要注意的是，选择时要求每个解释变量影响显著，参数符号正确。

由于 F 统计量和可决系数 R^2 以及修正可决系数 $\overline{R}^2$ 之间存在如下关系：

$$F = \frac{R^2/(k-1)}{(1-R^2)/(n-k)}, \quad \overline{R}^2 = 1 - \frac{n-1}{(n-k-1) + k \cdot F}$$

可以看出，伴随着可决系数 R^2 以及修正可决系数 $\overline{R}^2$ 的增加，F 统计量的值将不断增加；反过来也如此。这说明两者之间具有一致性，但是可决系数 R^2 以及修正可决系数 $\overline{R}^2$ 只能提供一个模糊的推测，它们的值到底要达到多大，才算模型通过了检验，并没有确定的界限，而 F 统计量检验则不同，它可以在给定显著性水平下，给出统计意义上严格的结论。

从表 11–9 的调整 R^2 的结果也可看出随着 x2、x4、x3 的逐一选入，调整 R^2 也相应增大，这和 F 统计量检验的结果是一致的。

表 11 - 11 是回归系数的相关内容，包括非标准化系数和标准系数及其相应的 t 检验统计量和 t 检验显著性概率。从模型 3 中各系数的 t 检验统计量和 t 检验显著性概率的值来看，均小于 0.05。说明 x2、x4、x3 三个变量对 y 有显著的影响。

表 11 - 11　回归系数[a]

模型		非标准化系数		标准系数	t	Sig.	B 的 95.0% 置信区间	
		B	标准误差	试用版			下限	上限
1	（常量）	- 2933.704	421.636		- 6.958	0.000	- 3905.998	- 1961.411
	x2	9.052	0.688	0.978	13.160	0.000	7.466	10.638
2	（常量）	- 3059.972	321.491		- 9.518	0.000	- 3820.178	- 2299.767
	x2	6.737	1.014	0.728	6.645	0.000	4.339	9.134
	x4	10.908	4.103	0.291	2.658	0.033	1.206	20.610
3	（常量）	- 2441.161	296.039		- 8.246	0.000	- 3165.542	- 1716.780
	x2	4.216	1.069	0.455	3.945	0.008	1.601	6.831
	x4	13.629	2.904	0.364	4.693	0.003	6.523	20.735
	x3	3.222	1.050	0.243	3.068	0.022	0.652	5.792

a. 因变量：y。

表 11 - 12 反映了已排除的变量及过程、结果。由此得到最后的回归模型：

表 11 - 12　已排除的变量[d]

模型		Beta In	t	Sig.	偏相关	共线性统计量
						容差
1	x1	0.336[a]	2.151	0.068	0.631	0.156
	x3	0.129[a]	0.858	0.419	0.308	0.252
	x4	0.291[a]	2.658	0.033	0.709	0.262
	x5	0.135[a]	0.462	0.658	0.172	0.072
2	x1	0.103[b]	0.423	0.687	0.170	0.060
	x3	0.243[b]	3.068	0.022	0.781	0.228
	x5	- 0.200[b]	- 0.805	0.451	- 0.312	0.053
3	x1	0.085[c]	0.516	0.628	0.225	0.060
	x5	- 0.227[c]	- 1.535	0.185	- 0.566	0.053

a. 模型中的预测变量：（常量），x2。

b. 模型中的预测变量：（常量），x2，x4。

c. 模型中的预测变量：（常量），x2，x4，x3。

d. 因变量：y。

$$\hat{y} = -2441.161 + 4.216x_2 + 13.629x_4 + 3.222x_3$$

（二）"向后"选择方式

思路：与向前选择法相反，其基本过程如下：

第一步：先对因变量拟合包括所有 K 个自变量(x_1, x_2, $\cdots$, x_k)的线性回归模型。然后考察 $p(p < k)$ 个去掉一个自变量的模型(这些模型的每一个都有 $k-1$ 个自变量)，使模型的 SSE 值减小，最小的自变量被挑选出来并从模型中剔除。

第二步：考察 $p-1$ 个再去掉一个自变量的模型（这些模型的每一个都有 $k-2$ 个自变量），使模型的 SSE 值减少最小的自变量被挑选出来并从模型中剔除。如此反复，直至剔除一个自变量不会使 SSE 值显著减小为止。这时，模型中所剩的自变量都是显著的。上述过程可以通过 F 检验的 p 值来判断。

SPSS 实验步骤

Step1：输入数据；依次选择"分析（A）"→"回归（R）"→"线性（L）"进入线性回归对话框。在"线性回归"对话框中，将左侧框内的"y""x1""x2""x3""x4""x5"分别移入右侧"因变量（D）"和"自变量（I）"框内，对话框界面同前例。并在"方法"下选择"向后"。

Step2：单击"选项"，并在"步进方法标准"下选择"使用 F 的概率"，并输入增加变量所要求的显著性水平（默认值为 0.05）；在"删除"框中输入剔除变量所要求的显著性水平（默认值为 0.10）。单击"继续"回到主对话框。

Step3：单击"确定"。得到部分结果如表 11-13 ~ 表 11-15 所示，由于和"向前"选择相反，结果就不再赘述。

表 11-13　输入/移去的变量[b]

模型	输入的变量	移去的变量	方法
1	x5, x3, x4, x1, x2[a]	0.0	输入
2	0.0	x1	向后（准则：F - to - remove ≥ 0.100 的概率）。
3	0.0	x5	向后（准则：F - to - remove ≥ 0.100 的概率）。

a. 已输入所有请求的变量。

b. 因变量：y。

表 11-14　模型汇总[d]

模型	R	R^2	调整 R^2	标准估计的误差	Durbin - Watson
1	0.998[a]	0.995	0.990	100.14332	
2	0.997[b]	0.994	0.990	100.77539	
3	0.996[c]	0.991	0.987	111.58224	1.953

a. 预测变量：（常量），x5, x3, x4, x1, x2。

b. 预测变量：（常量），x5, x3, x4, x2。

c. 预测变量：（常量），x3, x4, x2。

d. 因变量：y。

表 11 - 15　Anova[d]

模型		平方和	df	均方	F	Sig.
1	回归	8692490.359	5	1738498.072	173.353	0.000[a]
	残差	40114.741	4	10028.685		
	总计	8732605.100	9			
2	回归	8681826.700	4	2170456.675	213.718	0.000[b]
	残差	50778.400	5	10155.680		
	总计	8732605.100	9			
3	回归	8657901.526	3	2885967.175	231.794	0.000[c]
	残差	74703.574	6	12450.596		
	总计	8732605.100	9			

a. 预测变量：（常量），x5，x3，x4，x1，x2。

b. 预测变量：（常量），x5，x3，x4，x2。

c. 预测变量：（常量），x3，x4，x2。

d. 因变量：y。

表 11 - 16 给出了参数的估计值和用于检验的 t 统计量和 p 值。

表 11 - 16　回归系数[a]

模型		非标准化系数		标准系数	t	Sig.	B 的 95.0% 置信区间	
		B	标准误差	试用版			下限	上限
1	（常量）	-274.377	1316.690		-0.208	0.845	-3930.094	3381.339
	x1	0.013	0.013	0.148	1.031	0.361	-0.022	0.048
	x2	5.438	1.380	0.587	3.940	0.017	1.606	9.271
	x3	3.272	0.944	0.246	3.465	0.026	0.650	5.893
	x4	12.986	4.178	0.347	3.108	0.036	1.386	24.586
	x5	-563.108	321.283	-0.266	-1.753	0.155	-1455.132	328.917
2	（常量）	-471.231	1311.000		-0.359	0.734	-3841.263	2898.801
	x2	5.699	1.366	0.615	4.173	0.009	2.188	9.209
	x3	3.297	0.950	0.248	3.471	0.018	0.856	5.739
	x4	15.969	3.034	0.426	5.264	0.003	8.170	23.767
	x5	-480.610	313.127	-0.227	-1.535	0.185	-1285.528	324.307

续表

模型		非标准化系数		标准系数	t	Sig.	B 的95.0% 置信区间	
		B	标准误差	试用版			下限	上限
3	（常量）	-2441.161	296.039		-8.246	0.000	-3165.542	-1716.780
	x2	4.216	1.069	0.455	3.945	0.008	1.601	6.831
	x3	3.222	1.050	0.243	3.068	0.022	0.652	5.792
	x4	13.629	2.904	0.364	4.693	0.003	6.523	20.735

a. 因变量：y。

表 11 - 17　已排除的变量[c]

模型		Beta In	t	Sig.	偏相关	共线性统计量
						容差
2	x1	0.148[a]	1.031	0.361	0.458	0.056
3	x1	0.085[b]	0.516	0.628	0.225	0.060
	x5	-0.227[b]	-1.535	0.185	-0.566	0.053

a. 模型中的预测变量：（常量），x5，x3，x4，x2。

b. 模型中的预测变量：（常量），x3，x4，x2。

c. 因变量：y。

由此得到最终回归模型：

$$\hat{y} = -2441.161 + 4.216x_2 + 13.629x_4 + 3.222x_3$$

（三）"逐步"选择方式

思路：逐步回归是将"向前"和"向后"两种方法结合起来筛选自变量的方法。前两步和向前选择法相同。不过在增加了一个变量后，它会对模型中所有的变量进行考察，看看有没有可能剔除的变量。如果在增加了一个变量后，前面增加的某个自变量对模型的贡献变得不显著，这个变量就会被剔除，如此反复进行，直至增加变量不能导致 SSE 值显著减小，这个过程可通过 F 统计量来检验。需要注意，前面增加的自变量在后面的步骤中有可能被剔除，而在前面步骤中被剔除的自变量在后面的步骤中也可能重新进入模型。

SPSS 实验步骤

Step1：输入数据；依次选择"分析（A）"→"回归（R）"→"线性（L）"进入线性回归对话框。在"线性回归"对话框中，将左侧框内的"y""x1""x2""x3""x4""x5"分别移入右侧"因变量（D）"和"自变量（I）"

框内，对话框界面同前例。并在"方法"下选择"逐步"。

　　Step2：单击"选项"，并在"步进方法标准"下选择"使用 F 的概率"，并输入增加变量所要求的显著性水平（默认值为 0.05）；在"删除"框中输入剔除变量所要求的显著性水平（默认值为 0.10）。单击"继续"回到主对话框。

　　Step3：单击"确定"。得到部分结果如表 11 – 18 所示。

表 11 – 18　输入/移去的变量[a]

模型	输入的变量	移去的变量	方法
1	x2	0.0	步进（准则：F – to – enter 的概率≤0.050，F – to – remove 的概率≥0.100）。
2	x4	0.0	步进（准则：F – to – enter 的概率≤0.050，F – to – remove 的概率≥0.100）。
3	x3	0.0	步进（准则：F – to – enter 的概率≤0.050，F – to – remove 的概率≥0.100）。

a. 因变量：y。

　　表 11 – 18 显示：最先引入的自变量是 x2，其次是 x4，x3，其他两个变量被剔除。

　　表 11 – 19 给出了三个回归模型的一些主要统计量，包括复相关系数 R、判定系数 R^2、调整可决系数以及估计标准误等。

表 11 – 19　模型汇总[d]

模型	R	R^2	调整 R^2	估计标准误	Durbin – Watson
1	0.978[a]	0.956	0.950	219.54146	
2	0.989[b]	0.978	0.972	165.56013	
3	0.996[c]	0.991	0.987	111.58224	1.953

a. 预测变量：（常量），x2。

b. 预测变量：（常量），x2，x4。

c. 预测变量：（常量），x2，x4，x3。

d. 因变量：y。

表 11 - 20 给出了回归分析中的方差分析表。

表 11 - 20   Anova[d]

模型		平方和	df	均方	F	Sig.
1	回归	8347017.484	1	8347017.484	173.180	0.000[a]
	残差	385587.616	8	48198.452		
	总计	8732605.100	9			
2	回归	8540733.998	2	4270366.999	155.795	0.000[b]
	残差	191871.102	7	27410.157		
	总计	8732605.100	9			
3	回归	8657901.526	3	2885967.175	231.794	0.000[c]
	残差	74703.574	6	12450.596		
	总计	8732605.100	9			

a. 预测变量：（常量），x2。

b. 预测变量：（常量），x2，x4。

c. 预测变量：（常量），x2，x4，x3。

d. 因变量：y。

表 11 - 21 给出了参数的估计值和用于检验的 t 统计量和 p 值。由表 11 - 21 结果得到回归模型：

表 11 - 21   系数[a]

模型		非标准化系数		标准系数	t	Sig.	B 的95.0% 置信区间	
		B	标准误差	试用版			下限	上限
1	（常量）	-2933.704	421.636		-6.958	0.000	-3905.998	-1961.411
	x2	9.052	0.688	0.978	13.160	0.000	7.466	10.638
2	（常量）	-3059.972	321.491		-9.518	0.000	-3820.178	-2299.767
	x2	6.737	1.014	0.728	6.645	0.000	4.339	9.134
	x4	10.908	4.103	0.291	2.658	0.033	1.206	20.610
3	（常量）	-2441.161	296.039		-8.246	0.000	-3165.542	-1716.780
	x2	4.216	1.069	0.455	3.945	0.008	1.601	6.831
	x4	13.629	2.904	0.364	4.693	0.003	6.523	20.735
	x3	3.222	1.050	0.243	3.068	0.022	0.652	5.792

a. 因变量：y。

$$\hat{y} = -2441.161 + 4.216x_2 + 13.629x_4 + 3.222x_3$$

可以看出，三种变量选入方式得到的回归模型是一致的。如表 11 - 22 所示。

表 11 - 22　已排除的变量[d]

模型		Beta In	t	Sig.	偏相关	共线性统计量
						容差
1	x1	0.336[a]	2.151	0.068	0.631	0.156
	x3	0.129[a]	0.858	0.419	0.308	0.252
	x4	0.291[a]	2.658	0.033	0.709	0.262
	x5	0.135[a]	0.462	0.658	0.172	0.072
2	x1	0.103[b]	0.423	0.687	0.170	0.060
	x3	0.243[b]	3.068	0.022	0.781	0.228
	x5	-0.200[b]	-0.805	0.451	-0.312	0.053
3	x1	0.085[c]	0.516	0.628	0.225	0.060
	x5	-0.227[c]	-1.535	0.185	-0.566	0.053

a. 模型中的预测变量：（常量），x2。

b. 模型中的预测变量：（常量），x2，x4。

c. 模型中的预测变量：（常量），x2，x4，x3。

d. 因变量：y。

三、利用多元线性回归方程进行预测（时间序列数据，SPSS）

回归模型经过各种检验并表明符合预定的要求后，就可以利用它来预测因变量了。所谓预测是指通过自变量 x 的取值来预测因变量 y 的取值。

利用前文"逐步"选择方式情形下进行预测。

SPSS 实验步骤

Step1：依次选择"分析（A）"→"回归（R）"→"线性（L）"进入线性回归对话框。

Step2：在"线性回归"对话框中，将左侧框内的"生产费用"和"产量"分别移入右侧"因变量（D）"和"自变量（I）"框内。并在"方法"下选择【进入】。

Step3：单击【保存（S）】，弹出"线性回归：保存"对话框，在预测值框中选择"未标准化（U）"；在预测区间框中选择"均值（M）"和"单值（I）"，在"置信区间"中选择需要的置信水平。单击【继续】，返回对话框。

Step4：单击【确定】，输出结果如表 11 - 23 所示。

表 11 – 23   因变量 y 的置信区间和预测区间

y	x1	x2	x3	x4	x5	PRE_ 1	LMCI_ 1	UMCI_ 1	LICI_ 1	UICI_ 1
1023. 50	52400. 00	414. 70	54. 90	111. 78	5. 90	1007. 51154	801. 32728	1213. 69580	665. 37360	1349. 64947
1375. 70	62900. 00	464. 00	61. 50	115. 70	5. 97	1290. 04564	1134. 24854	1445. 84273	975. 69050	1604. 40077
1638. 40	63900. 00	534. 10	70. 50	118. 58	6. 49	1653. 82859	1472. 07513	1835. 58205	1325. 83356	1981. 82362
2112. 70	64400. 00	599. 80	145. 70	122. 64	6. 60	2228. 43807	2071. 15528	2385. 72086	1913. 34397	2543. 53218
2391. 20	69450. 00	607. 00	197. 00	127. 85	6. 64	2495. 08681	2361. 06630	2629. 10732	2190. 93567	2799. 23795
2831. 90	71900. 00	614. 80	249. 50	135. 17	6. 74	2796. 88882	2580. 95908	3012. 81856	2448. 79103	3144. 98661
3175. 50	74400. 00	678. 60	226. 60	140. 27	6. 87	3061. 58759	2911. 45965	3211. 71554	2750. 00322	3373. 17196
3522. 40	78400. 00	708. 30	212. 70	169. 80	7. 01	3544. 48106	3408. 89155	3680. 07058	3239. 63531	3849. 32682
3787. 40	87800. 00	739. 70	209. 10	176. 52	7. 19	3756. 84824	3586. 49038	3927. 20610	3435. 02808	4078. 66840
3442. 30	87000. 00	684. 90	200. 00	180. 98	7. 30	3557. 28364	3359. 55421	3755. 01306	3220. 17336	3894. 39392

在表 11 – 23 中，PRE – 1 是点估计（预测）值，LMCI – 1 和 UMCI – 1 是平均值的置信区间（SPSS 称为均值的预测区间）的上下限，LICI – 1 和 UICI – 1 是个别值的预测区间的上下限。

四、多元线性回归分析时假定检验的一般步骤

在回归分析中，为了寻求有效的参数估计方法和对模型进行统计检验，常常需要对模型中的随机误差项和解释变量做一些假定。与一元线性回归模型的基本假定类似，多元线性回归模型的基本假定也包括对解释变量的假定、对随机误差项的假定、对模型设定的假定等几个方面。具体来说，主要就是同方差假定、无自相关假定和无多重共线性假定。实际的样本数据往往不满足上述假定。因此，进行多元线性回归分析时，必须对上述假定进行检验并进行消除，但其检验及消除是有先后顺序的：一般先进行多重共线性检验及消除，然后是异方差性检验及消除，最后是自相关性检验及消除。

针对前例，在多重共线性检验及消除后，进行异方差的检验。在 SPSS 中可以选用两种方式来实现异方差的检验。第一种是通过绘制残差图。在残差图中如果残差的方差随着解释变量值的增加而出现增加或减少的趋势，那么，就出现了异方差的现象；另一种方式是通过计算等级相关系数来实现。在得到残差序列后，需要对其取绝对值，然后计算出残差序列和解释变量序列的秩，最后通过计算 Spearman 等级相关系数，SPSS 会在相关分析的结果中给出检验统计量的 p – 值，通过与显著性水平对比，如果 p – 值小于显著性水平，就认为残差与解释变量间存在着相关关系，出现了异方差。在 SPSS 中，具体的操作是，analyze – correlate – bivariate，然后将解释变量和残差序列的秩选为变量，注意看结果中的

sig. 值，用它与显著性水平对比。

　　相对 SPSS 软件，E – Views 软件则更显方便一些。下面简单介绍如下。

　　Step1：利用 E – Views 软件，输入 Y、X1、X2、X3、X4、X5 等数据，采用这些数据对模型进行 OLS 回归，结果如图 11 – 11 所示。

```
☰ Equation: UNTITLED  Workfile: 例11-1::Untitled\        _  □  ×

View  Proc  Object   Print  Name  Freeze   Estimate  Forecast  Stats  Resids

Dependent Variable: Y
Method: Least Squares
Date: 05/29/18  Time: 13:08
Sample: 1994 2003
Included observations: 10

   Variable       Coefficient    Std. Error    t-Statistic     Prob.

      C            -274.3773      1316.690      -0.208384      0.8451
      X1             0.013088       0.012692      1.031172      0.3607
      X2             5.438193       1.380395      3.939591      0.0170
      X3             3.271773       0.944215      3.465073      0.0257
      X4            12.98624        4.177929      3.108296      0.0359
      X5          -563.1077       321.2830      -1.752685      0.1545

R-squared              0.995406    Mean dependent var     2539.200
Adjusted R-squared     0.989664    S.D. dependent var      985.0327
S.E. of regression   100.1433      Akaike info criterion    12.33479
Sum squared resid   40114.74       Schwarz criterion        12.51634
Log likelihood       -55.67396     Hannan-Quinn criter.     12.13563
F-statistic          173.3525      Durbin-Watson stat        2.311565
Prob(F-statistic)      0.000092
```

图 11 – 11　回归结果

　　由此可见，该模型拟合优度很高，回归模型显著。但是 X1、X5 系数的 t 检验不显著，而且 X5 系数的符号与预期的相反，这表明很可能存在严重的多重共线性。

　　Step2：多重共线性的消除。在主窗口，选择 Quick /Estimate Equation，弹出方程设定对话框，通过估计方法的下拉菜单选择逐步最小二乘法，设定对话框如图 11 – 12 所示。

　　Step3：打开选项 Options。其中选择模型（Selection Method）部分用来设定逐步回归的方法，包括单向逐步回归法（Uni – direct ional）、有进有出逐步回归法（Stepwise）、交换逐步回归法（Swapwise）和组合逐步回归法（Combinatorial）。E – Views 默认使用前向有进有出法（Stepwise – forwards）。对于单向逐步回归法（Uni – direct ional）、有进有出逐步回归法（Stepwise）可以设定前向和后向两种方法。这两种添加或剔除变量的终止准则有 p 值和 t 统计量两种选项，同时终止程序的准则还可以采用"利用回归变量个数"（Use Number of Regressors），需要在相应的编辑区域提供回归变量个数。本例中 P - value 文本框输入 0.05，回归变量个数输入 5，其余采用默认设置。如图 11 - 13 所示。

图 11 - 12　"方程设定"对话框

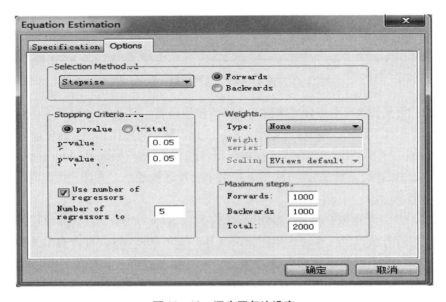

图 11 - 13　逐步回归法设定

Step4：单击"确定"。估计结果如图 11 – 14 所示。

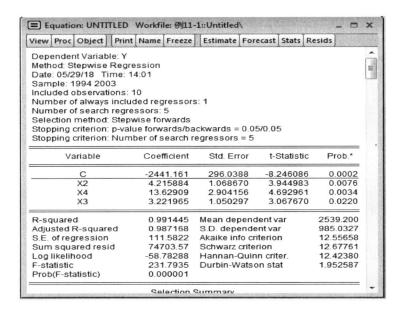

图 11 – 14　有进有出逐步回归结果

Step5：异方差检验。在方程窗口，选择 Views / Residual Diagnostics / Heteroskedasticity Tests，对话框如图 11 – 15 所示。

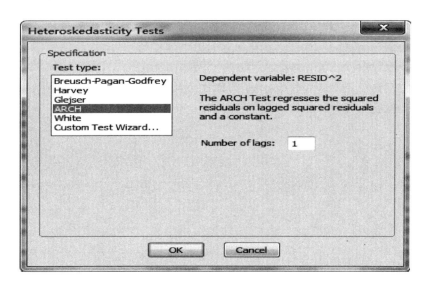

图 11 – 15　异方差检验对话框

Step6：单击"OK"，ARCH 检验结果如图 11 – 16 所示。

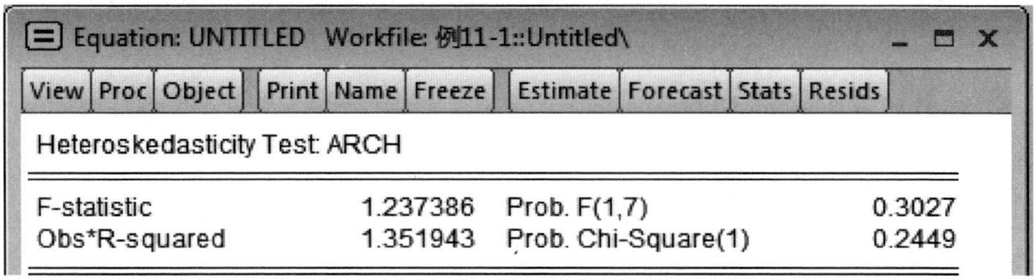

Heteroskedasticity Test: ARCH			
F-statistic	1.237386	Prob. F(1,7)	0.3027
Obs*R-squared	1.351943	Prob. Chi-Square(1)	0.2449

图 11 – 16 有进有出逐步回归结果

p 值为 0.2449，表明模型已不存在异方差性。

Step7：自相关性检验。从 Step4 的结果可以看到，D – W 值为 1.952587，已不存在一阶自相关性。由此，可以认为 Step4 得到的模型可作为最终回归模型。

五、多元线性回归分析（横截面数据，Stata）

例 11 – 2：数据集 airq. dta[①] 包含 1972 年美国加州 30 个大城市的如下变量：airq（空气质量指数，越低越好），vala（公司的增加值，千美元），rain（降雨量，英寸），coast（是否为海岸城市），density（人口密度，每平方英里），income（人均收入，美元）。试完成以下要求：

（1）把 airq 对其他变量进行 OLS 回归。

（2）得到 airq 的拟合值和残差。

（3）检验原假设"平均收入对空气质量没有影响"。

（4）检验经济变量 density 与 income 的联合显著性。

（5）检验经济变量 rain 与 coast 的联合显著性。

（6）检验所有解释变量的联合显著性。

（7）是否存在多重共线性？

（8）进行逐步回归。

（9）是否存在异方差？如有，如何处理？

Stata 实验步骤

Step1：regress 命令可以实现因变量对解释变量的回归，输出结果除了系数估计量外，同时还可呈现系数的标准差、t 值、p 值和 95% 的置信区间。在"command"区域输入如下命令：

---

① 此例选自陈强《计量经济学及 Stata 应用》习题 5.5，来自 verbeek（2012）。

reg airq vala rain coast density income（regress 命令格式和常用选项说明见附录）

回车，输出结果如图 11 - 17 所示：

. reg airq vala rain coast density income

Source	SS	df	MS			
Model	8723. 84625	5	1744. 76925	Number of obs	=	30
				F（5，24）	=	2.98
Residual	14058. 4538	24	585. 768906	Prob > F	=	0.0313
				R - squared	=	0.3829
Total	22782. 3	29	785. 596552	Adj R - squared	=	0.2544
				Root MSE	=	24. 203

airq	Coef.	Std. Err.	t	p > ｜t｜	［95% Conf. Interval］	
vala	0. 0008834	0. 0022562	0. 39	0. 699	- 0. 0037731	0. 0055399
rain	0. 2506988	0. 3435183	0. 73	0. 473	- 0. 458288	0. 9596857
coast	- 33. 3983	10. 45752	- 3. 19	0. 004	- 54. 98156	- 11. 81504
density	- 0. 0010734	0. 0016233	- 0. 66	0. 515	- 0. 0044237	0. 0022769
income	0. 0005545	0. 0008503	0. 65	0. 521	- 0. 0012003	0. 0023093
_ cons	111. 9347	15. 33179	7. 30	0. 000	80. 29141	143. 5779

图 11 - 17 执行结果（一）

输出结果由三部分构成：左上方是数据集的描述，右上角是对拟合程度的描述，下方则呈现自变量系数的估计值、标准差、t 值、p 值和 95% 的置信区间。从结果来看，变量 coast 系数是显著的。95% 置信区间表示参数有 95% 的概率会落在给出的区间，区间大小是度量系数准确程度的重要指标。

如果希望不考虑常数项作用（即过原点回归），则可输入如下命令：

reg airq vala rain coast density income, nocons

回车，输出结果如图 11 - 18 所示。

输出结果显示，加入 nocons 选项，即只对解释变量做 OLS 回归，和保留常数项做 OLS 回归，结果有较明显不同：自变量系数估计值、标准差、t 值、p 值和 95% 的置信区间发生了变化，但 R^2 和修正后 R^2 提升很多。应该注意到，缺少常数项的回归一般会导致得到的系数有偏，故一般不建议采用此法。

. reg airq vala rain coast density income，nocons

Source	SS	df	MS			
				Number of obs	=	30
Model	306363.88	5	61272.776	F (5, 25)	=	33.83
				Prob > F	=	0.0000
Residual	45281.1201	25	1811.2448	R – squared	=	0.8712
				Adj R – squared	=	0.8455
Total	351645	30	11721.5	Root MSE	=	42.559

airq	Coef.	Std. Err.	t	p >	t		[95% Conf. Interval]	
vala	0.007031	0.0036807	1.91	0.068	– 0.0005496	0.0146115
rain	2.176266	0.3870248	5.62	0.000	1.379174	2.973359
coast	– 6.530185	17.21254	– 0.38	0.708	– 41.98007	28.9197
density	0.0006051	0.0028257	0.21	0.832	– 0.0052145	0.0064247
income	– 0.0009536	0.0014503	– 0.66	0.517	– 0.0039406	0.0020334

图 11 –18　执行结果（二）

如果希望输出想自己设定置信水平的置信区间，则可输入如下命令：

reg airq vala rain coast density income，level（99）

回车，输出结果如图 11 – 19 所示。

. reg airq vala rain coast density income，level（99）

Source	SS	df	MS			
				Number of obs	=	30
Model	8723.84625	5	1744.76925	F (5, 24)	=	2.98
				Prob > F	=	0.0313
Residual	14058.4538	24	585.768906	R – squared	=	0.3829
				Adj R – squared	=	0.2544
Total	22782.3	29	785.596552	Root MSE	=	24.203

airq	Coef.	Std. Err.	t	p >	t		[99% Conf. Interval]	
vala	0.0008834	0.0022562	0.39	0.699	– 0.005427	0.0071938
rain	0.2506988	0.3435183	0.73	0.473	– 0.710101	1.211499
coast	– 33.3983	10.45752	– 3.19	0.004	– 62.64735	– 4.149248
density	– 0.0010734	0.0016233	– 0.66	0.515	– 0.0056136	0.0034669
income	0.0005545	0.0008503	0.65	0.521	– 0.0018236	0.0029326
_ cons	111.9347	15.33179	7.30	0.000	69.05258	154.8167

图 11 –19　执行结果（三）

输出结果显示，99% 的置信区间要大于 95% 的置信区间。

如果数据集一些数据变化波动程度很高，可将各变量进行标准化，再进行回归，可使用 beta 选项完成，命令如下：

reg airq vala rain coast density income，beta

回车，输出结果如图 11 - 20 所示。

. reg airq vala rain coast density income，beta

Source	SS	df	MS		Number of obs	=	30
Model	8723. 84625	5	1744. 76925		F (5，24)	=	2.98
					Prob > F	=	0. 0313
Residual	14058. 4538	24	585. 768906		R - squared	=	0. 3829
					Adj R - squared	=	0. 2544
Total	22782. 3	29	785. 596552		Root MSE	=	24. 203
airq	Coef.	Std. Err.	t	p >	t			Beta
vala	0. 0008834	0. 0022562	0. 39	0. 699		0. 1459331
rain	0. 2506988	0. 3435183	0. 73	0. 473		0. 1206457
coast	- 33. 3983	10. 45752	- 3. 19	0. 004		- 0. 5553872
density	- 0. 0010734	0. 0016233	- 0. 66	0. 515		- 0. 1082908
income	0. 0005545	0. 0008503	0. 65	0. 521		0. 2472713
_ cons	111. 9347	15. 33179	7. 30	0. 000		

图 11 - 20　执行结果（四）

输出结果不显示置信区间，而是显示 Beta 值，表示在变量标准化时的权数。

Step2：predict 命令是 regress 命令的后续命令，可得到拟合值及残差。首先，要创建一个变量来存放回归得到的预测值。输入如下命令：

predict airqf

回车，输出显示如图 11 - 21 所示：

. predict airqf

(option xb assumed；fitted values)

图 11 - 21　结果（一）

同样，创建一个变量来存放回归得到的残差。输入如下命令：

predict e，resid

为方便使用，一般要给这两个变量加上标签，分别输入如下命令：

. label variable airqf "predict mean airq"

. label variable e " residual"

回车，此时在 Stata 主窗口右上方变量区可看到新变量及变量标签。另外，也可单击 Data Editor（Edit）图标，如图 11 - 22（部分）所示。

	airq	vala	rain	coast	density	income	airqf	e
1	104	2734.4	12.63	1	1815.86	4397	90.51392	13.48608
2	85	2479.2	47.14	1	804.86	5667	91.07215	-6.072151
3	127	4845	42.77	1	1907.86	15817	99.28185	27.71816
4	145	19733.8	33.18	0	1876.08	32698	185.0895	-40.08946
5	84	4093.6	34.55	1	340.93	6250	98.33436	-14.33436
6	135	1849.8	14.81	0	335.52	4705	114.1841	20.81595
7	88	4179.4	45.94	1	315.78	7165	98.74964	-10.74965
8	118	2525.3	39.25	0	360.39	4472	116.8716	1.128389
9	74	1899.2	42.36	1	12957.5	2658	69.99902	4.000978

图 11 - 22　Data Editor（Edit）界面显示

Step3：test 命令是 regress 命令的又一后续命令，用来检验系数是否符合一定的关系。若要检验原假设"平均收入对空气质量没有影响"，继续在命令窗口输入：

test income

回车，输出显示如图 11 - 23 所示：

. test income

（1）income = 0

F（1, 8）　=　0.00

Prob > F　=　0.9814

图 11 - 23　结果（二）

从结果看，最后一行的 p 值远大于 0.05，可以认为原假设应该接受。

Step4：Stata 对变量联合显著性检验操作很方便，如要检验经济变量 density 与 income 的联合显著性，在命令窗口输入：

test density income

回车，输出显示如图 11 - 24 所示：

. test density income

（1）density = 0

（2）income = 0

F（2, 8）　=　0.30

Prob > F　=　0.7504

图 11 - 24　结果（三）

从结果看，最后一行的 p 值远大于 0.05，可以认为检验经济变量 density 与 income 的联合显著性不显著。

Step5：同步骤 4。在命令窗口输入：

test rain coast

回车，输出显示如图 11 - 25 所示：

. test rain coast

(1) rain = 0

(2) coast = 0

    $F_{(2, 24)}$ = 5.12

    Prob > F = 0.0141

图 11 - 25 结果（四）

从结果看，最后一行的 p 值小于 0.05，可以认为检验经济变量 rain 与 coast 的联合显著性显著。

Step6：检验所有解释变量的联合显著性，在命令窗口输入：

test vala density income rain coast

回车，输出显示如图 11 - 26 所示：

. test vala density income rain coast

(1) vala = 0

(2) density = 0

(3) income = 0

(4) rain = 0

(5) coast = 0

    $F_{(5, 24)}$ = 2.98

    Prob > F = 0.0313

图 11 - 26 结果（五）

从结果看，最后一行的 p 值小于 0.05，可以认为所有解释变量的联合显著性显著。

Step7：Stata 中的 vif 命令可通过计算自变量的方差膨胀因子来判断自变量间是否存在多重共线性。要注意，执行此命令前，先要做 regress 命令。在命令窗口输入：

reg airq vala rain coast density income

vif

回车，输出显示如图 11 - 27 所示：

. vif

Variable	VIF	1/VIF
income	5. 59	0. 178846
vala	5. 40	0. 185089
coast	1. 18	0. 850214
rain	1. 06	0. 940827
density	1. 04	0. 958614
Mean VIF	2. 86	

图 11 – 27　结果（六）

结果显示，变量 income 和 vala 的 vif 值均大于 5，说明存在较严重的多重共线性。

Step8：Stata 中的 sw regress 命令可进行逐步回归。在命令窗口输入：

sw regress airq vala density income rain coast，pr（0. 05）（sw regress 命令格式和常用选项说明见附录）

回车，输出显示如图 11 – 28 所示：

. sw regress airq vala density income rain coast，pr（0. 05）

begin with full model

p = 0. 6989 ≥ 0. 0500　removing vala

p = 0. 4966 ≥ 0. 0500　removing density

p = 0. 4959 ≥ 0. 0500　removing rain

Source	SS	df	MS			
Model	8100. 08234	2	4050. 04117	Number of obs	=	30
				F（2，27）	=	7. 45
Residual	14682. 2177	27	543. 785839	Prob > F	=	0. 0027
				R – squared	=	0. 3555
				Adj R – squared	=	0. 3078
Total	22782. 3	29	785. 596552	Root MSE	=	23. 319

airq	Coef.	Std. Err.	t	p >	t		[95% Conf. Interval]	
coast	– 32. 99295	9. 427403	– 3. 50	0. 002	– 52. 33639	– 13. 64952
income	0. 0007726	0. 0003516	2. 20	0. 037	0. 0000513	0. 0014939
_ cons	120. 4735	8. 08151	14. 91	0. 000	103. 8916	137. 0554

图 11 – 28　结果（七）

pr（0.05）是要剔除在95%显著性水平下不显著的变量，从最不显著变量开始剔除，直到所有剩下的变量都显著。显著性水平可选择，例如使用 pr（0.01）、pr（0.1）。当然，也可从最显著变量开始纳入所有在显著性水平 0.05 下显著的变量，在命令窗口输入：

sw regress airq vala density income rain coast，pe（0.05）

回车，输出显示如图 11 - 29 所示：

. sw regress airq vala density income rain coast，pe（0.05）

begin with empty model

p = 0.0060 < 0.0500　adding coast

p = 0.0367 < 0.0500　adding income

Source	SS	df	MS			
				Number of obs	=	30
Model	8100.08234	2	4050.04117	F（2，27）	=	7.45
				Prob > F	=	0.0027
Residual	14682.2177	27	543.785839	R - squared	=	0.3555
				Adj R - squared	=	0.3078
Total	22782.3	29	785.596552	Root MSE	=	23.319
airq	Coef.	Std. Err.	t	p > | t |	[95% Conf. Interval]	
coast	- 32.99295	9.427403	- 3.50	0.002	- 52.33639	- 13.64952
income	0.0007726	0.0003516	2.20	0.037	0.0000513	0.0014939
_ cons	120.4735	8.08151	14.91	0.000	103.8916	137.0554

图 11 - 29　结果（八）

如果要想保留某个变量，不想让其被剔除，可使用 lockterm 选项。例如，想保留变量 density，在命令窗口输入：

sw regress airq density vala income rain coast，pr（0.05）lockterm1

回车，输出显示如图 11 - 30 所示。

Step9：Stata 中检验异方差的命令是 hettest。在命令窗口输入：hettest

回车，输出显示如图 11 - 31 所示。

. sw regress airq density vala income rain coast, pr (0.05) lockterm1

begin with full model

p = 0.6989 ⩾ 0.0500   removing vala

p = 0.4867 ⩾ 0.0500   removing rain

Source	SS	df	MS		
Model	8351.91323	3	2783.97108	Number of obs = 30	
				F (3, 26) = 5.02	
				Prob > F = 0.0071	
Residual	14430.3868	26	555.014876	R − squared = 0.3666	
				Adj R − squared = 0.2935	
Total	22782.3	29	785.596552	Root MSE = 23.559	
airq	Coef.	Std. Err.	t	p > ∣ t ∣	[95% Conf. Interval]
density	− 0.0010628	0.0015779	− 0.67	0.507	− 0.0043062	0.0021805
coast	− 33.17752	9.528183	− 3.48	0.002	− 52.76299	− 13.59206
income	0.0008206	0.0003622	2.27	0.032	0.000076	0.0015651
_ cons	121.9854	8.467429	14.41	0.000	104.5803	139.3904

图 11 – 30   结果（九）

. hettest

Breusch – Pagan/Cook – Weisberg test for heteroskedasticity

Ho：Constant variance

Variables：fitted values of airq

chi2 (1)   =   3.39

Prob > chi2   =   0.0657

图 11 – 31   结果（十）

结果显示，p 值为 0.0657，大于 0.05，可以认为基本不存在异方差。

如果存在异方差的情形，只需在 reg 命令的 options 选项中键入 robust 即可消除异方差，命令如下：

regress depvar indepvars, robust

第四节   问题思考

（1）多元线性回归与一元线性回归在检验内容上有什么不同？因检验内容

不同而引起的操作过程有什么不同？请结合软件说明。

（2）在多元线性回归分析中，自变量的进入有多重方法，通过实际操作，比较各种方法有什么优点。

（3）就检验假设而言，Stata 的优势之处体现在哪里？

（4）熟悉 Stata 软件关于多元线性回归的菜单式操作。

第十二章 时间序列分析和预测（2 学时）

第一节 实验目的

    经济分析中所用的三类数据中，时间序列数据是其中最常见的一类数据。时间序列数据用于描述现象随时间发展变化的特征。时间序列分析方法（Time series analysis）则是一种动态数据处理的统计方法，该方法基于随机过程理论和数理统计学方法，研究随机数据序列所遵从的统计规律。这种建模方法可以不以经济理论为依据，不考虑其他解释变量的作用，而是依据变量自身的变化规律，利用外推机制描述时间序列的变化。通过本实验，使学生熟悉和掌握利用 Excel 进行增长率分析，利用 SPSS/Stata 进行平稳序列的预测、趋势型序列的预测、ARIMA 模型预测及复合型序列的分解预测的基本方法和操作步骤。

第二节 相关知识

一、时间序列及其分解

    时间序列可分为平稳序列和非平稳序列。平稳序列中的各观察值基本上在某个固定水平波动，且不存在某种规律，即随机波动，同时序列不存在趋势。非平稳序列则可能包含趋势、季节性或周期性（一种或多种）的组合。趋势也称长期趋势，是指时间序列在长时期内呈现出的整体向上或向下的变动，可以是线性也可是非线性；季节性也称季节变动，广义的"季节"概念，不仅指一年四季，还包括任何一种周期性变化。含有季节成分的时间序列含有趋势，也可不含趋势；周期性也称循环波动，往往围绕长期趋势波浪形变动。它不同于趋势变动，即周期性呈现涨落相间的交替波动。同时也不同于季节变动，即周期性序列的波动无固定周期。偶然因素会使时间序列呈现随机性波动。一般时间序列数据都含有随机性波动。

二、时间序列的描述性分析

包括图形描述增长率分析。图形描述：对时间序列先做一个图形，观察数据变化趋势。增长率是对现象在不同时间的变化所作的描述。基于基期的不同，增长率有不同的计算方法。本模块实验介绍增长率和平均增长率。

三、预测方法的选择

一般来说，任何时间序列中都会有不规则成分存在，多数经管类数据通常不考虑周期性，所以只剩趋势成分和季节成分。本模块介绍预测方法主要针对平稳序列以及含有趋势或季节成分的时间序列。如表 12 - 1 所示。

表 12 - 1 时间序列的类型和预测方法的选择

	趋势状态	预测选取方法
趋势成分	无	平滑法预测（简单平均法、移动平均法、指数平滑法）
季节成分	无	
趋势成分	无	季节性预测法（季节多元回归模型、季节自回归模型、时间序列分解）
季节成分	有	
趋势成分	有	季节性预测法（季节多元回归模型、季节自回归模型、时间序列分解）
季节成分	有	
趋势成分	有	趋势预测方法（线性趋势推测、非线性趋势推测、自回归预测模型）
季节成分	无	

四、ARIMA 模型预测

ARIMA 是自回归移动平均结合模型的缩写，是时间序列分析中最常用的模型，也称 Box - Jenkins 模型。ARIMA 模型可以对含有季节成分的时间序列数据进行分析，它包含三个主要参数——自回归阶数（p）、差分阶数（d）和移动平均阶数（q），一般模型的形式为 ARIMA（p，d，q）。

ARIMA 模型就是对差分后的序列建立 ARMA 模型。而 ARMA 模型是自回归

（AR）模型与移动平均（MA）模型的综合，称为自回归移动平均模型。

五、复合型序列的分解预测

复合型序列是指含有趋势、季节、周期和随机成分的序列。对这类序列的预测方法一般是将时间序列的各个因素依次分解出来，然后进行预测。由于实际得到的数据，通常不满足含有周期成分的要求（包括数据的自身缺失），因此采用的分解模型为：$Y_t = T_t * S_t * I_t$。这一模型表示该时间序列中含有趋势成分、季节成分和随机成分。对这类系列的预测方法主要有季节性多元回归模型、季节自回归模型和时间序列分解法预测等。

时间序列分解法预测的步骤如下：

第一步：确定并分离季节成分。计算季节指数，以确定时间序列中的季节成分，然后将季节成分从时间序列中分离出去，即用每一个时间序列观测值除以相应的季节指数，以消除季节性。

第二步：建立预测模型并进行预测。对消除了季节成分的时间序列建立适当的预测模型，并根据这一模型进行预测。

第三步：计算最后的预测值。用预测值乘以相应的季节指数，得到最终的预测值。

季节指数刻画了序列在一个年度内各月或各季度的典型季节特征。在乘法模型中，季节指数是以其平均数等于100%为条件而构成的，它反映了某一月份或季度的数值占全年平均数值的大小。如果现象的发展没有季节变动，则各期的季节指数应等于100%；如果某一月份或季度有明显的季节变化，则各期的季节指数应大于或小于100%。因此，季节变动的程度是根据各季节指数与其平均数（100%）的偏差程度来测定的。

第三节　实验内容

一、增长率分析

例 12 – 1： 根据表 12 – 2 数据，计算 2000 ~ 2013 年人均啤酒产量的环比增长率及定基（2000 年为基期）增长率。[①]

---

① 选自贾俊平《统计学》（第六版）例 13 – 1。

表 12 - 2　2000~2013 年啤酒产量等时间序列

年份	啤酒产量（万千升）	人均 GDP（元）	煤炭占能源消费总量的比重（％）	居民消费价格指数（上年＝100）
2000	2231. 3	7857. 7	69. 2	100. 4
2001	2288. 9	8621. 7	68. 3	100. 7
2002	2402. 7	9398. 1	68. 0	99. 2
2003	2540. 5	10542. 0	69. 8	101. 2
2004	2948. 6	12335. 6	69. 5	103. 9
2005	3126. 1	14185. 4	70. 8	101. 8
2006	3543. 6	16499. 7	71. 1	101. 5
2007	3954. 1	20169. 5	71. 1	104. 8
2008	4156. 9	23707. 7	70. 3	105. 9
2009	4162. 2	25607. 5	70. 4	99. 3
2010	4490. 2	30015. 0	68. 0	103. 3
2011	4834. 5	35197. 8	68. 4	105. 4
2012	4778. 6	38459. 5	66. 6	102. 6
2013	5061. 5	41907. 6	66. 0	102. 6

资料来源：国家统计局网站。

Excel 实验步骤

Step1：在 C3 单元格中插入 ROUND 函数，如图 12 - 1 所示，在"Number"输入"B3/B2 * 100"，"Num_ digits"是指按指定的位数对数值进行四舍五入，此处输入"2"。单击"确定"，如图所示。然后，使用填充柄功能，按住鼠标左键向下拖至 C15 单元格，放开鼠标，可得 C4~C15 单元格的结果（2000~2013 年环比发展速度）。

Step2：在 D3 单元格中插入 ROUND 函数，如图 12 - 2 所示，在"Number"输入"B3/2231.3 * 100"，"Num_ digits"输入"2"。单击"确定"，如图所示。然后，使用填充柄功能，按住鼠标左键向下拖至 D15 单元格，放开鼠标，可得 D4~D15 单元格的结果。

Step3：利用"增长速度＝发展速度－1"的关系式。在 E3 单元格中插入"＝C3－100"，按回车得结果；然后，使用填充柄功能，按住鼠标左键向下拖至 E15 单元格，放开鼠标，可得 E4－E15 单元格的结果（环比增长率）。同理，得到定基增长率。结果如图 12 - 3 所示。

图 12 - 1 ROUND 函数对话框（环比）

图 12 - 2 ROUND 函数对话框（定基）

	A	B	C	D	E	F
1	年份	啤酒产量 （万千升）	环比发展 速度（%）	定基发展 速度（%）	环比增长 速度（%）	定基增长 速度（%）
2	2000	2231.3				
3	2001	2288.9	102.58	102.58	2.58	2.58
4	2002	2402.7	104.97	107.68	4.97	7.68

图 12 - 3 增长率计算结果

5	2003	2540.5	105.74	113.86	5.74	13.86
6	2004	2948.6	116.06	132.15	16.06	32.15
7	2005	3126.1	106.02	140.1	6.02	40.1
8	2006	3543.6	113.36	158.81	13.36	58.81
9	2007	3954.1	111.58	177.21	11.58	77.21
10	2008	4156.9	105.13	186.3	5.13	86.3
11	2009	4162.2	100.13	186.54	0.13	86.54
12	2010	4490.2	107.88	201.24	7.88	101.24
13	2011	4834.5	107.67	216.67	7.67	116.67
14	2012	4778.6	98.84	214.16	−1.16	114.16
15	2013	5061.5	105.92	226.84	5.92	126.84

图 12 - 3　增长率计算结果（续）

二、平稳序列的预测（基于 Excel/SPSS）

（一）简单移动平均法

移动平均法按一定的间隔逐期移动，计算一系列动态平均数，从而形成一个由动态平均数组成的新的动态数据，修均原动态数列，显示出长期趋势。移动平均的基本思路是利用时间前 T 期作为下一期预测值的方法，数据存储量要比简单平均少，应用的重点在于如何选择合适的移动步长或者平均期数 T。移动平均法分为简单移动平均和加权移动平均两种。简单平均是将最近的 K 期数据加以平均，作为下一期的预测值。这里介绍简单平均法。对同一时间序列，移动步长不同，预测的精度也不同。

例 12 - 2：根据表 12 - 2 中的居民消费价格指数数据，分别取移动间隔 k = 3 和 k = 5，预测历史各年份和 2014 年的居民消费价格指数，计算出预测误差，并将原序列和预测后的序列绘制成图形进行比较。

Step1：依次单击"数据""数据分析"，在出现的对话框中选择"移动平均"，弹出如下对话框。确定输入区域和输出区域①，"间隔"文本框中输入移动步长 3。若选中"图表输出"，则显示移动平均统计图；若选中"标准误差"，则输出移动平均值和原数据的标准差。如图 12 - 4 所示。

———————————

① 为了使预测值与相应的实际值相对应，在选择输出区域时，应将输出区域的第一个单元格设置在第一个数值的下一行。

图 12 - 4 "移动平均"对话框

Step2：单击"确定"，则在指定位置给出计算结果。同样方法，计算出移动步长为 5 时的结果，如表 12 - 3、图 12 - 5 和图 12 - 6 所示。

表 12 - 3 居民消费价格指数的移动平均预测

	A	E	F	G	H	I
1	年份	居民消费价格指数 （上年 = 100）	移动平均预测 k = 3	标准误差 k = 3	移动平均预测 k = 5	标准误差 k = 5
2	2000	100.4				
3	2001	100.7				
4	2002	99.2				
5	2003	101.2	100.10			
6	2004	103.9	100.37			
7	2005	101.8	101.43	1.59	101.08	
8	2006	101.5	102.30	1.53	101.36	
9	2007	104.8	102.40	1.54	101.52	
10	2008	105.9	102.70	1.35	102.64	
11	2009	99.3	104.07	1.69	103.58	1.90758
12	2010	103.3	103.33	2.83	102.66	2.07517
13	2011	105.4	102.83	2.57	102.96	2.07141
14	2012	102.6	102.67	2.83	103.74	2.2004
15	2013	102.6	103.77	1.74	103.30	2.00166
16	2014	102.6	103.53	1.80	102.64	1.71186

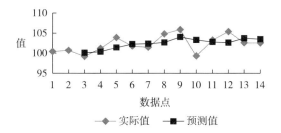

图 12 - 5 移动步长为 3 时的移动平均值图

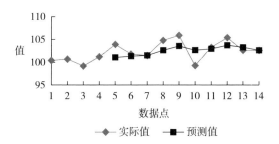

图 12 - 6 移动步长为 5 时的移动平均值图

结果分析：从趋势图看，当移动步长为 3 和为 5 时，预测值和实际值拟合较好，预测的效果相差不大。

（二）指数平滑法

指数平滑法是通过对过去的观察值加权平均进行预测的一种方法，该方法使 t + 1 期的预测值等于 t 期的实际值与 t 期的预测值的加权平均值。指数平滑法是加权平均的一种特殊形式，观察值时间越远，其权数也跟着呈现指数下降，因而称为指数平滑。指数平滑法有一次指数平滑法、二次指数平滑法、三次指数平滑法等，本实验介绍一次指数平滑法。

例 12 - 3：根据表 12 - 2 中的居民消费价格指数数据，选择平滑系数 $\alpha = 0.3$ 和 $\alpha = 0.5$，用指数平滑法预测历史各年份和 2014 年的居民消费价格指数，计算出预测误差，并将原序列和预测后的序列绘制成图形进行比较。

1. Excel 实验步骤

Step1：依次单击"数据""数据分析"，在出现的对话框中选择"指数平滑"，单击"确定"。在出现的对话框中，确定输入区域，在"阻尼系数"文本框输入"0.7"。"输出区域"通常选择与第一期数值对应的单元格。如图 12 - 7 所示。

图 12 - 7   "指数平滑"对话框

Step2：单击"确定"。结果如表 12 - 7 ~ 图 12 - 9 所示。

表 12 - 4   居民消费价格指数的指数平滑预测

	A	E	F	G	H	I	J	K
1	年份	居民消费价格指数（上年 = 100）	指数平滑预测 a = 0.3	预测误差 a = 0.3	预测误差 a^2 = 0.3	指数平滑预测 a = 0.5	预测误差 a = 0.5	预测误差 a^2 = 0.5
2	2000	100.4						
3	2001	100.7	100.40	0.30	0.09	100.40	0.30	0.09
4	2002	99.2	100.49	- 1.29	1.66	100.55	- 1.35	1.82
5	2003	101.2	100.10	1.10	1.20	99.88	1.33	1.76
6	2004	103.9	100.43	3.47	12.03	100.54	3.36	11.31
7	2005	101.8	101.47	0.33	0.11	102.22	- 0.42	0.18
8	2006	101.5	101.57	- 0.07	0.01	102.01	- 0.51	0.26
9	2007	104.8	101.55	3.25	10.57	101.75	3.05	9.27
10	2008	105.9	102.52	3.38	11.39	103.28	2.62	6.88
11	2009	99.3	103.54	- 4.24	17.95	104.59	- 5.29	27.97
12	2010	103.3	102.27	1.03	1.07	101.94	1.36	1.84
13	2011	105.4	102.58	2.82	7.97	102.62	2.78	7.72
14	2012	102.6	103.42	- 0.82	0.68	104.01	- 1.41	1.99
15	2013	102.6	103.18	- 0.58	0.33	103.31	- 0.71	0.50
16	2014		103.00			102.95		
17	合计				65.06			71.57

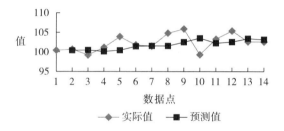

图 12 – 8　平滑系数 α = 0.3 时的指数平滑预测图

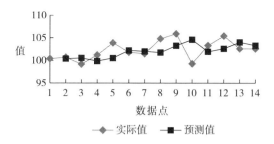

图 12 – 9　平滑系数 α = 0.5 时的指数平滑预测图

　　结果分析：比较两组误差平方和，α = 0.3 时预测的效果较好。需要注意，采用一次指数平滑预测，一般平滑系数不大于 0.5，如大于 0.5 才接近实际值，说明该时间序列有某种趋势或波动过大，需采用别的办法进行预测。

　　2. SPSS 实验步骤

　　Step1：打开数据，依次单击"分析（A）""预测（T）""创建模型（C）"，会出现时间序列建模器的大小两个对话框。小对话框见图 12 – 10，可以定义时间变量，单击"定义日期"，设置数据开始时间，本例为 2000 年。如图 12 – 11 所示。

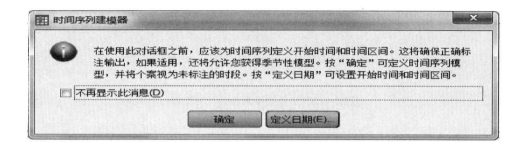

图 12 – 10　定义时间变量对话框

图 12-11　"定义日期"对话框

单击"确定"，在"数据视图"主窗口会增添两列新的变量："YEAR_ "和"DATE_ "。

Step2：再次进入时间序列建模器对话框，将变量"居民价格消费指数"移入"因变量（D）"框内，在"方法（M）"后的下拉框选择"指数平滑法"。

Step3：单击"条件（C）"按钮，在"模型类型"里的"非季节性"选项选择"简单（S）"，原因是简单指数平滑用于没有长期趋势或季节变动的时间序列。如图 12-12 所示。

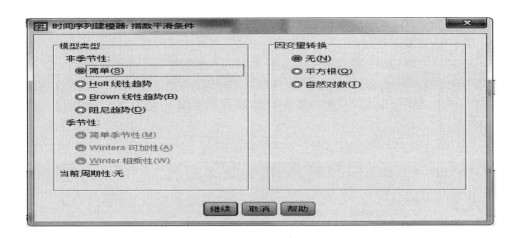

图 12-12　"指数平滑条件"对话框

Step4：设置输出统计量。在时间序列建模器对话框界面，单击"统计量"按钮，在出现的对话框中，依次选择如下选项。如图 12-13 所示。

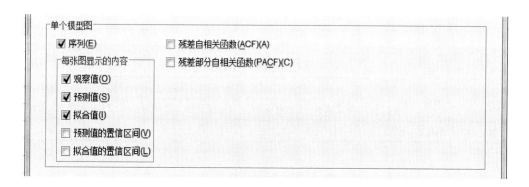

图 12 – 13　"统计量"对话框

Step5：设置图形输出。单击"图表"按钮，在"每张图显示的内容"框中选择"观察值（O）""预测值（S）""拟合值（I）"。如图 12 – 14 所示。

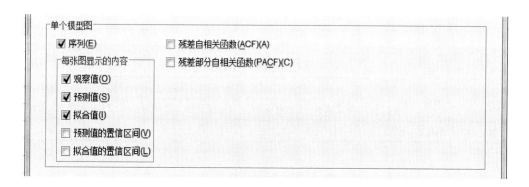

图 12 – 14　"单个模型图"对话框

Step6：指定预测时间。单击"选项"按钮，进入如下对话框。在"预测阶段"框中选择第二个选项，并在"日期"框中输入"2014"，表示输出 2014 年的预测结果。如图 12 – 15 所示。

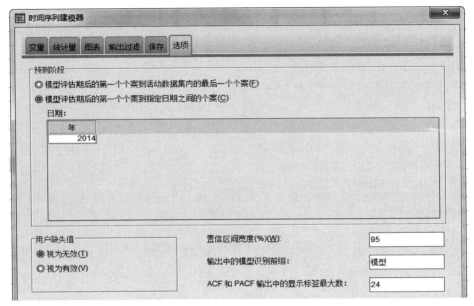

图 12 – 15 "选项"对话框

Step7：单击"确定"。系统输出结果如表 12 – 5 ~ 表 12 – 7 和图 12 – 16 所示。

表 12 – 5 模型描述

			模型类型
模型 ID	居民消费价格指数	模型_1	简单

表 12 – 6 模型统计量

模型	预测变量数	模型拟合统计量 平稳的 R^2	Ljung – Box Q（18） 统计量	DF	Sig.	离群值数
居民消费价格指数 – 模型_1	0	0.453	.	0	.	0

表 12 – 7 预测结果

模型		2014
居民消费价格指数 – 模型_1	预测	102.60
	UCL	107.26
	LCL	97.94

对于每个模型，预测都在请求的预测时间段范围内的最后一个非缺失值之后开始，在所有预测值的非缺失值都可用的最后一个时间段或请求预测时间段的结束日期（以较早者为准）结束。

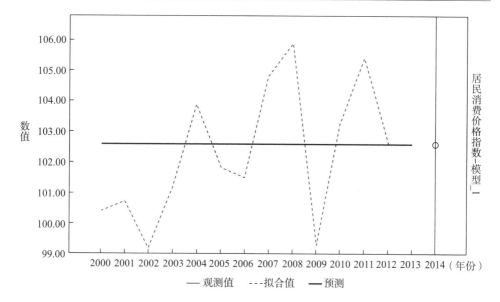

图 12－16　"简单指数平滑"模型拟合图

以上输出中，模型基本信息，给出了当前模型所使用的分析变量和方法。表 12－6 给出的是模型拟合统计量，平稳 R^2 统计量的值为 0.453。表 12－7 给出了 2014 年居民价格消费指数的预测值及置信水平。图 12－16 描绘了实际观测序列、拟合序列和 2014 年预测值。

三、趋势型序列的预测（基于 SPSS）

前文介绍的平滑法都可以用于描述时间序列的趋势，包括线性趋势和非线性趋势。但预测时，平滑法只适合于平稳时间序列，当序列存在明显的趋势或季节成分时，则不适用。

如果这种趋势能够延续到未来，就可以利用趋势进行外推预测，具体方法包括线性趋势预测、非线性趋势预测和自回归模型预测等。

（一）线性趋势预测

例 12－4：依据表 12－2 中的啤酒产量数据，根据最小二乘法确定直线趋势方程，计算出各期的预测值和预测误差，预测 2014 年的啤酒产量。①

SPSS 实验步骤

Step1：在"变量视图"界面建立"时间代码"变量，在"数据视图"将

①　选自贾俊平《统计学》（第六版）例 13－9。

2000 年赋值"时间代码"变量值"1", 依次类推。依次单击"分析(A)""回归(R)""线性(L)", 在出现的对话框中将"啤酒产量"选入"因变量"框, 将"时间代码"选入"自变量"框, 单击"确定"。如图 12 – 17 和表 12 – 8 所示。

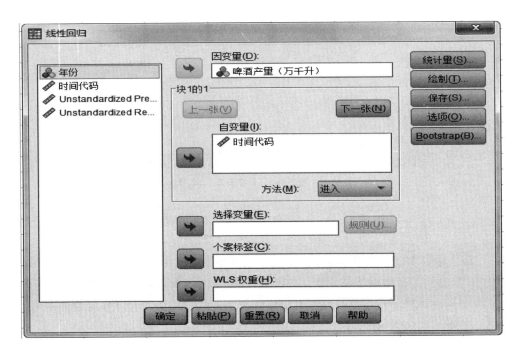

图 12 – 17　"线性回归"对话框

表 12 – 8　回归系数[a]

模型		非标准化系数		标准系数	t	Sig.
		B	标准误差	试用版		
1	(常量)	1807. 160	84. 416		21. 408	0. 000
	时间代码	240. 185	9. 914	0. 990	24. 227	0. 000

a. 因变量: 啤酒产量(万千升)。

即根据最小二乘法得到的线性趋势方程为: $\hat{y}_t = 1807.160 + 240.185t$

Step2: 在图 12 – 16 "线性回归"对话框界面, 单击"保存"按钮, 在"预测值"和"残差"的选项中分别勾选"未标准化(U)""未标准化(N)"。其他选项为默认（见图 12 – 18）。单击"继续"，返回后单击"确定"。在"数据视图"将出现两列新增变量，分别为"PRE – 1"（预测值）、"RES – 1（残差）"。如图 12 – 19 所示。

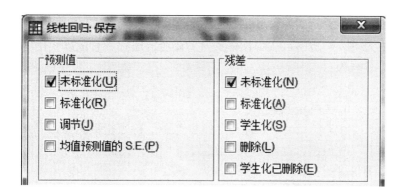

图 12 – 18 "线性回归：保存"对话框

表 12 – 9 啤酒产量的线性趋势预测

	年份	啤酒产量（万千升）	时间代码	PRE_ 1	RES_ 1
1	2000	2231. 3000	1. 00	2047. 34571	183. 95429
2	2001	2288. 9000	2. 00	2287. 53099	1. 36901
3	2002	2402. 7000	3. 00	2527. 71626	– 125. 01626
4	2003	2540. 5000	4. 00	2767. 90154	– 227. 40154
5	2004	2948. 6000	5. 00	3008. 08681	– 59. 48681
6	2005	3126. 1000	6. 00	3248. 27209	– 122. 17209
7	2006	3543. 6000	7. 00	3488. 45736	55. 14264
8	2007	3954. 1000	8. 00	3728. 64264	225. 45736
9	2008	4156. 9000	9. 00	3968. 82791	188. 07209
10	2009	4162. 2000	10. 00	4209. 01319	– 46. 81319
11	2010	4490. 2000	11. 00	4449. 19846	41. 00154
12	2011	4834. 5000	12. 00	4689. 38374	145. 11626
13	2012	4778. 6000	13. 00	4929. 56901	– 150. 96901
14	2013	5061. 5000	14. 00	5169. 75429	– 108. 25429

Step3：将 t = 15 代入趋势方程即可得到 2014 年啤酒产量的预测值，即：

$$\hat{y}_{2014} = 1807.160 + 240.185 * 15 = 5409.935 （千万升）$$

（二）非线性趋势预测

时间序列中的趋势一般可认为是由于某种固定的因素作用同一方向所形成的。若这种因素随着时间的推移呈现非线性趋势，则需要拟合适当的趋势曲线。以指数曲线为例。一般的自然增长率及大多数经济序列都有指数变化趋势。指数曲线的趋势方程为：

$$y_t = b_0 b_1^t$$

式中，b_0，b_1 为待定系数。

例 12 – 5： 根据表 12 – 2 中的人均 GDP 数据，确定指数曲线方程，计算出各期的预测值和预测误差，预测 2014 年的人均 GDP，并将原序列和各期的预测值序列绘制成图形进行比较。[①]

Excel 实验步骤

Step1：将指数曲线线性化，再按线性回归求得的曲线方程为：$Y_t = 6426.097 * 1.148^t$。

Step2：将时间代码数值代入趋势方程，得到各期的预测值，将 t = 15 代入趋势方程，得到 2014 年人均 GDP 的预测值。结果如表 12 – 10 所示。

表 12 – 10　人均 GDP 的指数趋势预测

	A	B	C	D
	年份	时间代码	人均 GDP	预测值
1				
2	2000	1	7857.7	7377.37
3	2001	2	8621.7	8469.45
4	2002	3	9398.1	9723.2
5	2003	4	10542.0	11162.55
6	2004	5	12335.6	12814.96
7	2005	6	14185.4	14711.98
8	2006	7	16499.7	16889.83
9	2007	8	20169.5	19390.36
10	2008	9	23707.7	22260.41
11	2009	10	25607.5	25555.67
12	2010	11	30015.0	29338.72

① 贾俊平《统计学》（第六版）例 13 – 10。

续表

	A	B	C	D
1	年份	时间代码	人均 GDP	预测值
13	2011	12	35197.8	33681.79
14	2012	13	38459.5	38667.78
15	2013	14	41907.6	44391.85
16	2014	15		50963.26

Step3：绘制人均 GDP 的实际值和预测值折线图（见图 12 – 19），可以看出，预测效果良好。

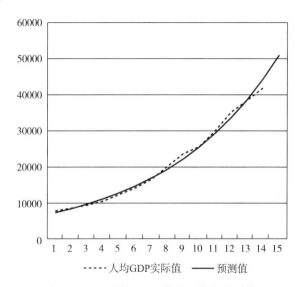

图 12 – 19　人均 GDP 的实际值和预测值

四、ARIMA 模型预测（基于 SPSS）

例 12 – 6： 为了对我国居民平均每人生活能源消费进行预测，收集到 1983 ~ 2008 年每年的居民每人生活能源消费数据（见表 12 – 11），试建立 ARIMA 模型，并对 2009 年进行消费预测。

SPSS 实验步骤

Step1：打开数据，依次选择"分析（A）""预测（T）""自相关（T）"，在出现的对话框中将"平均每人生活能源消费"导入"变量"。如图 12 – 20 所示。

表 12 – 11　居民平均每人生活能源消费数据

年份	平均每人生活能源消费	年份	平均每人生活能源消费	年份	平均每人生活能源消费	年份	平均每人生活能源消费
1983	106.6	1990	139.2	1997	119.3	2004	175.7
1984	113.5	1991	139	1998	119	2005	194.1
1985	126.7	1992	134.2	1999	121.8	2006	211.8
1986	127.3	1993	133.5	2000	123.7	2007	233.8
1987	132.1	1994	129.3	2001	127.2	2008	240.8
1988	141	1995	130.7	2002	134		
1989	139.3	1996	120.5	2003	153.4		

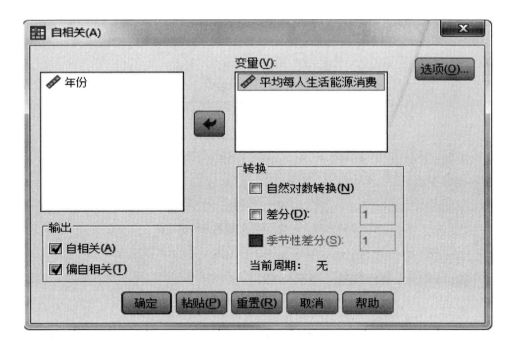

图 12 – 20　自相关图设置对话框

Step2：单击"确定"。如图 12 – 21、图 12 – 22 所示。

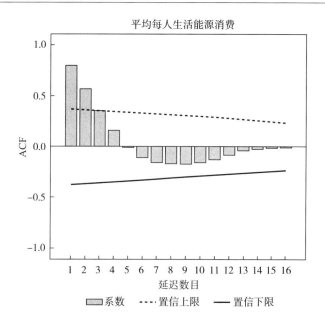

图 12 – 21　自相关图

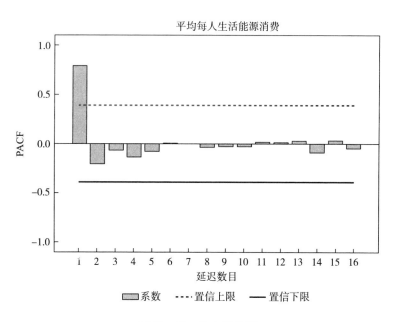

图 12 – 22　偏自相关图

可以看出，原序列的自相关函数是三步截尾，而偏自相关函数是一步截尾。因此，可初步确立所建立的函数模型为 ARIMA（1，1，3）。

Step3：依次选择"分析（A）""预测（T）""创建模型（C）"，进入时间序列建模器对话框。单击"方法（M）"，选择"ARIMA"，再单击"条件（C）"，进入如下对话框。在"结构（S）"文本框中，依次输入 1，1，3。单击"继续"返回。如图 12 −23 所示。

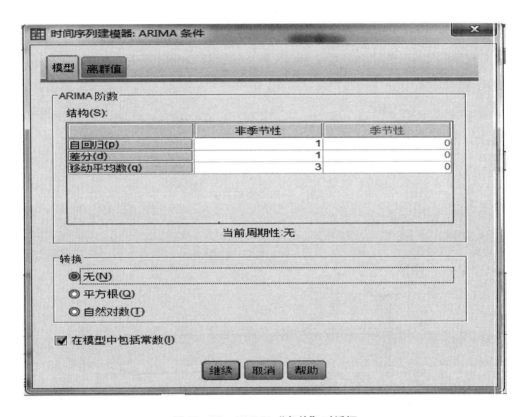

图 12 −23　ARIMA"条件"对话框

Step4：单击"统计量"，选项如图 12 −24 所示。

Step5：单击"图表"，勾选"观察值""预测值""拟合值"选项。

Step6：单击"选项"，勾选预测阶段框中第二个选项，并在日期活动框中输入"2009"。单击"确定"，得到如表 12 −12 ~ 表 12 −14、图 12 −25 的结果。

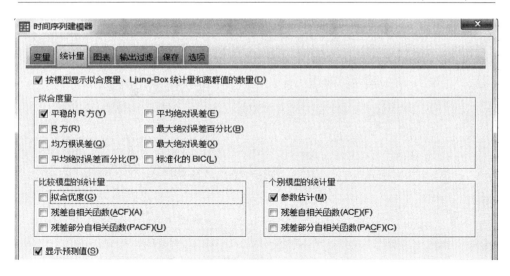

图 12 - 24　ARIMA "统计量" 对话框

表 12 - 12　模型描述

			模型类型
模型 ID	平均每人生活能源消费	模型_ 1	ARIMA（1, 1, 3）

表 12 - 13　模型统计量

模型	预测变量数	模型拟合统计量	Ljung - Box Q（18）			离群值数
		平稳的 R^2	统计量	DF	Sig.	
平均每人生活能源消费 - 模型_ 1	0	0.572	9.602	14	0.791	0

表 12 - 14　ARIMA 模型参数

					估计	SE	t	Sig.
平均每人生活能源消费 - 模型_ 1	平均每人生活能源消费	无转换		常数	5.851	4.613	1.269	0.219
			AR	滞后 1	0.717	0.292	2.454	0.023
			差分		1	—	—	—
			MA	滞后 1	0.298	0.388	0.767	0.452
				滞后 2	- 0.204	0.248	- 0.821	0.421
				滞后 3	- 0.242	0.334	- 0.725	0.477

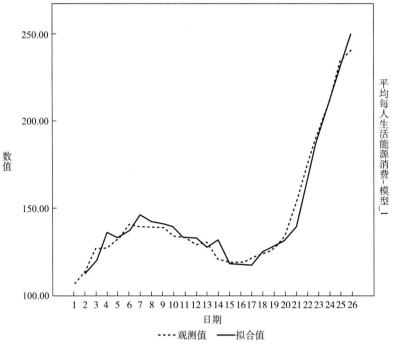

图 12 - 25　ARIMA 拟合图

五、复合型序列的分解预测（基于 Excel/SPSS）

例 12 - 7： 表 12 - 15 是一家啤酒生产企业 2010～2015 年各季度的啤酒销售数量，绘制时间序列图，观察啤酒销售量的构成要素。并预测 2016 年各季度的啤酒销售量[①]。

表 12 - 15　啤酒生产企业各季度的销售量数据（万吨）

	A	B	C	D	E
1	年份	季度			
2		1	2	3	4
3	2010	25	32	37	26
4	2011	30	38	42	30
5	2012	29	39	50	35
6	2013	30	39	51	37
7	2014	29	42	55	38
8	2015	31	43	54	41

---

①　贾俊平《统计学》（第六版）例 13 - 12。

1. Excel 实验步骤

Step1：绘制时间序列图。将季度数据排成一列，调用"插入"命令，选择"折线图"，在"选择数据源"窗口将数据域选入，单击"确定"。

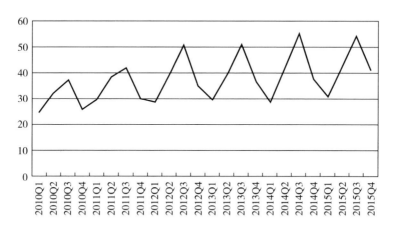

图 12 -26　啤酒销售量的时间序列图

可以看出，啤酒销售量呈现季节特点。

Step2：计算移动平均值，并对其结果进行中心化处理，也就是将移动平均的结果再进行一次二项移动平均，即得出中心化移动平均值（CMA）。

Step3：计算移动平均的比值，也称季节比率，即将序列的各观测值除以相应的中心化移动平均值。如表 12 -16 所示。

Step4：计算季节比率的季度平均值。注意：需将表 12 -16 中的"比值"结果按季度重新排列。

Step5：季节指数调整。考虑到季节比率的平均值不等于 1，需将每个季节比率的平均值除以它们的总平均值。以第一季度季节指数计算为例，先计算一季度比值（Y/CMA）的平均值，计算结果为 0.7893，再计算 2010～2015 年各季度比值（Y/CMA）的总体平均值，结果为 0.996265，然后用一季度比值（Y/CMA）的平均值除以各季度比值（Y/CMA）的总体平均值得到一季度的季节指数，结果为 0.7922（见表 12 -17）。其余季度的季节指数计算以此类推。

Step6：分离季节成分。将各实际观测值分别除以相应的季节指数，可将季节成分从时间序列中分离出去。

表 12 – 16　啤酒销售量数据的中心化移动平均值及其比值

	A	B	C	D	E
1	年/季度	时间编号（T）	销售量（Y）	中心化移动平均值（CMA）	比值（Y/CMA）
2	20010Q1	1	25	—	—
3	2010Q2	2	32	—	—
4	2010Q3	3	37	30.625	1.2082
5	2010Q4	4	26	32.000	0.8125
6	2011Q1	5	30	33.375	0.8989
7	2011Q2	6	38	34.500	1.1014
8	2011Q3	7	42	34.875	1.2043
9	2011Q4	8	30	34.875	0.8602
10	2012Q1	9	29	36.000	0.8056
11	2012Q2	10	39	37.625	1.0365
12	2012Q3	11	50	38.375	1.3029
13	2012Q4	12	35	38.500	0.9091
14	2013Q1	13	30	38.625	0.7767
15	2013Q2	14	39	39.000	1.0000
16	2013Q3	15	51	39.125	1.3035
17	2013Q4	16	37	39.375	0.9397
18	2014Q1	17	29	40.250	0.7205
19	2014Q2	18	42	40.875	1.0275
20	2014Q3	19	55	41.250	1.3333
21	2014Q4	20	38	41.625	0.9129
22	2015Q1	21	31	41.625	0.7447
23	2015Q2	22	43	41.875	1.0269
24	2015Q3	23	54	—	—
25	2015Q4	24	41	—	—

表 12 - 17　啤酒销售量数据的各季节指数计算表

	A	B	C	D	E
1	年份	季度			
2		1	2	3	4
3	2010	—	—	1. 2082	0. 8125
4	2011	0. 8989	1. 1014	1. 2043	0. 8602
5	2012	0. 8056	1. 0365	1. 3029	0. 9091
6	2013	0. 7767	1. 0000	1. 3035	0. 9397
7	2014	0. 7205	1. 0275	1. 3333	0. 9129
8	2015	0. 7447	1. 0269	—	—
9	合计	3. 9464	5. 1923	6. 3522	4. 4344
10	平均	0. 7893	1. 0385	1. 2704	0. 8869
11	季节指数	0. 7922	1. 0424	1. 2752	0. 8902

Step7：求出线性趋势方程，计算出各期的预测值。先将啤酒销售量数据的各季节指数及季节分离后的序列进行整理，如表 12 - 18 所示。

表 12 - 18　啤酒销售量数据的各季节指数及季节分离后的序列

	A	B	C	D	E
1	年度	啤酒销售量（Y）	时间编号	季节指数（S）	季节分离后的序列（Y/S）
2	20010Q1	25	1	0. 7922	31. 5577
3	2010Q2	32	2	1. 0424	30. 6984
4	2010Q3	37	3	1. 2752	29. 0151
5	2010Q4	26	4	0. 8902	29. 2069
6	2011Q1	30	5	0. 7922	37. 8692
7	2011Q2	38	6	1. 0424	36. 4543
8	2011Q3	42	7	1. 2752	32. 9360
9	2011Q4	30	8	0. 8902	33. 7003
10	2012Q1	29	9	0. 7922	36. 6069
11	2012Q2	39	10	1. 0424	37. 4137
12	2012Q3	50	11	1. 2752	39. 2095
13	2012Q4	35	12	0. 8902	39. 3170

续表

	A	B	C	D	E
1	年度	啤酒销售量（Y）	时间编号	季节指数（S）	季节分离后的序列（Y/S）
14	2013Q1	30	13	0.7922	37.8692
15	2013Q2	39	14	1.0424	37.4137
16	2013Q3	51	15	1.2752	39.9937
17	2013Q4	37	16	0.8902	41.5637
18	2014Q1	29	17	0.7922	36.6069
19	2014Q2	42	18	1.0424	40.2916
20	2014Q3	55	19	1.2752	43.1305
21	2014Q4	38	20	0.8902	42.6870
22	2015Q1	31	21	0.7922	39.1315
23	2015Q2	43	22	1.0424	41.2510
24	2015Q3	54	23	1.2752	42.3463
25	2015Q4	41	24	0.8902	46.0571

在"数据分析"对话框中选"回归"，单击"确定"。在出现的"回归"对话框中，将"季节分离后的序列（Y/S）"选入"Y值输入区域（Y）"框，将"时间编号"选入"X值输入区域（X）"框，在"残差"文本框中选"线性拟合图（I）"，单击"确定"。如图 12-27 所示。

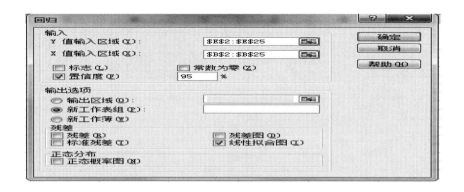

图 12-27 "线性趋势回归"对话框

回归结果如图 12-28 所示。同时还输出"回归预测值"及"残差"数值。

SUMMARY OUTPUT

回归统计

Multiple	0.573405
R Square	0.328793
Adjusted	0.298284
标准误差	3.783355
观测值	24

方差分析

	df	SS	MS	F	gnificance F
回归分析	1	154.2566	154.2566	10.77679	0.003398
残差	22	314.903	14.31377		
总计	23	469.1596			

	Coefficien	标准误差	t Stat	P – value	Lower 95%	Upper 95%	下限 95.0%	上限 95.0%
Intercept	26.21499	3.552121	7.380095	2.19E – 07	18.84834	33.58164	18.84834	33.58164
X Variable	0.302511	0.09215	3.282803	0.003398	0.111403	0.493619	0.111403	0.493619

图 12 – 28　"线性趋势回归"结果

即分离季节性因素的序列后得到的线性趋势方程为：$\hat{y}_t = 30.6067 + 0.5592t$。

Step8：计算各期的剔除季节因素后最终预测值如表 12 – 19 所示。

表 12 – 19　啤酒销售量数据的各季节预测值

	A	B	C	D	E	F	G	H	I
1	年/季度	时间编号 （T）	销售量 （Y）	季节指数 （S）	季节分离后的序列 （Y/S）	回归预测值	残差	最终预测值	预测误差
2	0.(1)	0.(2)	0.(3)	0.(4)	0.(5)=(3)/(4)	0.(6)	0.(7)	0.(8)=(6)*(4)	0.(9)=(3)-(8)
3	2010Q1	1	25	0.7922	31.5577	31.1661	0.3916	24.6897	0.3103
4	2010Q2	2	32	1.0424	30.6984	31.7253	– 1.0269	33.0704	– 1.0704
5	2010Q3	3	37	1.2752	29.0151	32.2845	– 3.2694	41.1692	– 4.1692
6	2010Q4	4	26	0.8902	29.2069	32.8437	– 3.6368	29.2374	– 3.2374
7	2011Q1	5	30	0.7922	37.8692	33.4029	4.4663	26.4618	3.5382

续表

	A	B	C	D	E	F	G	H	I
1	年/季度	时间编号（T）	销售量（Y）	季节指数（S）	季节分离后的序列（Y/S）	回归预测值	残差	最终预测值	预测误差
8	2011Q2	6	38	1.0424	36.4543	33.9621	2.4922	35.4021	2.5979
9	2011Q3	7	42	1.2752	32.9360	34.5213	−1.5853	44.0216	−2.0216
10	2011Q4	8	30	0.8902	33.7003	35.0805	−1.3802	31.2287	−1.2287
11	2012Q1	9	29	0.7922	36.6069	35.6397	0.9672	28.2338	0.7662
12	2012Q2	10	39	1.0424	37.4137	36.1989	1.2147	37.7338	1.2662
13	2012Q3	11	50	1.2752	39.2095	36.7582	2.4514	46.8740	3.1260
14	2012Q4	12	35	0.8902	39.3170	37.3174	1.9996	33.2199	1.7801
15	2013Q1	13	30	0.7922	37.8692	37.8766	−0.0074	30.0058	−0.0058
16	2013Q2	14	39	1.0424	37.4137	38.4358	−1.0221	40.0655	−1.0655
17	2013Q3	15	51	1.2752	39.9937	38.9950	0.9987	49.7264	1.2736
18	2013Q4	16	37	0.8902	41.5637	39.5542	2.0095	35.2112	1.7888
19	2014Q1	17	29	0.7922	36.6069	40.1134	−3.5065	31.7778	−2.7778
20	2014Q2	18	42	1.0424	40.2916	40.6726	−0.3810	42.3971	−0.3971
21	2014Q3	19	55	1.2752	43.1305	41.2318	1.8987	52.5788	2.4212
22	2014Q4	20	38	0.8902	42.6870	41.7910	0.8960	37.2024	0.7976
23	2015Q1	21	31	0.7922	39.1315	42.3503	−3.2187	33.5499	−2.5499
24	2015Q2	22	43	1.0424	41.2510	42.9095	−1.6585	44.7288	−1.7288
25	2015Q3	23	54	1.2752	42.3463	43.4687	−1.1224	55.4313	−1.4313
26	2015Q4	24	41	0.8902	46.0571	44.0279	2.0292	39.1936	1.8064

Step9：预测 2016 年第一季度的不含季节因素的预测值。将 t = 25 代入趋势方程，得到：

$$\hat{y}_t = 30.6067 + 0.5592 \times 25 = 44.59 \text{（万吨）}$$

Step10：预测 2016 年第一季度的包含季节因素的预测值。将上步中的预测值乘以第一季度的季节指数，结果为 44.59 * 0.7922 ≈ 35.32（万吨）。其他季度算法相同。2016 年各季度啤酒销售量的预测值如表 12 − 20 所示。

表 12 - 20　2016 年啤酒销售量的各季节预测值

	A	B	C	D	E
	年/季度	时间编号	季节指数（S）	回归预测值	最终预测值
1
2	2016Q1	25	0.7922	44.59	35.32
3	2016Q2	26	1.0424	45.15	47.06
4	2016Q3	27	1.2752	45.71	58.28
5	2016Q4	28	0.8902	46.26	41.18

Step11：绘制啤酒销售量的实际值和最终预测值折线图（见图 12 - 29），可以看出，预测效果良好。

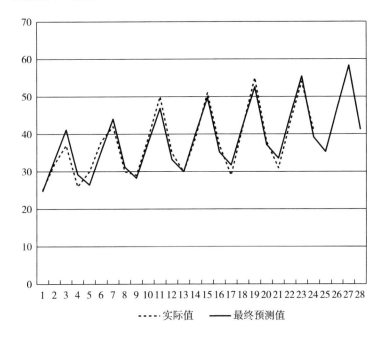

图 12 - 29　啤酒销售量的预测

2. SPSS 实验步骤

Step1：鉴于是季节数据，设立四个季节虚拟变量①：D1、D2、D3、D4，定义如下：

---

① 引入虚拟变量的作用，在于将定性因素或属性因素对因变量的影响数量化。当虚拟变量取 "1" 时，表示定性因素的影响发生作用，即代表某种属性的因素存在或某定性因素发生作用；当虚拟变量取 "0" 时，表示定性因素的影响不发生作用，即代表这种定性因素不发生或这种属性不存在。

$$D1 = \begin{cases} 1 & \text{第一季度} \\ 0 & \text{其他} \end{cases} \quad D2 = \begin{cases} 1 & \text{第二季度} \\ 0 & \text{其他} \end{cases} \quad D3 = \begin{cases} 1 & \text{第三季度} \\ 0 & \text{其他} \end{cases}$$

$$D4 = \begin{cases} 1 & \text{第四季度} \\ 0 & \text{其他} \end{cases}$$

其"数据视图"如表 12 – 21 所示。

表 12 – 21　啤酒销售量、时间趋势变量及季节虚拟变量的"数据视图"

	t	Y	D1	D2	D3	D4
1	1.00	25.00	1.00	0	0	0
2	2.00	32.00	0	1.00	0	0
3	3.00	37.00	0	0	1.00	0
4	4.00	26.00	0	0	0	1.00
5	5.00	30.00	1.00	0	0	0
6	6.00	38.00	0	1.00	0	0
7	7.00	42.00	0	0	1.00	0
8	8.00	30.00	0	0	0	1.00
9	9.00	29.00	1.00	0	0	0
10	10.00	39.00	0	1.00	0	0
11	11.00	50.00	0	0	1.00	0
12	12.00	35.00	0	0	0	1.00
13	13.00	30.00	1.00	0	0	0
14	14.00	39.00	0	1.00	0	0
15	15.00	51.00	0	0	1.00	0
16	16.00	37.00	0	0	0	1.00
17	17.00	29.00	1.00	0	0	0
18	18.00	42.00	0	1.00	0	0
19	19.00	55.00	0	0	1.00	0
20	20.00	38.00	0	0	0	1.00
21	21.00	31.00	1.00	0	0	0
22	22.00	43.00	0	1.00	0	0
23	23.00	54.00	0	0	1.00	0
24	24.00	41.00	0	0	0	1.00

Step2：依次选择"分析（A）""回归（R）""线性（L）"，进入"线性回

归"对话框。将变量导入各自所属区域，如图 12 – 30 所示。

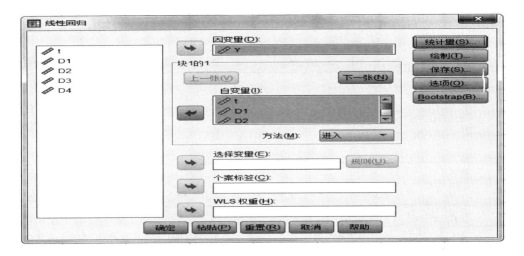

图 12 – 30 "线性回归"对话框

Step3：单击"选项（O）"按钮，进入"线性回归：选项"对话框，将"在等式中包含常量（I）"复选框默认的勾选去掉，如图 12 – 31 所示。单击"继续"，返回上级窗口界面。

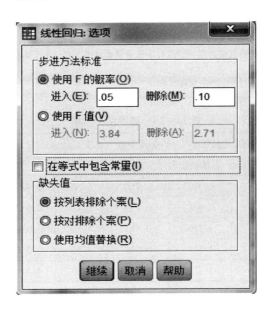

图 12 –31 复选框

Step4：单击"确定"按钮，可得输出结果，如表 12 - 22 ~ 表 12 - 25 所示。

表 12 - 22 输入/移去的变量

模型	输入的变量	移去的变量	方法
1	D4，D3，D2，D1，t[a]	0.	输入

a. 已输入所有请求的变量。

b. 因变量：Y。

c. 通过原点的线性回归。

表 12 - 23 模型汇总

模型	R	$R^{2 b}$	调整 R^2	标准估计的误差
1	0.998[a]	0.996	0.995	2.68684

a. 预测变量：D4，D3，D2，D1，t。

b. 对于通过原点的回归（无截距模型），R 方可测量（由回归解释的）原点附近的因变量中的可变性比例。对于包含截距的模型，不能将此与 R 方相比较。

表 12 - 24 Anova

模型		平方和	df	均方	F	Sig.
1	回归	35523.837	5	7104.767	984.161	0.000[a]
	残差	137.163	19	7.219		
	总计	35661.000[b]	24			

a. 预测变量：D4，D3，D2，D1，t。

b. 因为通过原点的回归的常量为零，所以对于该常量此总平方和是不正确的。

c. 因变量：Y。

d. 通过原点的线性回归。

表 12 - 25 线性回归结果

模型		非标准化系数		标准系数	t	Sig.	共线性统计量	
		B	标准误差	试用版			容差	VIF
1	t	0.573	0.080	0.212	7.140	0.000	0.229	4.375
	D1	22.695	1.408	0.294	16.116	0.000	0.607	1.648
	D2	31.955	1.460	0.414	21.888	0.000	0.565	1.771
	D3	40.715	1.514	0.528	26.890	0.000	0.525	1.905
	D4	26.475	1.571	0.343	16.857	0.000	0.488	2.050

a. 因变量：Y。

b. 通过原点的线性回归。

从结果来看，在"进入"回归方法下，拟合程度、F 值很好，解释变量间无共线性，解释变量、虚拟变量系数的 t 值呈现显著性，回归方程如下：

$$\hat{y}_t = 0.573 * t + 22.695D_1 + 31.955D_2 + 40.715D_3 + 26.475D_4$$

Step5：预测 2016 年各季度的啤酒销售量。将 t = 25，26，27，28 分别代入回归趋势方程，得到 2016 年第一至第四季度的预测值如下：

$$\hat{y}_{2016-1} = 0.573 * t + 22.695D_1 = 0.573 * 25 + 22.695 = 37.020$$

$$\hat{y}_{2016-2} = 0.573 * t + 31.955D_2 = 0.573 * 26 + 31.955 = 46.853$$

$$\hat{y}_{2016-3} = 0.573 * t + 40.715D_3 = 0.573 * 27 + 40.715 = 56.186$$

$$\hat{y}_{2016-4} = 0.573 * t + 26.475D_4 = 0.573 * 28 + 26.475 = 42.519$$

需要说明的是，不能在含有常数项的回归模型中同时使用反映不同季度的 4 个虚拟变量，以免引起共线性。但在不含有常数项的回归模型中可以同时使用 4 个虚拟变量，回归方法选用"进入"方式，相比采用"逐步"方式、保留常数项引入 3 个虚拟变量等，其可预测四个季度的被解释变量值。有兴趣的读者可实操比较。

六、趋势分析与指数平滑的 Stata 实现

例 12 - 8：本例题数据同例 12 - 7，要求：

（1）定义该时间序列数据；

（2）对数据进行修匀，以便消除不规则变动影响，得到时间序列长期趋势。（利用前 1 个季度和后 1 个季度及本季度进行平均）

（3）计算销售量残差，并制作修匀前后的销售量二维线性图及残差的二维线性图。

Step1：打开"例 12 - 8. dta"，或将"例 12 - 8. xlsx"导入 Stata。

Step2：定义销售量时间序列数据，要先对变量进行定义，生成具有时间变量格式的变量。在"command"区域依次输入以下命令：

generate quarterly = yq（year，quarter）　　（具体命令格式及选项说明参见本书附录，下同）

format quarterly % tq

tsset quarterly

输出结果如图 12 - 32 所示。

```
·    generate quarterly = yq（year，quarter）
·    format quarterly% tq
·    tsset quarterly
         time variable：quarterly，2010q1 to 2015q4
             delta：1 quarter
```

图 12 - 32　结果（一）

单击快捷键"Data Editor（Edit）"，部分数据如表 12 – 26 所示。

表 12 – 26　新变量 quarter 的部分数据

	year	quarter	sale	quarterly
1	2010	1	25	2010q1
2	2010	2	32	2010q2
3	2010	3	37	2010q3
4	2010	4	26	2010q4
5	2011	1	30	2011q1
6	2011	2	38	2011q2
7	2011	3	42	2011q3
8	2011	4	30	2011q4
9	2012	1	29	2012q1
10	2012	2	39	2012q2
11	2012	3	50	2012q3
12	2012	4	35	2012q4

也可输入如下命令，生成具有时间变量格式的变量：

tsset quarterly，quarter

Step3：对数据进行修匀。使用如下命令：

tssmooth ma sale3 = sale，window（1 1 1）

输出结果如图 12 – 33 所示：

· 　tssmooth ma sale3 = sale，window（111）

The smoother applied was

$(1/3) * [x (t-1) + 1 * x (t) + x (t+1)]; x (t) = sale$

图 12 – 33　结果（二）

Step4：计算销售量残差，可通过输入如下命令：

generate rough = sale3 – sale

单击快捷键"Data Editor（Edit）"，部分数据如表 12 – 27 所示。

表 12 - 27　残差 rough 的部分数据

	year	quarter	sale	quarterly	sale3	rough
1	2010	1	25	2010q1	28.5	3.5
2	2010	2	32	2010q2	31.33333	- 0.666666
3	2010	3	37	2010q3	31.66667	- 5.333334
4	2010	4	26	2010q4	31	5
5	2011	1	30	2011q1	31.33333	1.333334
6	2011	2	38	2011q2	36.66667	- 1.333332
7	2011	3	42	2011q3	36.66667	- 5.333332
8	2011	4	30	2011q4	33.66667	3.666668
9	2012	1	29	2012q1	32.66667	3.666668
10	2012	2	39	2012q2	39.33333	0.3333321
11	2012	3	50	2012q3	41.33333	- 8.666668
12	2012	4	35	2012q4	38.33333	3.333332

Step5：绘制修匀前销售量二维线性图，输入命令：

graph twoway line sale quarterly

得到图 12 - 34。

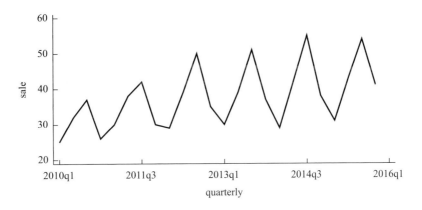

图 12 - 34　啤酒销售量修匀前图形

修匀后销售量二维线性图，输入命令：

graph twoway line sale3 quarterly

得到图 12 - 35。

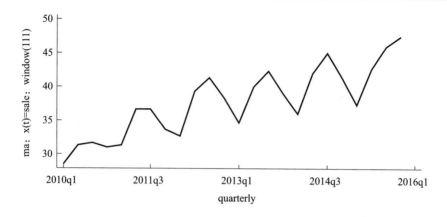

图 12 - 35 啤酒销售量修匀后图形

对比修匀前后，放置在一张二维图内，输入如下命令：

graph twoway line sale quarterly || line sale3 quarterly

得到图 12 - 36。

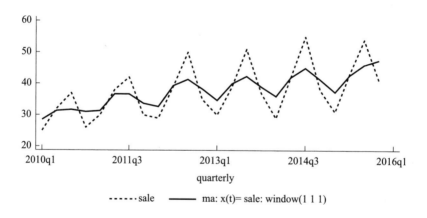

图 12 - 36 啤酒销售量修匀前后的比较图形

Step6：绘制残差的二维线性图，输入如下命令：

graph twoway line rough quarterly

得到图 12 - 37。

七、ARIMA 模型的 Stata 实现

例 12 - 9：本例题数据同例 12 - 6，要求：

（1）定义该时间序列数据；

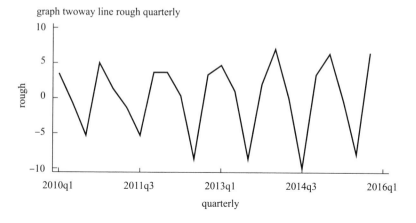

图 12 - 37 啤酒销售量残差图形

（2）进行相关性检验；

（3）进行平稳性检验；

（4）判断是哪种滞后阶数的 ARIMA 模型；

（5）建立 ARIMA 模型；

（6）对 ARIMA 的结果进行验证和评价。

Step1：打开"例 12 - 9. dta"，或将"例 12 - 9. xlsx"导入 Stata。

Step2：定义时间序列数据，要先对变量进行定义，生成具有时间变量格式的变量。在"command"区域依次输入以下命令：

tsset year，year

输出如图 12 - 38 所示。

```
·  tsset year，year
        time variable：year, 1983 to 2008
              delta：1 year
```

图 12 - 38 结果（三）

Step3：检验变量的相关性检验。输入命令：

corrgram pcon

输出如图 12 - 39 所示。

此检验为 Q 统计量检验，从结果看，p 值都小于 0.05，可认为 pcon 自相关成立。

具体的自相关图（见图 12 - 40）和偏自相关图（见图 12 - 41）可通过如下命令得到：

LAG	AC	PAC	Q	Prob>Q	−1 0 1 [Autocorrelation]	−1 0 1 [Partial Autocor]
1	0.7953	1.1347	18.42	0.0000		
2	0.5576	−0.7826	27.852	0.0000		
3	0.3497	−0.4071	31.723	0.0000		
4	0.1532	−0.2775	32.5	0.0000		
5	−0.0106	0.0142	32.504	0.0000		
6	−0.1090	0.3388	32.936	0.0000		
7	−0.1539	0.2321	33.844	0.0000		
8	−0.1729	0.3994	35.052	0.0000		
9	−0.1719	0.3688	36.317	0.0000		
10	−0.1590	0.2717	37.467	0.0000		
11	−0.1277	−0.7335	38.259	0.0001		

图 12 − 39 结果（四）

ac pcon, lag（9）（滞后 9 期）

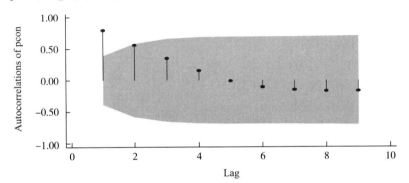

Bartlett's formula for MA(q) 95% confidence bands

图 12 − 40 pcon 的自相关图形

pac pcon, lag（9）（滞后 9 期）

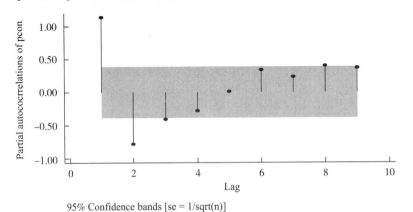

95% Confidence bands [se = 1/sqrt(n)]

图 12 − 41 pcon 的偏自相关图形

Step4：进行平稳性检验。先对原序列进行 Dickey – Fuller 检验，输入如下命令：

dfuller pcon

输出如图 12 – 42 所示。

. dfuller pcon

Dickey – Fuller test for unit root

Number of obs = 25

——Interpolated Dickey – Fuller——

	Test Statistic	1% Critical Value	5% Critical Value	10% Critical Value
Z（t）	2.546	− 3.750	− 3.000	− 2.630

MacKinnon approximate p – value for z（t） = 0.9991

图 12 – 42   结果（五）

结果显示，原序列不平稳。

再对一阶差分进行 Dickey – Fuller 检验，输入如下命令：

dfuller d. pcon

输出如图 12 – 43 所示。

. dfuller d. pcon

Dickey – Fuller test for unit root

Number of obs = 24

——Interpolated Dickey – Fuller——

	Test Statistic	1% Critical Value	5% Critical Value	10% Critical Value
Z（t）	− 1.936	− 3.750	− 3.000	− 2.630

MacKinnon approximate p – value for Z（t） = 0.3154

图 12 – 43   结果（六）

结果显示，一阶差分序列依旧不平稳。

再对二阶差分进行 GLS 扩展的 Dickey – Fuller 检验，输入如下命令：

dfuller d. pcon

输出如图 12 – 44 所示。

结果显示，二阶差分序列平稳。

Step5：输入如下命令：

corrgram d2. pcon

输出如图 12 – 45 所示。

. dfgls d2. pcon

DF – GLS for D2. pcon   Number of obs = 15

Maxlag = 8 chosen by Schwert criterion

(Lags)	DF – GLS tau Test Statistic	1% Critical Value	5% Critical Value	10% Critical Value
8	– 1. 775	– 3. 770	– 3. 702	– 2. 892
7	– 1. 397	– 3. 770	– 3. 257	– 2. 604
6	– 1. 246	– 3. 770	– 3. 024	– 2. 482
5	– 1. 274	– 3. 770	– 2. 960	– 2. 489
4	– 1. 083	– 3. 770	– 3. 021	– 2. 590
3	– 1. 118	– 3. 770	– 3. 163	– 2. 748
2	– 1. 753	– 3. 770	– 3. 343	– 2. 927
1	– 2. 127	– 3. 770	– 3. 517	– 3. 091

Opt Lag (Ng – Perron seq t) = 0 [use maxlag (0)]

Min SC = 4. 133072 at lag 1 with RMSE 6. 59294

Min MAIC = 5. 077303 at lag 3 with RMSE 6. 365037

图 12 – 44   结果（七）

.corrgram d2. pcon

					–1 0 1	–1 0 1
LAG	AC	PAC	Q	Prob>Q	[Autocorrelation]	[Partial Autocor]
1	–0.3498	–0.4405	3.3206	0.0684		
2	0.0466	–0.0995	3.3821	0.1843		
3	0.1202	0.1565	3.8113	0.2826		
4	0.0137	0.1268	3.8171	0.4313		
5	–0.1264	–0.1368	4.3423	0.5013		
6	0.0234	–0.0148	4.3613	0.6279		
7	–0.0856	–0.1902	4.6302	0.7050		
8	–0.0194	–0.4509	4.6448	0.7948		
9	–0.1225	–1.3988	5.2696	0.8102		
10	0.2064	–0.1678	7.1692	0.7094		

图 12 –45   结果（八）

Step6：建立 ARIMA（1，2，0）模型。输入如下命令：

arima pcon，arima（1，2，0）

输出如图 12 –46 所示。

Step7：通过残差的性质对 ARIMA 的结果进行验证和评价。输入如下命令：

predict pconres，resid（此处 pconres 为回归残差序列）

. arima pcon, arima （1, 2, 0）

（setting optimization to BHHH）

Iteration 0：log likelihood = - 77. 911945

Iteration 1：log likelihood = - 77. 907331

Iteration 2：log likelihood = - 77. 905198

Iteration 3：log likelihood = - 77. 904231

Iteration 4：log likelihood = - 77. 903775

（switching optimization to BFGS）

Iteration 5：log likelihood = - 77. 903563

Iteration 6：log likelihood = - 77. 903373

Iteration 7：log likelihood = - 77. 903371

ARIMA regression

Sample：1985 - 2008

Mumber of obs = 24

Wald chi2 （1） = 1. 99

Log likelihood = - 77. 90337

Prob > chi2 = 0. 1586

D2. pcon	OPG					
	Coef.	Std. Err.	z	p > | z |	[95% Conf. Interval]	
pcon_ cons	0. 11747	1. 242082	0. 09	0. 925	- 2. 316965	2. 551905
ARMA arL1.	- 0. 4380326	0. 3107007	- 1. 41	0. 159	- 1. 046995	0. 1709295
/sigma	6. 187914	0. 9342129	6. 62	0. 000	4. 356891	8. 018938

Note：The test of the variance against zero is one sided, and the two - sided confidence interval is truncated at zero.

图 12 - 46　结果（九）

可得到回归残差序列 pconres。接着检验残差的偏相关、自相关情况，输入如下命令：

corrgram pconres

输出如图 12 - 47 所示。

.corrgram pconres

LAG	AC	PAC	Q	Prob>Q	-1 0 1 [Autocorrelation]	-1 0 1 [Partial Autocor]
1	-0.0215	-0.0218	0.1255	0.9108		
2	-0.0149	-0.0208	0.1883	0.9906		
3	0.0166	0.0243	0.027	0.9988		
4	-0.0102	-0.0008	0.03027	0.9999		
5	-0.0729	-0.1463	0.20502	0.9991		
6	0.0265	0.0100	0.22942	0.9998		
7	-0.1343	-0.5027	0.89167	0.9964		
8	-0.1186	-0.7833	1.4406	0.9937		
9	-0.1113	-1.1532	1.9557	0.9921		
10	0.1298	0.1193	2.7068	0.9875		

图 12 - 47　结果（十）

由上述结果可以看出，残差序列不存在自相关，ARIMA 模型拟合可行。

第四节 问题思考

（1）对数据平滑处理时，不同的方法得到的结果可能不同，如何选择合适的平滑方法？

（2）建立季节性指数平滑预测模型的基本条件是什么？

（3）用专家建模器如何建立时间序列预测模型？

（4）ARIMA 模型对数据有什么要求？如何确定模型中的参数？

（5）同样的数据，进行指数平滑法预测和 ARIMA 模型预测，哪一个更精确一些？

参考文献

［1］贾俊平，何晓群，金勇进．统计学（第六版）［M］．北京：中国人民大学出版社，2015.

［2］吴培乐．经济管理数据分析实验教程SPSS18.0操作与应用［M］．北京：科学出版社，2014.

［3］梁超．统计学案例与实训教程［M］．北京：人民邮电出版社，2016.

［4］杜智敏，樊文强．SPSS在社会调查中的应用［M］．北京：电子工业出版社，2015.

［5］刘顺忠，荣丽敏，景丽芳．非参数统计和SPSS软件应用［M］．武汉：武汉大学出版社，2008.

［6］胡卫中．应用统计实验［M］．杭州：浙江大学出版社，2014.

［7］冯叔民，屈超．全程互动统计学及其实验［M］．大连：东北财经大学出版社，2015.

［8］周俊．问卷数据分析［M］．北京：电子工业出版社，2017.

［9］杨晓明．SPSS在教育统计中的应用［M］．北京：高等教育出版社，2012.

［10］暴奉贤，陈宏立．经济预测与决策方法［M］．广州：暨南大学出版社，1998.

［11］杜强，贾丽艳．SPSS统计分析从入门到精通［M］．北京：人民邮电出版社，2009.

［12］冯力．统计学实验［M］．大连：东北财经大学出版社，2008.

［13］黄本春，李国柱．统计学实验教程［M］．北京：中国经济出版社，2010.

［14］胡平，崔文田，徐青川．应用统计分析教学实践案例集［M］．北京：清华大学出版社，2007.

［15］王文博，赵昌昌等．统计学——经济社会统计［M］．西安：西安交

通大学出版社，2005.

[16] 李金林，马宝龙．管理统计学应用与实践［M］．北京：清华大学出版社，2007.

[17] 马慧慧等．Stata 统计分析与应用（第三版）［M］．北京：电子工业出版社，2016.

[18] 王艳．应用时间序列分析（第4版）［M］．北京：中国人民大学出版社，2015.

附录：本书中用到的 Stata 命令格式和常用选项

1. edit 命令

edit [varlist] [if] [in]

2. brower 命令

brower [varlist] [if] [in]

3. rename 命令

rename old_ varname new_ varname

4. save 命令

save [filename] [,save_ options]

其中，若 options 为 nolabel，表示不保留设定的标签；若 options 为 replace，表示允许新的文件覆盖原有文件，这是常用选项；若 options 为 all，主要用于编程，指定将 e（sample）与数据一起保存。

5. describe 命令

describe [varlist] [,memory_ options]

其中，若 options 为 simple，表示仅显示变量的名称而不显示其他内容；若 options 为 short，表示仅显示观测数目、变量的个数和次序这些基本信息；若 options 为 detail，表示显示详细的信息，这些信息包括每个观测值的长度、最大的观测值数目、最大的变量个数等。

6. list 命令

list [varlist] [,options]

其中，若 options 为 noobs，表示不显示观测值的数值；若 options 为 clean，表示不显示任何分割线；若 options 为 separator（#），表示每隔#行画一条分割线，默认每隔 5 行画一条分割线；若 options 为 nolabel，表示显示变量的赋值而不是标签。

7. summarize 命令

summarize [varlist] [if] [in] [weight] [,options]

此命令用于计算和导出描述性统计量。若未加入任何变量，则默认对数据集所有变量进行描述性统计。options 中 detail 表明需要呈现更为详尽的统计变量，包括偏度、峰度、最小和最大四个值以及各种百分位数，meanonly 表明仅输出均值，format 指定变量的显示格式，separtator（#）是要求每#个变量画一条分界线，separtator（5）为默认项，separtator（0）表示禁止使用分界线。

8. qnorm 命令

qnorm varname ［if］［in］［,options］

9. sktest 命令

sktest varlist ［if］［in］［weight］［,noadjust］

10. swilk 命令

swilk varname ［if］［in］［,options］

11. correlate 命令

correlate ［varlist］［if］［in］［weight］［, correlate _ options］

其中，若 correlate _ options 为_ coef，表示显示回归估计的系数的相关系数矩阵或者协方差矩阵；若 correlate_ options 为 means，表示显示变量的均值、标准差、最大最小值；若 correlate_ options 为 covariance，表示显示协方差矩阵。

12. pwcorr 命令

pwcorr ［varlist］［if］［in］［weight］［, pwcorr _ options］

其中，若 pwcorr _ options 为 obs，表示显示计算每个相关系数是使用的观测值个数；若 pwcorr _ options 为 sig，表示显示显著性检验的 p 值；若 pwcorr _ options 为 print（#），表示在屏幕上仅显示达到相应显著性水平的相关系数；若 pwcorr _ options 为 star（#），表示在著性的相关系数上打上星号。

13. regress 命令

regress depvar indepvars ［if］［in］［weight］［,options］

其中，depvar 表示因变量，indepvars 表示因变量；［if］［in］选项说明同前文；weight 为权重；options 中 noconstant 表明不加常数项做线性回归，hascons 表明常数项为指定值，level（#）为置信水平设置，beta 是先将各变量标准化后再回归。

14. predict 命令

predict ［type］newvar ［if］［in］［,single_ options］

其中，type 用来指定存放拟合值或残差的格式；newvar 为拟合值或残差的变量名；［if］［in］选项说明同前文；［,single_ options］用于区分是计算拟合值还是残差。

15. test 命令

test var1 var2…var3；

test var1 = C；

test var1 = var2

16. sw regress 命令

sw regress depvar indepvars，options

其中，depvar 表示因变量，indepvars 表示因变量。options 常用选项中，lock-term 用于保证某些变量不被剔除；（ ）用于将括号内的变量作为一个整体；hier 是从最后一个变量开始剔除，而不是从最不显著的变量开始剔除；pr（0.05）是要剔除在 α = 0.05 水平下不显著的变量，从最不显著的变量开始，直到所有剩下的变量都显著；pr（0.05）则表示从最显著的变量开始纳入所有 α = 0.05 水平下显著的变量。

17. tsset 命令

tsset timevar［,options］

其中，timevar 为时间变量。options 常用选项中，若时间单位为 daily，time-var 的格式为% td；若时间单位为 weekly，timevar 的格式为% tw；若时间单位为 monthly，timevar 的格式为% tm；若时间单位为 quarterly，timevar 的格式为% tq；若时间单位为 harfyearly，timevar 的格式为% th；若时间单位为 yearly，timevar 的格式为% ty。

有两种方法可定义时间序列，以时间单位为 monthly 为例：

方法 1：format monthly % tm

tsset monthly

方法 2：tsset monthly，monthly

18. tssmooth 命令

tssmooth smoother［type］newvar = exp［if］［in］［,…］

其中，smoother［type］有一系列目录：若平滑种类为移动平均，smoother［type］无；若平滑种类为不加权，smoother［type］为 ma；若平滑种类为加权，smoother［type］也为 ma。

19. corrgram 命令

corrgram varname［if］［in］［, corrgram _ options］

其中，若 corrgram _ options 为 lags（#）＊，表示滞后阶数；若 corrgram _ options 为 noplot，表示不进行作图；若 corrgram _ options 为 yw，表示通过 Yule – Walker 方程组，计算偏相关系数。

20. ac 命令

ac varname［if］［in］［, ac _ options］

其中，若ac＿options为lags（#）＊，表示滞后阶数；若ac＿options为gener-ate（newvar），表示生成新变量，默认不作图；若pac＿options为lever（#）＊，表示置信度，默认95％；若pac＿options为fft，表示通过傅里叶变化计算自相关系数。

21. pac 命令

pac varname［if］［in］［, pac＿options］

其中，若pac＿options为lags(#)＊，表示滞后阶数；若pac＿options为gen-erate(newvar)，表示生成新变量，默认不作图；若pac＿options为lever(#)＊，表示置信度，默认95％；若pac＿options为yw，表示通过Yule－Walker方程组，计算偏相关系数。

22. dfuller 命令

dfuller varname［if］［in］［, options］

其中，若options为noconstant，表示无截距项；若options为trend，表示包括时间趋势；若options为drift，表示包括漂移项；若options为regress，表示显示回归结果；若options为lags（#），表示滞后阶数。

23. 扩展的 dfuller 命令

dfgls varname［if］［in］［, options］

其中，若options为maxlags（#），表示最大滞后阶数；若options为notrend，表示没有时间趋势；若options为ers，表示利用插值法计算临界值。

24. arima 命令

arima depvar［indepvars］［if］［in］［weight］［, options］

其中，若options为noconstant，表示无截距项；若options为arima（#p，#d，#q），表示为arima（p，d，q）模型；若options为Ar（numlist），表示为ar的滞后阶数；若options为Ma（numlist），表示为ma的滞后阶数；若options为Con-straints（constraints），表示线性约束；若options为collinear，表示保留多重共线性变量。

25. ttest 命令

ttest varname1 ＝＝#［if］［in］［, level（#）］（通过样本进行t检验）

ttesti #obs #mean #sd #val［, level（#）］（通过样本统计值进行t检验）

其中，#obs为样本容量，#mean为样本均值，#sd为标准差，#val为待检验数值，［, level（#）］为置信度水平。

ttest varname1 ＝＝ varname2［if］［in］［, options］（通过样本进行双变量t检验）

ttest varname［if］［in］, by（groupvar）［options］（通过样本进行分组t检

验）

ttesti #obs1 #mean1 #sd1 #obs2 #mean2 #sd2 [, level (#)] （通过样本统计指标进行 t 检验）

其中，若 options 为 * by （groupvar），表示通过定义组变量；若 options 为 unequal，表示非配对的数据含有不同变量； [, level (#)] 为置信度水平，默认 95%。